Luciano Antonio Siqueira

# Certificação LPI-2

**5ª Edição**

ALTA BOOKS
EDITORA
Rio de Janeiro, 2018

**Certificação LPI-2 201 202**

 ISBN: 978-85-508-0220-6



Impresso no Brasil — 2018 — Edição revisada conforme o Acordo Ortográfico da Língua Portuguesa de 2009.

**Publique seu livro com a Alta Books. Para mais informações envie um e-mail para autoria@altabooks.com.br**

**Obra disponível para venda corporativa e/ou personalizada. Para mais informações, fale com projetos@altabooks.com.br**

**Produção Editorial**
Editora Alta Books

**Produtor Editorial**
Thiê Alves

**Gerência Editorial**
Anderson Vieira

**Assistente Editorial**
Ian Verçosa

**Produtor Editorial (Design)**
Aurélio Corrêa

**Editor de Aquisição**
José Rugeri
j.rugeri@altabooks.com.br

**Marketing Editorial**
Silas Amaro
marketing@altabooks.com.br

**Vendas Corporativas**
Sandro Souza
sandro@altabooks.com.br

**Vendas Atacado e Var**
Daniele Fonseca
Viviane Paiva
comercial@altabooks.com.

**Ouvidoria**
ouvidoria@altabooks.com.

**Equipe Editorial**
Bianca Teodoro
Illysabelle Trajano
Juliana de Oliveira
Renan Castro

**Revisão**
Aileen Nakamura

**Projeto Gráfico e Diagramação Base**
Paola Viveiros

**Capa**
Paola Viveiros

**Diagramação (5ª Ed.)**
Luisa Maria Gomes

**Erratas e arquivos de apoio:** No site da editora relatamos, com a devida correção, qualquer erro encontrado em noss livros, bem como disponibilizamos arquivos de apoio se aplicáveis à obra em questão.

Acesse o site www.altabooks.com.br e procure pelo título do livro desejado para ter acesso às erratas, aos arquivos de apoi e/ou a outros conteúdos aplicáveis à obra.

**Suporte Técnico:** A obra é comercializada na forma em que está, sem direito a suporte técnico ou orientação pessoal/ exclusiva ao leitor.

A editora não se responsabiliza pela manutenção, atualização e idioma dos sites referidos pelos autores nesta obra.

Dados Internacionais de Catalogação na Publicação (CIP)

S618c Siqueira, Luciano Antonio.
Certificação LPI-2 / Luciano Antonio Siqueira. - 5. ed. - Rio de Janeiro, RJ : Alta Books, 2018.
304 p. : il. ; 23 cm - (Coleção Linux Pro)

ISBN: 978-85-508-0220-6

1. Linux (Sistema operacional de computador) - Certificados e licenças - LPI-2. 2. Linux (Sistema operacional de computador) - Configurações. I. Título. II. Série.

CDU 004.451.9LINUX
CDD 005.432

Índice para catálogo sistemático:
1. Sistemas operacionais específicos : Linux 004.451.9LINUX
(Bibliotecária responsável: Sabrina Leal Araujo - CRB 10/1507)

Rua Viúva Cláudio, 291 — Bairro Industrial do Jacaré
CEP: 20970-031 — Rio de Janeiro - RJ
Tels.: (21) 3278-8069 / 3278-8419
www.altabooks.com.br — altabooks@altabooks.com.br
www.facebook.com/altabooks

Suba e me veja às vezes
Então tentarei te alcançar
Bem do fundo do meu mar
Pois você vê eu aprendo

(Arnaldo Baptista)

# Sumário

## Prefácio por José Carlos Gouveia

Este livro destina-se a candidatos em busca da certificação LPI nível 2 (LPIC-2) e atende tanto às necessidades de profissionais que já trabalham com outros sistemas operacionais como as de profissionais de Linux em geral. Este projeto da Linux New Media, tão bem conduzido por Rafael Peregrino e pelo Claudio Bazzoli, foi desenvolvido pelo Luciano Siqueira, um profissional raro, capaz de aliar conhecimentos técnicos profundos com uma impressionante capacidade de comunicação. Como resultado, temos esta obra completa, abrangente e, ao mesmo tempo, que dá todas as condições para que um candidato se prepare para as provas de certificação LPIC-2.

O LPI – Linux Professional Institute Linux (www.lpi.org) promove e certifica habilidades essenciais em Linux e em tecnologias de Open Source por meio de provas abrangentes, de alta qualidade e independentes de distribuições Linux. O LPI foi criado em 1999, pela comunidade Linux, como uma organização internacional sem fins lucrativos, com o objetivo de ser reconhecido como o líder global na certificação de profissionais de Linux, promovendo o Linux e o movimento de Open Source.

O programa de certificação profissional LPI é composto de três níveis de certificação (LPIC-1, LPIC-2 e LPIC-3), sendo que a certificação LPIC-1 tem como alvo profissionais junior e plenos, ao passo que a certificação LPIC-2 é orientada a profissionais mais experientes e líderes de equipes. Para que um candidato seja certificado no nível 2, é necessário que já tenha obtido a certificação no nível 1.

No mundo de tecnologia, cada vez mais a certificação profissional é necessária, uma vez que é um indicativo claro e objetivo do conhecimento de uma pessoa a respeito de um determinado assunto, no nosso caso, o Linux. Obviamente, na hora de uma contratação, por exemplo, outros fatores também contam, mas o mais difícil de se avaliar é o conhecimento, já que as características pessoais e a experiência podem ser facilmente avaliadas com entrevistas, testes, referências, etc.

Assim, pode-se dizer que a certificação profissional acaba sendo uma ferramenta essencial tanto para quem contrata como para quem é contratado, garantindo que os candidatos tenham as habilidades necessárias e, consequentemente, sejam capazes de executar o que se espera deles. Dessa forma, garante-se um padrão de qualidade e facilita tanto a contratação como futuras promoções.

**José Carlos Gouveia**

---

José Carlos Gouveia é Diretor Geral do Linux Professional Institute – LPI – da América Latina. Anteriormente, trabalhou por cinco anos para a SGI – Silicon Graphics – como Diretor Geral da América Latina, além de ter sido diretor geral da Novell, Platinum Technology, PeopleSoft e JDEdwards, tendo sido também diretor da Anderson Consulting (Accenture) e da Dun&Bradstreet Software e gerente da EDS. Gouveia é formado em Ciência da Computação pela Unicamp, com pós-graduação pela Unicamp e pela PUC-RJ.

## Prefácio por Jim Lacey

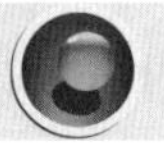

A certificação do Linux Professional Institute (LPI) é uma ótima maneira de demonstrar a empregadores e a potenciais clientes que você possui as habilidades e os conhecimentos necessários para trabalhar num ambiente Linux e de Código Aberto, além de ser uma excelente ferramenta para seu desenvolvimento profissional. O programa de certificação LPI é globalmente reconhecido por profissionais de TI, empresas e governos como a certificação Linux número um em todo o mundo. Esse programa vem continuamente sendo reconhecido por fabricantes como pré-requisito para seus próprios programas específicos de certificação em alto nível. São exemplos os programas de certificação do Ubuntu pela Canonical, HP, IBM, Novell e Oracle.

O Linux Professional Institute completa 10 anos em 2009, ano em que nós vamos ampliar nosso programa de certificação para satisfazer as necessidades de um mercado de TI em contínua transformação. Nós encontramos muitos desafios nos últimos dez anos e, apesar das reviravoltas da economia em 2008, vemos o aumento do número de exames aplicados ao redor do mundo. Esperamos que essa tendência positiva de certificações emitidas e exames realizados continue ao longo de 2009 e 2010, ao passo que profissionais de TI buscam atualizar seus conhecimentos e habilidades para permanecerem competitivos nesse período desafiador da economia.

Além disso, o panorama para os próximos anos no setor de Software Open Source como um todo é muito otimista. Grandes, pequenas e médias empresas, governos e outras organizações do setor público procuram novas oportunidades de negócios enquanto valorizam seu importante patrimônio pessoal. Nesse contexto, a tecnologia de Código Aberto oferece um instigante potencial em função das soluções versáteis disponibilizadas às revendas e do estável ciclo de atualizações de produtos.

Investir em tecnologia de Código Aberto é investir em pessoas, afirmação essa que sempre temos que ter em mente no Linux Professional Institute. É por isso que nossa mensagem de profissionalismo continua a ganhar apoio em todo mundo.

No LPI, nós nos guiamos pelas lições bem-sucedidas do passado. Reduzindo a falta de capacitação que desafia a indústria, nosso instituto continuará a desempenhar um papel fundamental no futuro do Código Aberto. Os próximos anos serão cruciais para o LPI e nós queremos que você faça parte desse esforço em promover a contínua adoção do Linux e do Código Aberto por todo mundo!

**Jim Lacey**

---

Jim Lacey é Presidente e CEO do Linux Professional Institute.

## Introdução

Muita coisa aconteceu desde a última vez que a Certificação LPI foi alterada. Alguns dos conteúdos que eram abordados encontravam pouca aplicação prática. Além disso, a organização dos tópicos não obedecia a uma ordenação lógica e em alguns pontos não havia distinção entre as provas da certificação nível 1 e as provas da certificação nível 2.

A revisão 3.0, além de eliminar alguns conteúdos ultrapassados e incluir novos conteúdos atualmente mais relevantes, procurou estabelecer focos ainda mais distintos entre a certificação nível 1 e a certificação nível 2.

A certificação nível 1 procura abordar todos os aspectos que envolvem a configuração e a manutenção de uma máquina local conectada à rede. Já a certificação nível 2 tem por objetivo geral a configuração e a manutenção de um ambiente de servidor. Apesar das mudanças, prevalece a política do LPI de abordar somente as ferramentas tradicionais de um sistema GNU/Linux, independente de distribuição. A seguir, está a visão geral das modificações nessa nova revisão da prova, fornecida pelo próprio LPI.

## Visão geral das mudanças nos exames LPIC nível 2

A nova revisão dos objetivos para as provas LPIC nível 2, válida a partir de abril de 2009, levou as provas para a versão 3.0. Essa é a segunda revisão completa dos objetivos, que padroniza a versão para o mundo todo. No âmbito geral, o LPI antecipou o ciclo de cinco anos para revisões completas. Por volta de cada dois anos e meio, os objetivos serão modificados para refletir as possíveis mudanças do Linux. A próxima versão do LPIC-1 será a 3.5, que refletirá essa revisão parcial.

Além dessas revisões principais, haverá adendos incluídos numa média trimestral, com o intuito de esclarecer pontos e detalhes dos exames. Esses adendos não alteram a versão da prova, pois têm apenas o intuito de esclarecer a cobertura da prova para organizadores de cursos e livros.

### Os novos pesos

O peso total de cada prova foi estabelecido em 60. Isso significa que, salvo em provas com perguntas "beta" para fins de desenvolvimento do exame, cada prova terá exatamente 60 questões. Portanto, a indicação de peso 3 em um determinado objetivo indica que haverão três questões sobre o tema na prova (exceto, novamente, no caso de haver questões beta para fins de desenvolvimento dos exames).

## Numeração dos objetivos

A numeração dos objetivos é passível de dúvida em função de sua falta de linearidade. Por isso, os prefixos *1.* e *2.* foram descartados nessa revisão. Em todos os momentos em que numerações como *1.xxx.y* ou *2.xxx.y* aparecem, o fazem para citar os objetivos antigos.

## Redução de conteúdo duplicado

Em versões anteriores dos objetivos da certificação LPI, alguns tópicos eram abordados tanto nos exames do nível 1 quanto nos exames do nível 2. Em alguns casos, o mesmo conteúdo aparecia em diferentes provas dentro do mesmo nível de certificação. A atualização dos objetivos buscou reduzir as ocorrências de conteúdo duplicado em diferentes provas ou objetivos.

Contudo, algumas tecnologias – como DNS – são importantes nos dois níveis de certificação e estão distribuídos nos locais apropriados. Por exemplo, na certificação nível 1, a abordagem sobre o DNS está restrita à configuração do cliente do serviço. Na certificação nível 2, a abordagem passa para configuração e segurança de servidores DNS.

## Versões de programas

Quando apropriado, as versões específicas de programas são mostradas nos objetivos. Por exemplo, a abordagem do Kernel 2.4 foi descartada para priorizar a versão 2.6. As questões relacionadas ao ReiserFS limitam-se à versão 3 do sistema de arquivos e o servidor Bind 8.x não é mais abordado na prova.

## Alterações de conteúdo

Enquanto o foco da certificação nível 1 foi mais direcionado para o uso e administração de um sistema Linux local, a maioria dos serviços de rede e demais tarefas administrativas foram movidas para a certificação nível 2.

Além disso, os tópicos que tratam do kernel foram reunidos na certificação nível 2. Além disso, tópicos mais avançados, antes abordados na certificação nível 1, foram trazidos para a certificação nível 2. Por exemplo, a compilação de programas a partir do código-fonte agora é abordada na LPIC-2. Temas relativos a segurança e solução de problemas ganharam muito mais foco nesse nível.

## Solução de problemas e Segurança

A cobertura dos conteúdos relativos a solução de problemas e segurança aumentou muito. Em muitos casos, pesos originalmente marcados como 1 ou 2 passaram a 5. Com isso, o próprio tópico específico para solução de problemas tornou-se um dos mais importantes na prova.

## Gerenciamento de dispositivos udev

O sistema udev foi incluído para garantir que os candidatos compreendam como é a detecção e gerenciamento de dispositivos em sistemas GNU/Linux modernos.

## LVM

A abordagem ao LVM – *Logical Volume Management* – foi ampliada. Agora, o tema conta com seu próprio objetivo.

## IMAP/POP

A prova 202 agora aborda servidores IMAP/POP. São abordados os mais comuns em ambientes GNU/Linux: o Courier e Dovecot.

# Como usar este livro

Este livro está organizado segundo o programa de conteúdos oficiais para a Certificação LPI-2. Dessa forma, o candidato encontrará exatamente os temas que são abordados nos exames de certificação, na profundidade que é exigida para a prova. Além disso, a sequência dos assuntos corresponde à sequência em que serão abordados na prova. Essa estrutura auxilia o candidato a manter o foco naquilo que é importante para a prova, mas sem deixar de lado a coerência e a consistência do texto.

Ao final de cada tópico foram colocadas 10 perguntas correspondentes aos temas abordados no tópico em questão, totalizando 130 questões no livro. Com a finalidade de familiarizar o candidato, as perguntas foram formuladas com o mesmo formato em que apareceram nos exames de certificação. As respostas para as perguntas de todos os tópicos encontram-se no final do livro.

Professores e escolas podem se beneficiar da adoção desse livro. Conteúdos densos são abordados de forma objetiva e coesa, o que facilita o ensino e a preparação de aulas.

A leitura do livro não dispensa a experimentação prática, devendo, assim, ser acompanhada. Dado o grande volume de assuntos abordados, a utilização das ferramentas e conceitos demonstrados são muito importantes para fixação, principalmente para quem os está vendo pela primeira vez.

## Introdução à quinta edição

A quinta edição do livro *Certificação LPI-2* está atualizada para a **versão 4.5** do exame para obtenção do Certificado LPIC-2 oferecido pelo *LPI — Linux Professional Institute*. Para obter essa certificação, é exigido do candidato saber como administrar um servidor de pequeno a médio porte que desempenhe funções de:

- Servidor de rede local: *Samba, NFS, DNS, DHCP.*
- Gateway para Internet: *firewall, VPN, SSH, cache/proxy Web.*
- Servidor de Internet: *Servidores HTTP, FTP e email SMTP, POP3, IMAP.*

Além disso, tópicos específicos para monitoramento e manutenção aprofundam áreas já abordadas na Certificação nível 1. Um conhecimento sólido sobre a operação do sistema na linha de comando é o ponto de partida para a Certificação LPI nível 2.

Essa quinta edição do livro reflete as mudanças da versão 4.0 para a versão 4.5 do exame. Destacam-se as modificações nos métodos de carregamento do sistema, que passam a incluir a configuração do carregador de boot integrado ao padrão *UEFI* e o uso do *systemd* e seus comandos associados como alternativa ao *init*. Os novos recursos oferecidos pelo sistema de arquivos *Btrfs* também são abordados. Quanto aos serviços de rede, as novidades são a configuração do Samba como membro de domínio *Active Directory* e, em servidores de email, o foco passa ser o *Postfix* para SMTP e *Dovecot* para o acesso POP3/IMAP. Ambos devidamente configurados com certificados de segurança e acesso criptografado.

A leitura do livro, acompanhada da resolução dos exercícios em cada tópico e a prática dos conceitos listados nos objetivos detalhados do exame colocam o candidato em condições para um ótimo desempenho no exame para obter a certificação LPIC-2.

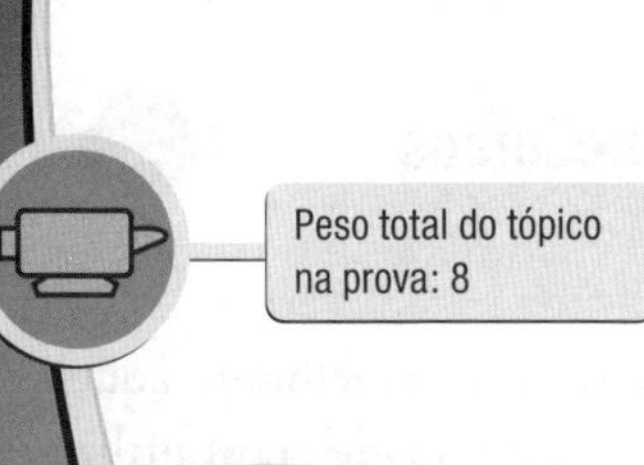


# Tópico 200:

# Planejamento de capacidade

Principais temas abordados:

- Monitorar recursos de hardware e rede
- Prever necessidades futuras de recursos

# 200.1 Avaliar e Resolver Problemas no Uso de Recursos

## Peso 6

A infraestrutura de computação atual apresenta uma tendência semelhante àquela dos primórdios da computação, onde máquinas de grande capacidade eram utilizadas por equipamentos de pouca ou nenhuma capacidade computacional. A principal diferença, além da óbvia evolução geral da tecnologia, está na maneira que essas máquinas de maior capacidade são compartilhadas.

Hoje, os recursos compartilhados – processamento, memória, armazenamento, transmissão de dados – não são necessariamente utilizados diretamente por um usuário num terminal, mas utilizados por outras máquinas (provavelmente *máquinas virtuais*) cujos recursos são redimensionados sob demanda.

Essa oferta flexível de recursos torna possível alocar a quantidade certa de capacidade computacional a cada necessidade. Para isso, é muito importante conseguir identificar onde há subutilização de recursos e onde os recursos não são suficientes para determinadas tarefas.

Existem diversas ferramentas Linux para monitorar a utilização de recursos e também são úteis para identificar gargalos em servidores mais simples e computadores domésticos.

## Carga de Entrada/Saída

Alguns comandos para monitoramento da atividade do processador e da comunicação entre dispositivos são parte do pacote sysstat. O pacote sysstat está disponível nas principais distribuições e pode ser instalado com o comando apt-get install sysstat ou yum install sysstat. Ele contém ferramentas para monitorar o uso e performance do sistema, que podem ser utilizadas diretamente ou agendadas para gerar relatórios. Destacam-se dois desses comandos: iostat e sar.

O comando iostat gera um relatório com estatística de uso da CPU e de entrada/saída de dispositivos e partições. Para exibir um relatório simplificado sobre a utilização de CPU, dispositivos e partições desde o último início do sistema, basta executar iostat sem argumentos:

```
# iostat
 Linux 3.2.0-4-amd64 (debian)  11/24/13      _x86_64_     (1 CPU)

avg-cpu: %user  %nice  %system  %iowait  %steal  %idle
         0.11   0.05   0.14     0.44     0.01    99.25

Device   tps     kB_read/s   kB_wrtn/s   kB_read   kB_wrtn
vda      4.10    55.34       21.75       525551    206521
sda      0.02    0.08        0.00        800       0
sdb      0.02    0.08        0.00        800       0
dm-0     5.49    52.30       19.89       496613    188884
dm-1     0.60    0.54        1.86        5172      17628
```

Na porção avg-cpu está o relatório referente à utilização do CPU. Os campos são:

- *%user*
  Exibe o percentual de uso da CPU durante a execução no nível de usuário (aplicações).
- *%nice*
  Exibe o percentual de uso da CPU durante a execução no nível de usuário com prioridade modificada.
- *%system*
  Exibe o percentual de uso da CPU durante a execução no nível de sistema (kernel).
- *%iowait*
  Exibe o percentual de tempo em que a CPU estava ociosa aguardando resposta de entrada/saída de disco.
- *%steal*
  Exibe o percentual de tempo que a CPU virtual estava ociosa devido ao hipervisor estar servindo outra CPU virtual.
- *%idle*
  Exibe o percentual de tempo em que a CPU estava ociosa e não aguardava por entrada/saída de disco.

Abaixo das informações de CPU é exibida a utilização dos dispositivos de armazenamento. Os campos são:

- *Device*
  O nome do dispositivo ou partição localizado em /dev.
- *tps*
  O número de transferências por segundo realizadas no dispositivo. Uma transferência é uma operação de entrada ou saída, mas mais de uma operação pode ser incluída numa transferência. O tamanho de uma transferência é indeterminado.
- *kB_read/s e kB_wrtn/s*
  Quantidade de dados lidos e gravados no dispositivo por segundo.
- *kB_read e kB_wrtn*
  Quantidade de dados lidos e gravados no dispositivo no intervalo.

Para gerar o relatório em intervalos de tempo específicos, é utilizada a opção -d. Assim, para um intervalo de dois segundos:

```
# iostat -d 2
Linux 3.2.0-4-amd64 (debian)    11/24/13    _x86_64_    (1 CPU)

Device:   tps   kB_read/s  kB_wrtn/s  kB_read  kB_wrtn
vda       3.98  53.73      21.12      525551   206577
sda       0.02  0.08       0.00       800      0
sdb       0.02  0.08       0.00       800      0
dm-0      5.33  50.77      19.32      496613   188940
dm-1      0.58  0.53       1.80       5172     17628

Device:   tps   kB_read/s  kB_wrtn/s  kB_read  kB_wrtn
vda       0.00  0.00       0.00       0        0
sda       0.00  0.00       0.00       0        0
sdb       0.00  0.00       0.00       0        0
dm-0      0.00  0.00       0.00       0        0
dm-1      0.0   0.00       0.00       0        0
```

A primeira listagem mostra o uso desde o último início do sistema, e as listagens seguintes o uso nos últimos dois segundos.

Todas as informações são tomadas de arquivos no diretório */proc/* e */sys/*, portanto, é necessário que esses diretórios estejam montados e seus conteúdos disponíveis.

O comando `sar` é utilizado para gerar relatórios com as mesmas informações do `iostat`. As informações lidas pelo `sar` são aquelas armazenadas por agendamentos de outros comandos do pacote sysstat. Portanto, é importante verificar se o serviço de coleta de dados será ativado no início do sistema. No Debian, o arquivo `/etc/default/sysstat` deve conter a linha ENABLED=true. Em distribuições que usam `systemd` (como Fedora), o serviço deve ser ativado para início automático com systemctl enable sysstat.service.

Os arquivos com os dados coletados são armazenados em `/var/log/sysstat/` ou `/var/log/sa/`, cada arquivo corresponde a um dia. Para ler as informações de um arquivo específico, utiliza-se a opção `-f`:

```
sar -f /var/log/sysstat/sa24
```

Os relatórios podem ser gerais ou para uma área específica do sistema:

- *sar*

  Sem opções, exibe dados de uso da CPU
- *sar -b*

  Resumo da entrada/saída de dados.
- *sar -d*

  Entrada e saída de dados, por dispositivo.
- *sar -B*

  Informação sobre a paginação feita pelo sistema.
- *sar -r*

  Utilização da memória RAM.
- *sar -S*

  Utilização do espaço de swap.
- *sar -n DEV*

Estatísticas de tráfego de dados em todas interfaces de rede do sistema.

Diversas outras informações podem ser geradas pelo sar. Em man sar estão listadas todas as opções possíveis de relatórios.

Os comandos do pacote sysstat não são os únicos que podem exibir relatórios de uso de recursos no Linux. Comandos tradicionais do Linux também oferecem opções de inspeção e análise.

Semelhante ao sar -n DEV, o comando netstat -i lista as interfaces de rede e suas respectivas estatísticas de tráfego. O comando netstat -s exibe estatísticas de tráfego para cada protocolo de rede.

Já o vmstat é praticamente uma alternativa ao iostat. Ele informa sobre atividade de processos, memória, paginação, entrada/saída de blocos, falhas, discos e cpu.

O primeiro relatório informa as médias desde o último início do sistema. Relatórios adicionais fornecem informações de amostras num intervalo de tempo. Relatórios de processos e memórias são gerados instantaneamente.

Podem ser fornecidos ao vmstat o intervalo de atualização e o número de repetições de cada informação. Por exemplo, gerar informes dos últimos dois segundos, dez vezes:

```
$ vmstat 2 10
 procs -----------memory---------- ---swap-- -----io---- -system-- ----cpu----
 r  b   swpd   free   buff  cache   si   so    bi    bo   in   cs us sy id wa
 0  0  49264 121396  27796 2229236    0    0    53    51  252  238  5  3 91  1
 0  0  49264 121296  27804 2229268    0    0     0    20  512  678  1  1 99  0
 0  0  49264 121172  27812 2229276    0    0     0     6  518  660  1  1 98  1
 0  0  49264 121048  27812 2229276    0    0     0     0  479  651  1  1 98  0
 0  1  49264 120768  27812 2229376    0    0     0    62  501  681  1  1 99  0
 0  0  49264 120768  27812 2229396    0    0     0     2  562  723  1  1 98  1
 0  0  49264 120644  27812 2229396    0    0     0     0  449  612  0  1 99  0
 0  0  49264 120520  27820 2229396    0    0     0    18  530  687  1  1 98  0
 0  0  49264 120396  27820 2229396    0    0     0     0  464  633  1  1 99  0
 0  1  49264 120272  27820 2229496    0    0     0    60  517  689  1  1 98  0
```

O modo de exibição padrão do vmstat é o modo VM, cujos campos e subcampos são detalhados a seguir:

- **procs**
  r: Número de processo executáveis (executando ou aguardando execução).
  b: Número de processos dormindo ininterruptíveis.
- **memory**
  swpd: Total de memória virtual utilizada.
  free: Total de memória livre.
  buff: Total de memória utilizada como buffer.
  cache: Total de memória utilizada como cache.

inact: Total de memória inativa (opção -a).
active: Total de memória ativa (opção -a).

- **swap**

si: Quantidade de memória carregada do disco (por segundo).
so: Quantidade de memória movida para o disco (por segundo).

- **io**

bi: Blocos recebidos de um dispositivo de bloco (blocos/s).
bo: Blocos enviados para um dispositivo de bloco (blocos/s).

- **system**

in: O número de interrupções por segundo, incluindo o clock.
cs: O número de mudanças de contexto por segundo.

- **cpu**, percentuais do total do tempo da CPU.

us: Tempo gasto executando código não-kernel (tempo de usuário, incluindo tempo nice).
sy: Tempo gasto executando código do kernel (tempo do sistema).
id: Tempo ocioso.
wa: Tempo gasto aguardando por entrada/saída.
st: Tempo roubado de uma máquina virtual.

O vmstat oferece outros modos de exibição. Um deles é modo disco, iniciado com a opção -d:

```
$ vmstat -d
disk- ------------reads------------ ------------writes----------- -----IO------
total     merged     sectors     ms     total     merged     sectors     ms     cur     sec
loop0     0     0     0     0     0 0     0     0     0     0
loop1     0     0     0     0     0 0     0     0     0     0
loop2     0     0     0     0     0 0     0     0     0     0
loop3     0     0     0     0     0 0     0     0     0     0
loop4     0     0     0     0     0 0     0     0     0     0
loop5     0     0     0     0     0 0     0     0     0     0
loop6     0     0     0     0     0 0     0     0     0     0
loop7     0     0     0     0     0 0     0     0     0     0
sda  306268  19859 15038540     2268632 180738     96537     12733376  11353793 0  1230
sr0     0     0     0     0     0     0     0     0     0     0
```

Os campos do modo disco indicam:

- **Reads**

total: Total de leituras com sucesso
merged: Leituras agrupadas (resultando em uma E/S)
sectors: Setores lidos com sucesso
ms: Milissegundos gastos lendo

- **Writes**
  total: Total de escritas completadas com sucesso
  merged: Escritas agrupadas (resultando em uma E/S)
  sectors: Setores escritos com sucesso
  ms: Milissegundos gastos escrevendo
- **IO**
  cur: Entrada/saída em progresso
  s: Segundo gastos com E/S

Para exibir informações de uma partição específica, basta iniciar no modo partição informando seu caminho com a opção -p:

```
$ vmstat -p /dev/sda1
sda1          reads   read sectors  writes    requested writes
              120428  5559754       52566     4181088
```

Os campos no modo partição representam:

- reads: Número total de leituras realizadas nessa partição
- read sectors: Total de setores lidos para a partição
- writes : Número total de escritas realizadas nessa partição
- requested writes: Número total de requisições de escrita feitas nessa partição

O comando **iotop** coleta as informações de Entrada/Saída geradas pelo Kernel Linux (recurso disponível a partir do Kernel 2.6.20) e exibe uma tabela com informações sobre as operações de Entrada/Saída realizadas por cada processo ativo no sistema:

```
Total DISK READ :     0.00 B/s | Total DISK WRITE :     0.00 B/s
Actual DISK READ:     0.00 B/s | Actual DISK WRITE:     0.00 B/s
  TID  PRIO  USER     DISK READ  DISK WRITE  SWAPIN     IO>    COMMAND
  512 be/0 root     0.00 B/s    0.00 B/s  0.00 %  0.00 % [nfsiod]
    1 be/4 root     0.00 B/s    0.00 B/s  0.00 %  0.00 % init
    2 be/4 root     0.00 B/s    0.00 B/s  0.00 %  0.00 % [kthreadd]
    3 be/4 root     0.00 B/s    0.00 B/s  0.00 %  0.00 % [ksoftirqd/0]
    5 be/0 root     0.00 B/s    0.00 B/s  0.00 %  0.00 % [kworker/0:0H]
```

As informações são atualizadas no intervalo de tempo informado com a opção `-d n`, onde `n` é um valor em segundos (pode ser uma fração, como *1.5*). Se não for informado um intervalo, o padrão é computar o volume de dados movimentados uma vez por segundo. No topo da tabela estão os totais gerais do volume de dados movimentados nos dispositivos de armazenamento, mas os totais são diferenciados em *Total* e *Actual*.

*Total* diz respeito ao volume de dados de E/S movimentados entre o Kernel e os processos solicitantes. Já *Actual* diz respeito ao volume de dados que o Kernel de fato leu ou escreveu nos dispositivos de armazenamento. Os dois tipos podem diferir devido a operações de cacheamento realizadas pelo Kernel para otimizar as operações de leitura e escrita.

As colunas da tabela trazem informações sobre quantos dados de E/S foram copiados no intervalo de tempo pré-determinado. As colunas *Disk Read* e *Disk Write* exibem o volume de dados que o processo leu ou escreveu em qualquer dispositivo de armazenamento. A coluna *SWAPIN* informa o percentual de tempo gasto aguardando uma operação de memória swap e a coluna I/O informa o percentual de tempo gasto aguardando para fazer qualquer outra operação de E/S. Também há colunas exibindo o número do thread (subprocesso), o usuário dono do processo e a prioridade e E/S do processo.

Algumas opções de exibição podem ser modificadas durante a execução do iotop. Para exibir apenas os processos no lugar de todos os threads, basta pressionar a tecla **p**. As teclas para esquerda e direita são utilizadas para alternar a ordem de exibição dos processos. Por padrão, são exibidas estatísticas para todos os processos, inclusive para aqueles que não estão executando operações de E/S. Pressionar a tecla **o** fará com que apenas os processos que executaram operações de E/S na última verificação sejam exibidos.

O volume de dados exibido corresponde somente à última verificação (por padrão, o último segundo). A opção **-a** fará com que seja exibido o acumulado de dados movimentados desde o momento em que o iotop passou a calculá-los. Esse mesmo comportamento é obtido ao pressionar a tecla **a** durante a execução do iotop.

Semelhante ao que pode ser feito com o uso do processador, é possível estabelecer prioridades para as operações de E/S de cada processo. Ao pressionar a tecla **i** durante a execução do iotop, deverá ser informado o número PID do processo que se quer alterar a prioridade de E/S. Existem três categorias de prioridade: *Real-time (rt)*, *Best-effort (be)* e *Idle*, respectivamente da maior prioridade para a menor prioridade. Para as categorias Real-time e Best-effort também deve ser fornecido um valor numérico entre 0 e 7 (quanto menor o número, maior a prioridade), de modo a oferecer um ajuste mais fino sobre as prioridades de cada processo. As prioridades vigentes para cada processo são exibidas na coluna *PRIO*.

## Carga de processamento

Se o objetivo é inspecionar processos e atividade dos usuários, os comandos a seguir são indicados:

- `ps`

  Mostra os processos ativos de maneira detalhada.

- `top`

  Monitora continuamente os processos, mostrando informações como uso de memória e CPU de cada processo. A tecla [H] fornece ajuda sobre o uso do programa. Pode ser usado para alterar a prioridade de um processo.
- `pstree`

  Mostra processos ativos em formato de árvore genealógica (processos filhos ligados aos respectivos processos pais).
- `w`

  Mostra quais usuários estão utilizando o sistema e suas atividades em execução.
- `htop`

  O `htop` é semelhante ao comando top, mas permite uma maior interação com os processos. A maior parte dos comandos são executados interativamente na tela do htop, que por padrão atualiza as informações a cada dois segundos. A taxa de atualização pode ser alterada com a opção -d n, onde n é um valor em décimos de segundo.

Estes comandos, especialmente em conjunto com os comandos de estatísticas de uso, podem ajudar a identificar possíveis gargalos prejudicando o desempenho do sistema. Por exemplo, se os comandos `iostat` ou `vmstat` mostrarem que muito do tempo da CPU é gasto apenas aguardando requisições de entrada/saída de dispositivo, é possível que exista alguma falha no dispositivo ou no processo que está executando e gerando as requisições.

Processos aguardando por requisições de E/S ficam no estado chamado *dormindo ininterruptível*. Esses processos podem ser identificados pela letra **D** na saída do comando `ps -ely`:

```
# ps -ely|grep "^D"
D    0   18    2  0 80  0    0    0 -     ?        00:00:00 kswapd0
```

As opções `-ely` determinam a exibição dos processos em formato longo, mais detalhado. O primeiro campo indica o estado do processo e o terceiro campo indica seu número PID, entre outros. Num sistema sem problemas, é normal que eventualmente um ou outro processo esteja muito rapidamente no estado **D**. Num sistema com problemas de E/S, o processo responsável pode ser rastreado dessa forma.

Para investigar quem ou quais processos estão utilizando um determinado arquivo, é usado o comando `lsof` . Na medida que, em ambientes Unix, praticamente todos os recursos podem ser acessados a partir de arquivos ou pseudo-arquivos, o `lsof` é uma ferramenta de investigação bastante poderosa.

Por exemplo, é possível listar todos os arquivos abertos por um determinado processo utilizando o comando:

```
lsof -p PID
```

Neste código, PID representa o PID do programa em questão. Para verificar todos os arquivos sendo utilizados por processos disparados por um usuário em particular, utiliza-se a opção -u usuário . Para checar quais processos estão utilizando um arquivo, basta executar o comando lsof fornecendo como argumento o caminho completo para o arquivo:

```
# lsof /dev/net/tun
        COMMAND        PID      USER    FD   TYPE DEVICE SIZE/OFF NODE NAME
        openvpn        661   openvpn    5u    CHR 10,200      0t0 9859 /dev/net/tun
        qemu-syst    20649      qemu   24u    CHR 10,200      0t0 9859 /dev/net/tun
```

A saída deste comando mostra várias informações úteis sobre o(s) processo(s) a acessar o arquivo /dev/net/tun (interface de rede TUN). Este uso é especialmente útil para checar processos bloqueando dispositivos ou pontos de montagem.

Outro comando útil para identificar o consumo geral de recursos da máquina é o uptime:

```
 # uptime
13:31:00 up 36 days, 21:03,  3 users,  load average: 0.05, 0.19, 1.27
```

É exibido quanto tempo desde que o sistema foi ligado pela última vez e a quantidade de usuários atualmente no sistema. Os valores finais, *load average*, referem-se a média de carga do sistema nos últimos 1, 5 e 15 minutos, respectivamente. As médias são calculadas a partir do total de processos que estão rodando ou ininterruptíveis no intervalo de tempo em questão. Um processo rodando é aquele utilizando ou aguardando para utilizar o processador. Um processo ininterruptível está tentando acessar um dispositivo de entrada/saída, como um disco rígido.

Os valores devem ser interpretados de acordo com o número de processadores presentes no sistema. Numa máquina com apenas um processador, uma média próxima a 1 significa que a praticamente todo momento havia um processo rodando ou ininterruptível. Já numa máquina com quatro processadores, a média próxima a 1 significa que o fato ocorreu em apenas um dos processadores. Portanto, para supor que havia um processo rodando ou ininterruptível nos quatro processadores, um valor próximo a 4 deve ser a média.

## Uso da rede

Todo processo que se comunica via rede no Linux o faz através de sockets, que são arquivos especiais para onde o processo envia e recebe os dados. O Kernel Linux é responsável por viabilizar o tráfego dos dados, por isso precisa manter uma tabela relacionando todos os sockets e processos associados. É possível investigar a utilização de sockets por processos com o comando ss, que além de informar sobre os sockets trafegando dados via rede, pode informar sobre sockets utilizados para comunicação entre processos locais. Em função disso, pode ser conveniente especificar ao ss o tipo de protocolo de comunicação que se quer investigar. Por exemplo, o ss pode ser utilizado para investigar quais processos estão utilizando o protocolo IPv6:

```
# ss -p -t -6
State      Recv-Q Send-Q
ESTAB      0      0

Local Address:Port
2804:431:f721:49c8:ff06:f26c:a91b:4854:40410

Peer Address:Port
2800:3f0:4003:c01::7d:xmpp-client

    users:(("chrome",pid=1967,fd=48))
```

A opção -p ativa a exibição do processo utilizando o socket, a opção -t limita a exibição apenas ao protocolo TCP e a opção -6 ao IPv6. O processo é indicado na última linha, no item *users*, onde aparece o nome — *chrome* — e o número PID — *1967* — do processo. Com o número PID, o comando ps pode ser utilizado para obter mais detalhes sobre o processo em questão:

```
# ps -p 1967 -f
UID        PID  PPID  C STIME TTY          TIME
luciano   1967  1616  0 jun21 tty2     00:00:01

CMD
/opt/google/chrome/chrome --type=cloud-print-service
```

O número PID é indicado com a opção -p e a opção -f ativa os detalhes de exibição estendidos. No exemplo, é possível verificar que o processo utilizando o socket TCP em IPv6 é o serviço de impressão na nuvem do navegador *Google Chrome*, iniciado pelo usuário *luciano*.

O volume de dados que trafegam na rede pode ser investigado com o programa **iptraf** (chamado de *iptraf-ng* em algumas distribuições). Através de menus interativos, uma interface de rede é escolhida e diversos contadores de tráfego atualizados em tempo real são exibidos para a mesma. Também são exibidos os endereços de origem e destino das comunicações, permitindo identificar quais delas estão fazendo uso mais intensivo da rede.

# 200.2 Prever Necessidades Futuras de Recursos

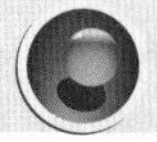

**Peso 2**

Um método eficiente para prever se a capacidade instalada será suficiente para atender demandas futuras é analisar a curva ascendente em gráficos de utilização de recursos. Existem algumas ferramentas Linux para criação de gráficos a partir do monitoramento de máquinas e redes que auxiliam nessa tarefa.

Existem diversas ferramentas Linux para monitorar a utilização de recursos e também são úteis para identificar gargalos em servidores mais simples e computadores domésticos.

## Collectd

O **collectd** é um pequeno *daemon* (serviço) escrito em C para ganho de performance. Ele lê diversas estatísticas de sistema e atualiza arquivos **RRD**, criando-os se necessário. RRD é o acrônimo de *Round Robin Database*. Trata-se de um padrão para armazenar e exibir dados em sequenciais (como largura de banda de rede, temperatura do ambiente, carga média do servidor, etc). Ele armazena os dados de um modo muito compacto que não aumenta ao longo do tempo. Seu propósito é ser utilizado por outros programas que o consultam e exibem uma interface gráfica para o usuário.

Como o collectd não precisa iniciar toda vez que for necessário atualizar os arquivos, torna-se muito rápido e discreto no sistema. As estatísticas são muito detalhadas e os arquivos atualizados a cada dez segundos. O collectd está disponível nos repositórios de todas as principais distribuições Linux.

Praticamente qualquer aspecto do sistema pode ser monitorado com o collectd. Sua arquitetura de plugins o torna muito personalizável, o que é especialmente útil para uso em equipamentos limitados, como roteadores. A lista completa de plugins pode ser consultada em *https://collectd.org/wiki/index.php/Table_of_Plugins.* A configuração geral do collectd e a ativação e configuração de seus plugins é feita no arquivo `/etc/collectd/collectd.conf`.

As informações colhidas podem ser utilizadas para encontrar gargalos de performance (análise de performance) e prever a carga futura do sistema (planejamento de capacidade). Não é o foco do collectd gerar os gráficos, mas apenas recolher as informações e gravá-las em arquivos RRD. Por padrão, os arquivos são armazenados no diretório `/var/lib/collectd/`, mas isso pode ser modificado no arquivo `/etc/collectd/collection.conf`. Essas informações podem ser transmitidas via rede por plugins específicos e consultadas por programas especializados, como o `rrdtool`.

Contudo, operar diretamente com os dados RRD pode não ser muito prático, principalmente em inspeções recorrentes. Existem interfaces que tornam a tarefa de monitorar e gerar os gráficos mais simples, como a interface web *Cacti*.

## Cacti

O Cacti é uma interface completa para o *RRDTool*. Ele armazena todas as informações necessárias para gerar gráficos e preenchê-los com dados em um banco de dados MySQL. A interface é feita em PHP. Além de manter gráficos, fontes de dados e os arquivos *round robin* no banco de dados, o cacti também é responsável pela coleta dos dados.

Na máquina onde foi realizada a instalação, a interface do Cacti poderá ser aberta pelo navegador Web no endereço `http://localhost/cacti`. O Cacti também oferece suporte s SNMP para criação de gráficos com **MRTG**.

## MRTG

O MRTG (*Multi Router Traffic Grapher*) é uma ferramenta para monitorar a carga de tráfego em conexões de rede. O MRTG cria páginas HTML contendo imagens com uma representação em tempo real do tráfego.

O MRTG utiliza o protocolo SNMP (*Simple Network Management Protocol*), que via de regra está disponível no roteador da rede, possibilitando monitorar todo o tráfego passando pelo roteador. O MRTG é um programa simples e está disponível nos repositórios de todas as principais distribuições. Depois de instalado, é necessário editar o arquivo `/etc/mrtg/mrtg.cfg`. A seguir, um exemplo mínimo do conteúdo de `mrtf.cfg`:

```
WorkDir: /var/www/mrtg
Options[roteador]: bits,growright

Target[roteador]: 8:public@192.168.147.1:
SetEnv[roteador]: MRTG_INT_IP="177.81.230.42" MRTG_INT_DESCR="br0"
MaxBytes[roteador]: 1250000
Title[roteador]: Monitor Wan
PageTop[roteador]: <h1>Monitor Wan</h1>
```

Estão definidos onde serão gravadas as imagens (`/var/www/mrtg`) e as opções para o alvo *roteador* (medir em bits e crescer o gráfico da direita para a esquerda) na segunda linha do arquivo.

Nesse exemplo, há apenas um alvo — o *target* — definido, nomeado roteador, cujo acesso SNMP está liberado para public em *192.168.147.1* (o endereço do roteador na rede local). Cada roteador pode utilizar um nome de acesso diferente, sendo necessário consultar a configuração do mesmo.

Também está definido o IP do roteador a ser monitorado (*177.81.230.42*, o endereço da interface WAN do roteador), o valor máximo de referência para transferências (*1250000 bytes*) e o título e conteúdo a ser exibido no topo da página HTML. Finalizada a configuração, o MRTG pode ser iniciado como um daemon, com o comando:

```
env LANG=C mrtg --daemon /etc/mrtg/mrtg.cfg
```

É necessário alterar a variável de ambiente LANG para "C", pois o MRTG não suporta codificação de caracteres internacionais. Como daemon, o MRTG atualizará a página a cada cinco minutos. A página será gravada no diretório indicado em *WorkDir*, com o nome definido para o Target, podendo ser aberta em qualquer navegador HTML.

## Nagios e Icinga2

Outros programas que oferecem uma interface gráfica para o monitoramento do sistema são o *Nagios* e o *Icinga2*. Eles são capazes de monitorar tanto os serviços ativos no servidor quanto a disponibilidade da rede. Caso ocorram problemas, podem enviar um email ou outros tipos de alerta informando sobre a falha e sua eventual solução.

O Nagios é escrito em C e foi projetado para execução em Linux, como um processo em segundo plano, checando intermitentemente os diversos serviços especificados. As checagens são realizadas por plugins, cada um para uma finalidade específica.

Tanto o Nagios quanto o Icinga2 possuem uma arquitetura modular, que permite utilizar plugins para tarefas de monitoramento específicas. Como o Cacti, eles utilizam um servidor Web local (normalmente o *Apache*) para exibir as páginas. Na máquina onde foi realizada a instalação, a interface do Nagios poderá ser aberta pelo navegador Web no endereço `http://localhost/nagios`. O Icinga2 possui uma interface Web que deve ser instalada a parte, chamada *IcingaWeb*. Apesar de estarem disponíveis pelo instalador de pacotes da distribuição, recursos mais avançados podem estar disponíveis somente nas versões mais recentes, disponíveis respectivamente em `https://www.nagios.org/` e `https://www.icinga.com/`.

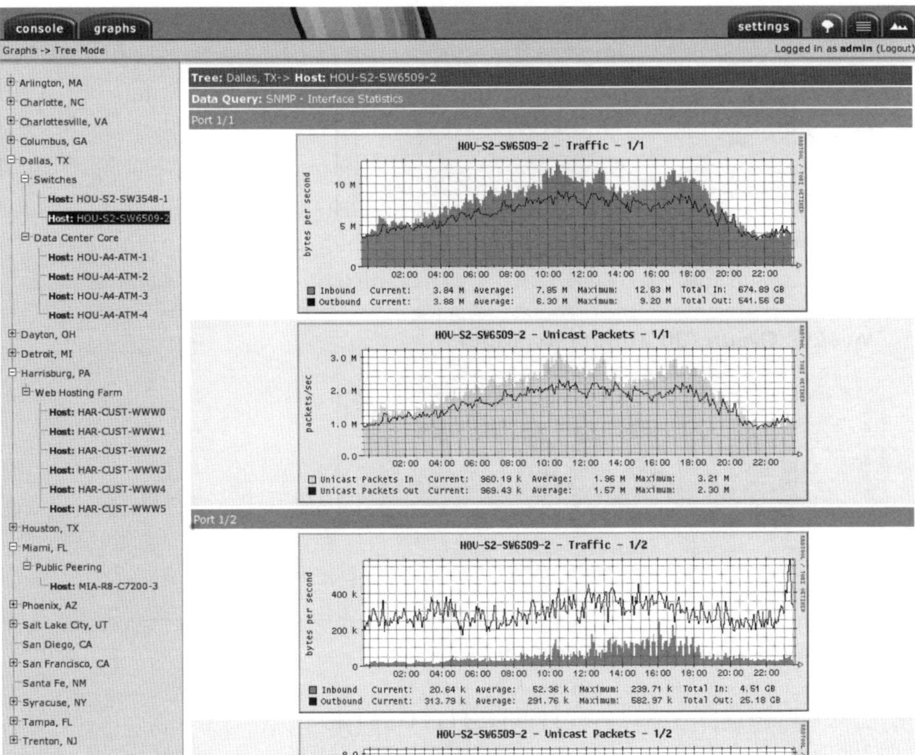


Figura 1. A interface Web do Cacti facilita a coleta e criação de dados RRD.

`Daily' Graph (5 Minute Average)

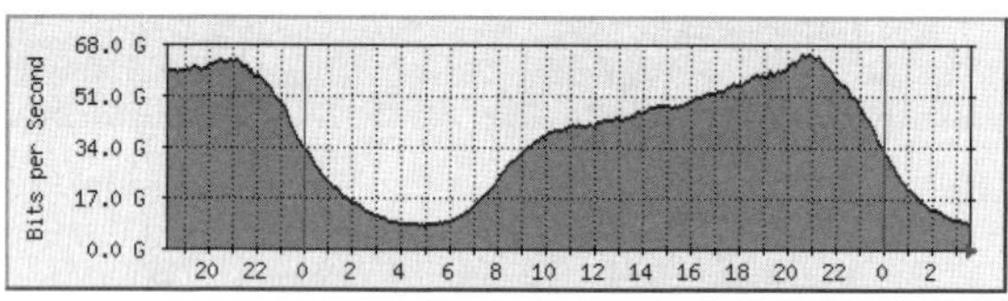


| | Max | Average | Current |
|---|---|---|---|
| In | 64.0 Gb/s | 37.2 Gb/s | 8034.0 Mb/s |
| Out | 64.0 Gb/s | 37.2 Gb/s | 8034.4 Mb/s |

`Weekly' Graph (30 Minute Average)

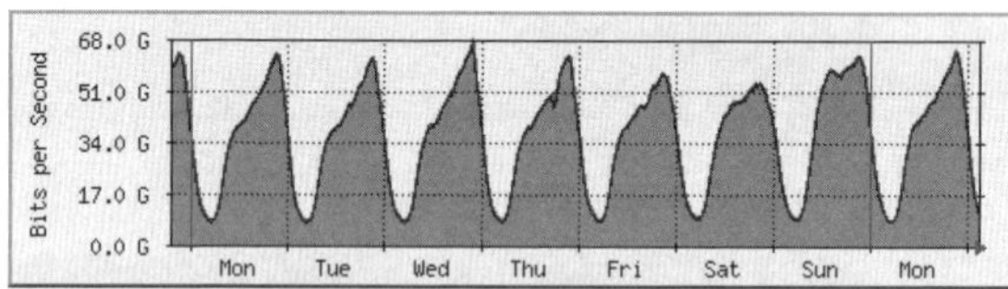


| | Max | Average | Current |
|---|---|---|---|
| In | 67.8 Gb/s | 35.7 Gb/s | 9639.9 Mb/s |
| Out | 67.8 Gb/s | 35.7 Gb/s | 9640.8 Mb/s |

`Monthly' Graph (2 Hour Average)

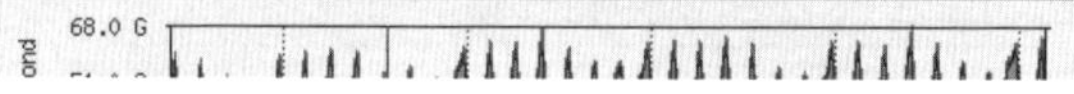


Figura 2. Parte de uma página gerada com monitoramento SNMP pelo MRTG.

# Exercícios

## Questões Tópico 200

1. No relatório padrão de uso de recursos produzido pelo comando `iostat`, qual coluna exibe o percentual de tempo em que a CPU estava ociosa e não aguardava por entrada/saída de disco?
   a. %nice
   b. %iowait
   c. %steal
   d. %idle

2. Qual opção do `iostat` deve ser utilizada para gerar um relatório em intervalos de 10 segundos?
   a. iostat -d 10
   b. iostat -i 10
   c. iostat -s 10
   d. iostat -w 10

3. Como o comando `sar` pode ser utilizado para exibir estatísticas de tráfego de dados em todas interfaces de rede do sistema?
   a. sar -i DEV
   b. sar -n DEV
   c. sar -i NET
   d. sar -n NET

4. Na saída do comando `vmstat` a seguir, qual coluna informa o número de processos dormindo ininterruptíveis?

   $ vmstat 2 10

| procs | | ---------------memory--------------- | | | | -------swap------ | | ----io---- | | --system-- | | --cpu-- | | | |
|---|---|---|---|---|---|---|---|---|---|---|---|---|---|---|---|
| r | b | swpd | free | buff | cache | si | so | bi | bo | in | cs | us | sy | id | wa |
| 0 | 0 | 49264 | 121396 | 27796 | 2229236 | 0 | 0 | 53 | 51 | 252 | 238 | 5 | 3 | 91 | 1 |
| 0 | 0 | 49264 | 121296 | 27804 | 2229268 | 0 | 0 | 0 | 20 | 512 | 678 | 1 | 1 | 99 | 0 |
| 0 | 0 | 49264 | 121172 | 27812 | 2229276 | 0 | 0 | 0 | 6 | 518 | 660 | 1 | 1 | 98 | 1 |
| 0 | 0 | 49264 | 121048 | 27812 | 2229276 | 0 | 0 | 0 | 0 | 479 | 651 | 1 | 1 | 98 | 0 |
| 0 | 1 | 49264 | 120768 | 27812 | 2229376 | 0 | 0 | 0 | 62 | 501 | 681 | 1 | 1 | 99 | 0 |
| 0 | 0 | 49264 | 120768 | 27812 | 2229396 | 0 | 0 | 0 | 2 | 562 | 723 | 1 | 1 | 98 | 1 |
| 0 | 0 | 49264 | 120644 | 27812 | 2229396 | 0 | 0 | 0 | 0 | 449 | 612 | 0 | 1 | 99 | 0 |
| 0 | 0 | 49264 | 120520 | 27820 | 2229396 | 0 | 0 | 0 | 18 | 530 | 687 | 1 | 1 | 98 | 0 |
| 0 | 0 | 49264 | 120396 | 27820 | 2229396 | 0 | 0 | 0 | 0 | 464 | 633 | 1 | 1 | 99 | 0 |
| 0 | 1 | 49264 | 120272 | 27820 | 2229496 | 0 | 0 | 0 | 60 | 517 | 689 | 1 | 1 | 98 | 0 |

a. r
b. b
c. bo
d. id

5. O comando _____ é utilizado para mostrar quais usuários estão utilizando o sistema e suas atividades em execução.

6. Na saída do comando uptime a seguir, qual é o valor para a carga média do sistema nos últimos 15 minutos?

```
# uptime
  13:31:00 up 36 days, 21:03,  3 users,  load average: 0.05, 0.19, 1.27
```

a. 05
b. 0.19
c. 1.27
d. Não há valor para os últimos 15 minutos.

7. Qual é o formato de arquivo utilizado pelo collectd para armazenar estatísticas de uso do sistema?
a. XML
b. CSV
c. Log
d. RRD

8. O ____ é o comando padrão para armazenar e exibir dados sequenciais armazenados em bancos de dados Round Robin.

9. Qual é o protocolo de rede utilizado pelo programa de monitoramento MRTG?
a. TCP
b. UDP
c. SNMP
d. Telnet

10. Qual definição no arquivo de configuração /etc/mrtg/mrtg.cfg determina uma interface em um IP para ser monitorada?
a. Target
b. Interface
c. Router
d. Device

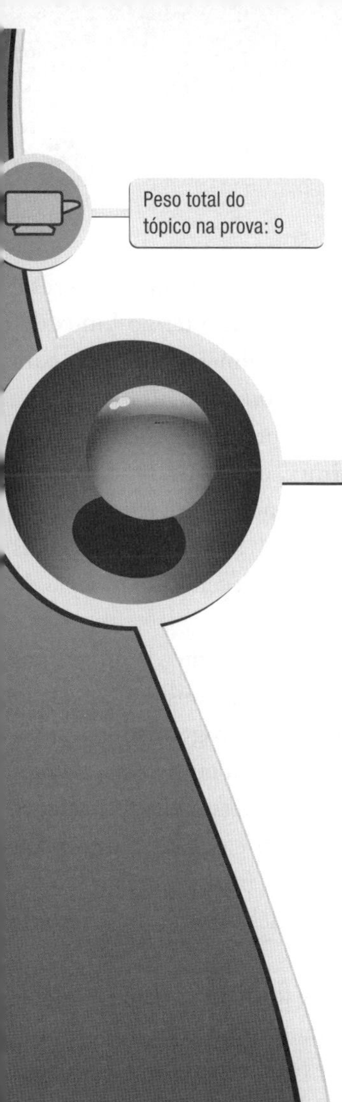

Peso total do tópico na prova: 9

# Tópico 201:

# O kernel Linux

Principais temas abordados:

- Identificação dos componentes do kernel;
- Compilação do kernel;
- Personalização do kernel.

## 201.1 Componentes do kernel

**Peso 2**

O kernel é o componente central do sistema. É tão importante que muitas vezes é confundido com o sistema em sua totalidade. Ou seja, apesar de o termo Linux designar apenas o componente central – o kernel –, ele é normalmente utilizado para designar todo o sistema, que é composto por muitos outros programas.

Por isso, muitos desenvolvedores e personagens importantes do mundo do Software Livre preferem nomear o sistema como **GNU/Linux**, dado que a maior parte dos programas que funcionam em conjunto com o kernel Linux fazem parte do projeto GNU, cujo propósito é manter um ambiente de desenvolvimento e ferramentas o mais próximo possível de seus similares do Unix, porém obedecendo ao modelo de desenvolvimento aberto.

O termo código aberto refere-se a um modelo de desenvolvimento de programas de computador no qual o acesso ao código-fonte é liberado para consulta, alteração e redistribuição. Isso faz com que um número muito grande de programadores possa analisar e contribuir para o desenvolvimento de uma ferramenta ou sistema, na medida em que podem alterá-lo para satisfazer suas próprias necessidades. Alterações feitas no programa original podem ser tornadas públicas ou enviadas à pessoa ou equipe responsável, que analisará a qualidade da alteração e a incorporará ao produto. Linus Torvalds, o criador e atual administrador do kernel, adotou o modelo de desenvolvimento e as licenças GNU para o Linux.

O kernel Linux é um desses componentes que juntos formam o sistema operacional. O papel do kernel é identificar e controlar a comunicação com o hardware, administrar os processos em execução e a comunicação de rede, entre outras atividades relacionadas.

### O kernel e seus módulos

Existem basicamente duas formas de se escrever um kernel para qualquer plataforma: um kernel monolítico ou um micro-kernel. Diferente de um micro-kernel, um kernel monolítico agrega todas as funções dentro de um único processo. Já um micro-kernel delega cada função específica a processos derivados.

#### O Projeto GNU

Antes mesmo que o kernel Linux existisse, já havia o projeto GNU. O projeto foi iniciado em 1983 por Richard Stallman, desenvolvedor e ativista do software livre. O propósito do projeto GNU é criar um sistema operacional de código aberto que corresponda ao mesmo padrão dos sistemas Unix tradicionais.

Por exemplo, um micro-kernel delega a outro processo o controle das conexões de rede. Dessa forma, possíveis instabilidades na rede não comprometem o funcionamento essencial do sistema. Entretanto, o desenvolvimento de um micro-kernel é muito mais demorado em relação a um kernel monolítico, pois rastrear eventuais falhas e incluir novos recursos é muito mais complicado do que em um kernel monolítico.

O kernel Linux é *monolítico*. Porém, sua arquitetura é chamada *modular*. Isso significa que, mesmo sendo um kernel monolítico, todas as suas funções não precisam necessariamente estar todo o tempo presentes na memória. Por exemplo, o kernel pode estar configurado para trabalhar com dispositivos USB, mas não para manter em memória as funções exigidas para trabalhar com tais dispositivos. Mantidas em módulos, essas funções somente serão carregadas para a memória quando forem necessárias, ou seja, quando for conectado um dispositivo USB.

É importante não confundir um kernel modular com um micro-kernel. Apesar de modular, o kernel Linux é um kernel monolítico. Cada módulo carregado é integrado ao kernel ativo e, apesar de em sua maioria poderem ser descarregados da memória, o kernel continua se comportando como único e centralizado.

## Versões do kernel

A versão de um kernel Linux é composta de quatro números. Juntos, eles informam não só quão recente é o kernel, mas também algumas outras características.

Esses quatro números que compõem a versão do kernel são separados por pontos, no formato *A.B.C.D.* O último elemento – *D* – nem sempre é utilizado, mas tem função muito importante.

## Sufixos do kernel

Além dos quatro números, a versão do kernel pode possuir um sufixo que representa um kernel diferente do oficial – chamado *vanilla* –, que por sua vez representa um recurso adicional, uma versão de testes ou outra diferença em relação à versão oficial estável.

Os sufixos mais comuns são *rc* e *mm*. O sufixo *rc* (*release candidate*, ou candidato à versão) representa um *prepatch*, que é equivalente a uma versão alfa do kernel, e seus arquivos fonte ficam no diretório de teste no servidor oficial do kernel (*www.kernel.org*). Essas versões parciais são aplicadas ao kernel completo da versão imediatamente anterior, usando o comando *patch*. Por exemplo, o patch 4.6.31-rc5 deve ser aplicado à versão 4.6.30. Apenas as versões de kernel com três números podem receber um patch *rc*. Portanto, as versões release candidate não devem ser aplicadas a um kernel com quatro números de versão, como 4.6.30.4.

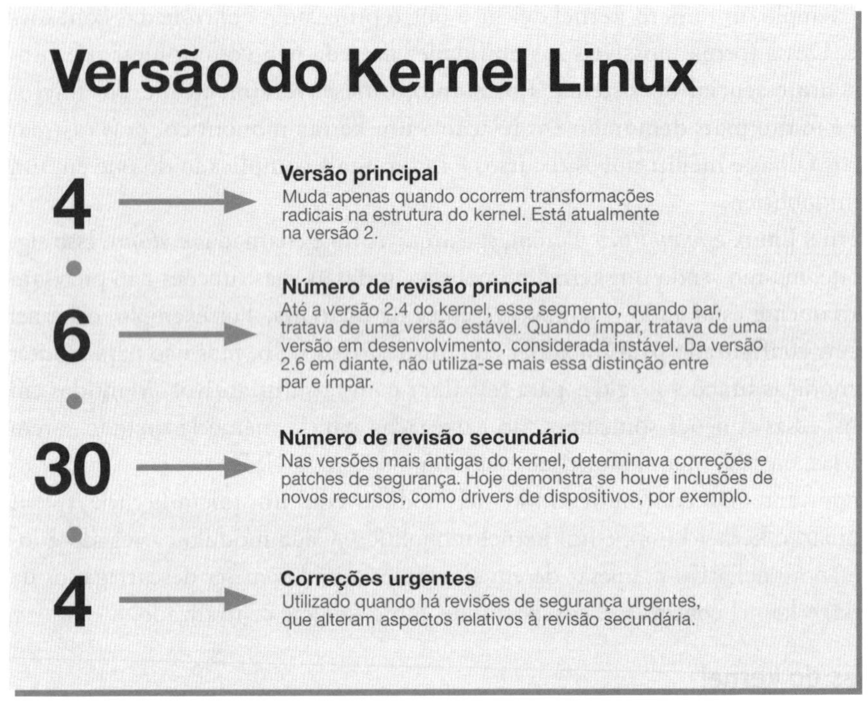


O sufixo *mm* representa um kernel com as modificações realizadas pelo desenvolvedor Andrew Morton, feitas sobre a versão oficial do kernel. Essas alterações são geralmente mais experimentais do que aquelas feitas nas versões oficiais. Todas essas diferentes versões podem ser obtidas diretamente do site oficial do kernel: *www.kernel.org*.

## Localização do kernel no sistema

O kernel Linux oficial é distribuído como código-fonte, ou seja, precisa ser configurado e compilado para ser utilizado pelo sistema. Depois de copiado do site oficial ou usando as ferramentas de instalação da distribuição, o código-fonte do kernel deve ser mantido na máquina local, no diretório */usr/src/*, num lugar com as informações de versão do kernel, como */usr/src/linux-2.6.30*. Como é possível possuir mais de uma versão dos códigos-fonte, é importante criar um link simbólico */usr/src/linux* que aponta para o diretório do código-fonte do kernel atualmente em uso. Esse procedimento é importante para que outros programas possam eventualmente localizar os arquivos do kernel atual.

Ali encontram-se não só os arquivos de código-fonte do kernel, mas também a documentação oficial e onde estará o arquivo imagem do kernel após compilado. O arquivo imagem é o kernel em si, que mais tarde será invocado pelo carregador de boot durante o carregamento do sistema.

### Kernel original x Kernel modificado

Na grande maioria dos casos, não é necessário fazer qualquer alteração no kernel original para o funcionamento adequado do sistema. Contudo, algumas distribuições fazem pequenas alterações no kernel original principalmente para fins estéticos. Por exemplo, é necessário fazer alterações para exibir uma imagem de progresso durante o início do sistema. Caso essa alteração não seja feita, serão exibidas as informações de controle do sistema, comportamento padrão no kernel original.

## Imagem e documentação do kernel

A documentação oficial do kernel em questão fica em */usr/src/linux/Documentation*. Neste diretório encontram-se vários arquivos de texto que documentam aspectos específicos do kernel. Por exemplo, para descobrir quais parâmetros o kernel aceita ao ser carregado, o arquivo *kernel-parameters.txt* pode ser consultado.

Após compilar um novo kernel a partir de seu código-fonte, o arquivo imagem final será encontrado em */usr/src/linux/arch/x86/boot/*. Note que o subdiretório *x86* varia conforme a arquitetura escolhida durante a configuração do kernel. Se for escolhida a arquitetura PowerPC, por exemplo, a imagem estará em */usr/src/linux/arch/powerpc/boot/*.

O nome e o tamanho do kernel variam conforme for invocada a compilação. Existem basicamente dois formatos de imagem de kernel: *zImage* e *bzImage*. Ambos são compactados com o método *zlib*, mas o que os difere é o tamanho máximo de arquivo. Um arquivo zImage possui tamanho máximo de 512 Kb, tamanho adequado para versões mais antigas do kernel. As versões recentes exigem um tamanho maior e não têm essa limitação. Apesar disso, recomenda-se utilizar o formato compactado bzImage ou utilizar a compactação com o formato xz.

# 201.2 Compilando um kernel Linux

## Peso 3

Apesar da maioria das distribuições acompanhar imagens de kernel pré-compiladas, pode ser necessário personalizar o kernel para corresponder a necessidades específicas, como suporte a hardware incomum ou a um sistema de arquivos exótico. Também é comum recompilar o kernel para ocupar menos recursos e operar em máquinas mais antigas.

O código-fonte do kernel pode ser obtido por meio de pacote específico da distribuição ou diretamente do site oficial *www.kernel.org*. No último caso, o código é distribuído como um arquivo Tar compactado, e deve ser extraído no local padrão, */usr/src/linux*, que geralmente é um link simbólico para o diretório criado na extração, como */usr/src/linux-x.x.xx*.

O processo de personalização de um kernel exige três etapas principais: configuração, compilação e, por fim, instalação.

## Configuração

A configuração de um novo kernel é feita invocando o comando `make` de dentro do diretório onde está o código-fonte do kernel. Existem diferentes tipos de interfaces de configuração, mas a mais tradicional é a interface *ncurses*, invocada por meio do comando `make menuconfig`. A configuração é feita no próprio terminal, numa interface simples de menu (**figura 1**).

Existem outras maneiras de configurar o kernel, mas todas elas produzem o mesmo resultado, que é gerar o arquivo `.config` no diretório do código-fonte do kernel. Interfaces alternativas à configuração via terminal são os assistentes de configuração feitos em Qt (**figura 2**) e em Gtk (**figura 3**). Ambos devem ser executados de dentro do ambiente gráfico X.

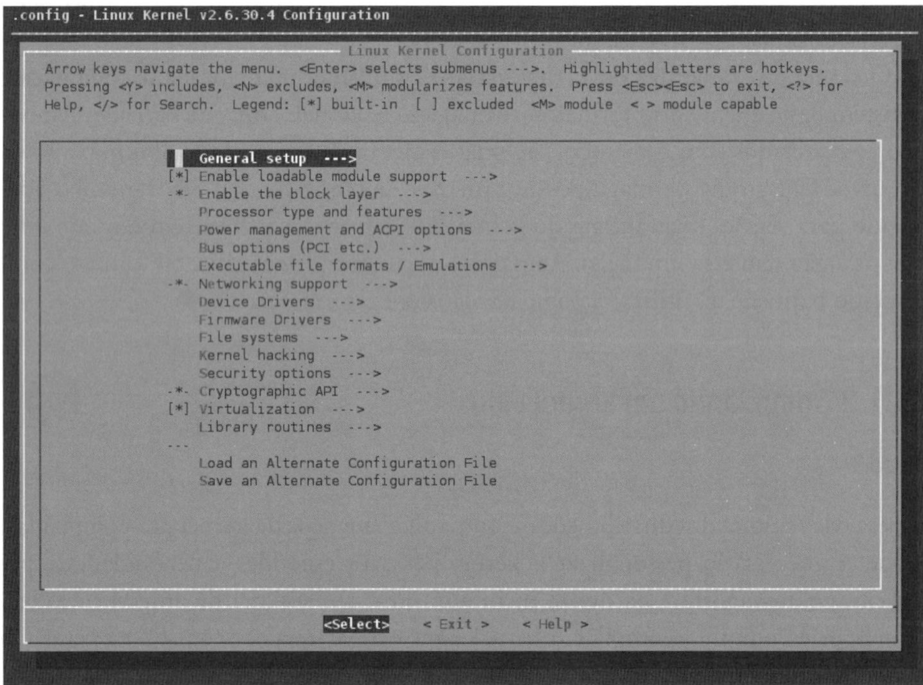


Figura 1. A interface de configuração ncurses é a mais simples e a mais utilizada para configuração do kernel.

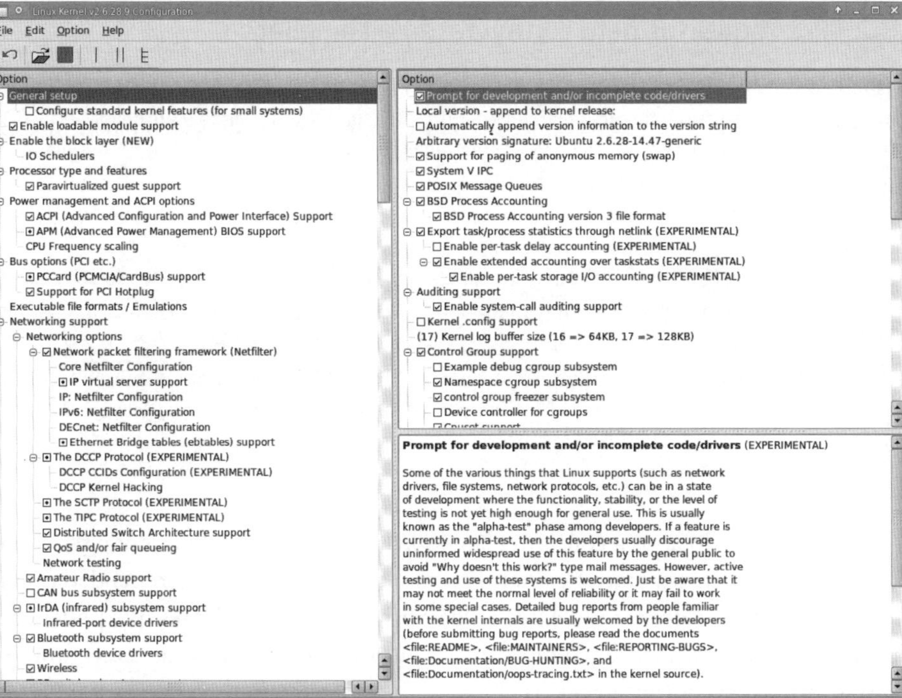


Figura 2. A interface de configuração do kernel feita em Qt.

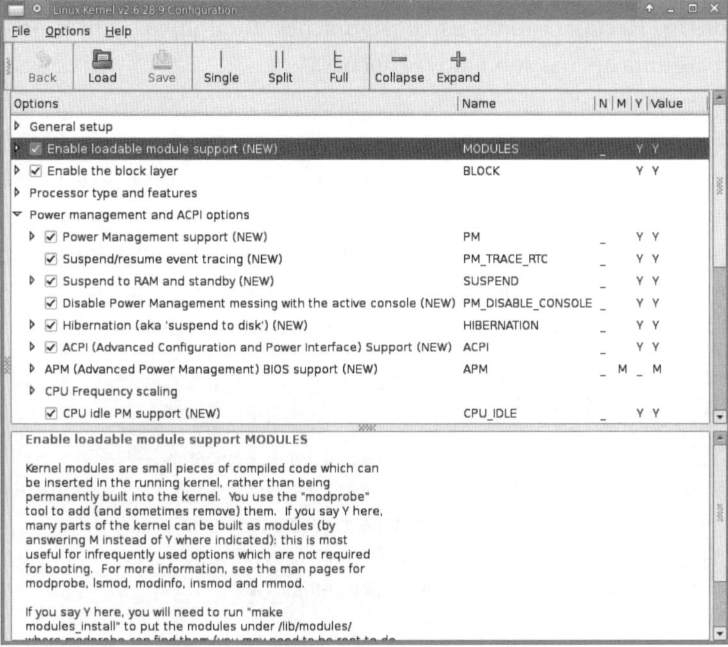


Figura 3. A interface de configuração do kernel feita em Gtk.

### Pré-requisitos para configuração e compilação

Para que seja possível compilar um kernel, é necessário que estejam presentes no computador as ferramentas de desenvolvimento, ou seja, os programas e arquivos necessários para compilar outros programas. Essencialmente, é necessário um compilador da linguagem C – o `gcc` – e alguns acessórios, como o próprio comando `make` e bibliotecas. A instalação dessas ferramentas varia de acordo com a distribuição. Em distribuições Debian e derivados, como a distribuição Ubuntu, basta executar o comando `apt-get install build-essential`, que se encarrega de instalar os programas de desenvolvimento e compilação fundamentais. Em ambientes Red Hat ou derivados, como o Fedora, a instalação pode ser feita com os comandos `yum groupinstall "Development Tools"` e `yum install kernel-devel kernel-headers`. Mesmo as interfaces de configuração do kernel são compiladas antes de serem utilizadas. Por isso, é necessário que estejam instalados os pacotes de desenvolvimento para a interface desejada, sejam eles *ncurses*, *Qt* ou *Gtk*.

O arquivo gerado após a configuração do kernel, *.config*, também pode ser editado num editor de texto convencional. Porém, essa prática não é recomendada, pois além do arquivo ser demasiado extenso, há opções interdependentes que podem ser quebradas. A recomendação é sempre utilizar um meio tradicional de configuração. Outras formas de configurar o kernel são:

- **make config**: Criar ou atualizar a configuração por meio de uma interface orientada a perguntas e respostas na linha de comando;
- **make oldconfig**: Recupera todas as configurações do arquivo .config pré-existente e pergunta apenas sobre novas opções.

## Compilação

Finalizada a configuração, o kernel já pode ser compilado. Se não for a primeira compilação do kernel, pode ser conveniente executar `make mrproper`, que apaga as configurações e os arquivos gerados durante uma compilação anterior. Dessa forma, se evita que hajam objetos com dependências desencontradas. Para apagar apenas os arquivos compilados anteriormente, mas preservar a configuração, utiliza-se `make clean`.

### Acelerando a compilação

Boa parte das máquinas modernas são equipadas com mais de um processador ou processadores de mais de um núcleo. Para aproveitar essa capacidade é recomendável disparar processos de compilação simultâneos. Isso é feito com a opção -j do comando `make`. Por exemplo, `make -j4 bzImage` compilará o kernel em quatro processos simultâneos, o que agilizará bastante a compilação.

Para gerar a imagem zImage ou bzImage do kernel, utiliza-se `make zImage` ou `make bzImage`, respectivamente. Os comandos apenas funcionarão se for obedecida a grafia correta, com o *I* maiúsculo em zImage e bzImage. A compilação pode demorar de minutos a horas, dependendo do número de recursos escolhidos e do computador utilizado.

Provavelmente o novo kernel será modular, e os módulos precisarão ser compilados separadamente. Isso é feito com o comando `make modules`.

## Instalação

Depois que o kernel e os módulos forem compilados, é necessário copiá-los para a localização correta e configurar o carregador de boot para que possa encontrá-lo ao iniciar o sistema.

Num computador de arquitetura x86, o arquivo de imagem do novo kernel estará em `/usr/src/linux/arch/x86/boot/zImage` ou em `/usr/src/linux/arch/x86/boot/bzImage`. Esse arquivo deve ser copiado para o diretório `/boot` e deve ser renomeado para algo mais claro e apropriado, como *vmlinuz-2.6.28-abc*. O termo *vmlinuz* é a nomenclatura padrão para os arquivos de kernel do Linux. Recomenda-se também especificar a versão no nome do kernel em questão e utilizar um sufixo que indique a sua especificidade.

Já os módulos possuem comandos específicos para instalação. Após compilados, são instalados usando o comando `make modules_install`. Será criado um diretório com a numeração do kernel em `/lib/modules`. Portanto, para um kernel 2.6.30, o diretório dos módulos será `/lib/modules/2.6.30`. O comando `make modules_install` também se encarrega de gerar o arquivo `modules.dep` nesse diretório, que armazena as informações de interdependência dos módulos.

## Initial Ramdisk

A partir da versão 2.6 do kernel é possível criar um arquivo chamado *Initial Ramdisk*. Um Initial ramdisk é um pequeno conjunto de arquivos que é carregado na memória RAM durante o carregamento do kernel e montado como se fosse uma partição, porém sem que haja um sistema de arquivos. Como o Initial Ramdisk é montado antes da partição raiz, o motivo principal para utilizá-lo é a necessidade de utilizar um módulo essencial para montar a partição raiz, geralmente o módulo que oferece suporte ao sistema de arquivos da partição raiz (xfs, ext3, reiserfs etc.) ou o que oferece suporte para a controladora a qual o disco está conectado (SCSI, RAID etc.). Como há muitas opções desse tipo disponíveis na configuração do kernel, é mais prático compilar um kernel genérico e adicionar esses recursos como módulos.

Dependendo da distribuição Linux utilizada, o comando que gera o Initial Ramdisk pode ser o `mkinitrd` ou o `mkinitramfs`. No caso do **mkinitrd**, as opções mais importantes são **-c** (eliminar árvore de diretórios usada para criação anterior do Initial Ramdisk), **-k** (versão do kernel), **-m** (lista de módulos a incluir, separados por dois-pontos) e **-o** (nome para o Initial Ramdisk a ser criado). Portanto, para criar um Initial Ramdisk para o Kernel 2.6.30 instalado incluindo o módulo xfs, faça:

```
# mkinitrd -c -k 2.6.30 -m xfs -o /boot/initrd-2.6.30.gz
```

Para incluir outros módulos além do xfs, basta separá-los por dois-pontos:

```
# mkinitrd -c -k 2.6.30 -m xfs:reiserfs:ext3 -o /boot/initrd-2.6.30.gz
```

A utilização do **mkinitramfs** é ligeiramente diferente. Todas as principais configurações são especificadas no arquivo /etc/initramfs-tools/initramfs.conf. Ali é possível definir quais módulos devem ser incluídos, em grupos pré-determinados ou individualmente. A principal opção de linha de comando para o mkinitramfs é **-o**, que determina o arquivo Initial Ramdisk. Caso não seja informada a versão para qual deve ser gerada a Initial Ramdisk, será assumida a versão atual. Para gerar a Initial Ramdisk para o kernel 2.6.30 instalado, faça:

```
# mkinitramfs -o /boot/initramfs-2.6.30 2.6.30
```

Nas distribuições que utilizam o mkinitramfs, também há o comando update-initramfs. No lugar de criar uma nova Initial Ramdisk, ele atualiza aquela já existente de acordo com as opções do arquivo initramfs.conf.

## Atualizando o bootloader

Após compilar e instalar o kernel e seus módulos, e criar a Initial Ramdisk, o carregador de boot deve ser atualizado para que o kernel possa ser localizado e carregado após o religamento do sistema.

Essa configuração é feita de diferentes maneiras, dependendo de qual bootloader é utilizado: LILO ou GRUB.

No caso do Lilo, as alterações são feitas no arquivo /etc/lilo.conf. Por exemplo:

```
image = /boot/vmlinuz-2.6.30
   root = /dev/sda1
   initrd = /boot/initrd-2.6.30.gz
   label = Linux-2.6.30
   read-only
```

Após editar o arquivo /etc/lilo.conf, o comando lilo deve ser executado para que as alterações tenham efeito.

É recomendável manter o kernel anterior e apenas incluir o novo kernel, a fim de que seja possível iniciar o sistema com o kernel anterior caso haja algum problema.

Se o bootloader utilizado for o Grub, talvez se queira editar algum parâmetro no arquivo /etc/default/grub. Caso este arquivo seja alterado, o arquivo de configuração principal do Grub deve ser atualizado com o comando `grub-mkconfig -o /boot/grub/grub.cfg`:

Para o Grub, não é necessário executar nenhum comando após a alteração no arquivo de configuração. O novo kernel aparecerá automaticamente no menu de início do sistema.

## Aplicar um patch ao kernel

O kernel Linux é um grande e complexo sistema, com áreas e sub-áreas praticamente independentes. Novos recursos, aprimoramentos e correções são liberados o tempo todo e, em sua maioria, dizem respeito a um aspecto muito específico do kernel.

Portanto, não é prático copiar todo o código-fonte do kernel em função de uma alteração em apenas uma pequena parte dele. É possível utilizar um *patch* – algo como "remendo" numa tradução livre – para que apenas os trechos relevantes de código sejam alterados.

Os patches do kernel são trechos de código que contêm as correções, aprimoramento de código antigo e inclusão de novos recursos. Por exemplo, o arquivo patch-2.6.30.5.bz2 é o quinto patch corretivo para o kernel da série 2.6.30.

## Obtenção e aplicação de patches

Assim como o código-fonte oficial do kernel, os patches são fornecidos no site oficial do kernel – *www.kernel.org* –, em arquivos compactados. Por exemplo, *patch-2.6.30.1.bz2*. Um patch deve ser aplicado apenas à versão imediatamente anterior do kernel. Portanto, o patch para o kernel 2.6.31 deve ser aplicado somente ao kernel 2.6.30.

O comando utilizado para aplicar um patch tem o nome cognato *patch*. Um patch deve ser aplicado a partir do diretório raiz do código-fonte. No caso do kernel, em `/usr/src/linux`.

Dentro do arquivo patch existem as localizações, o nome de cada arquivo que precisará ser alterado e quais são as alterações. A maneira mais prática de aplicar um patch é direcionar todo o conteúdo do arquivo para a entrada padrão do comando patch. Isso pode ser feito numa única linha, utilizando o comando `bzcat` para arquivos `.bz2` ou `zcat` para arquivos *.gz*.

No interior dos arquivos de patch oficiais há uma letra ou um termo antes do caminho para o arquivo que deve ser alterado:

```
a/arch/alpha/include/asm/percpu.h
```

Esse caminho indica que uma alteração deverá ser feita no arquivo arch/alpha/include/asm/percpu.h. Portanto, a letra "a" deve ser retirada do caminho, o que é feito com a opção *-p1*:

```
cd /usr/src/linux
wget http://kernel.org/pub/linux/kernel/v2.6/patch-2.6.30.3.bz2
bzcat patch-2.6.30.3.bz2 | patch -p1
```

## Revertendo um patch

Diferentemente dos patches do kernel com três números de versão (como 2.6.30, 2.6.31, 2.6.31 etc.), os patches com quatro números de versão devem ser removidos antes de aplicar outro patch.

Portanto, antes de aplicar o patch 2.6.30.4 ao kernel 2.6.30.3, é necessário reverter o patch 2.6.30.3:

```
bzcat patch-2.6.30.3.bz2 | patch -p1 -R
```

O próprio patch 2.6.30.3 é usado para realizar a reversão. Somente então o patch 2.6.30.4 pode ser aplicado:

```
bzcat patch-2.6.30.4.bz2 | patch -p1
```

Apesar de os patches com três números de versão não necessitarem serem revertidos, é importante aplicar todos os patches na sequência, sem intervalos. Ou seja, antes de aplicar o patch 2.6.33 ao kernel 2.6.30, é necessário aplicar os patches 2.6.31 e 2.6.32.

## Configurar, compilar e instalar um kernel personalizado e seus módulos

A configuração do kernel é uma tarefa que exige conhecimentos sobre cada aspecto do sistema e da arquitetura. Uma configuração mal feita pode provocar mal funcionamento ou mesmo o total travamento do sistema. A melhor recomendação é utilizar como base uma configuração preexistente e alterar somente aquilo que se tem certeza.

Enquanto alguns recursos precisam ser compilados internamente (embutidos no kernel), a maioria pode ser compilada como dinamicamente carregável (como um módulo carregável e descarregável). Na interface de configuração via terminal – invocada com make menuconfig – o item marcado com asterisco (*) será compilado internamente, ao passo que aqueles marcados com a letra M serão compilados como módulos. Itens deixados em branco serão descartados para o kernel em questão. Espaços de escolha com colchetes ([ ]) indicam que o item só poderá ser compilado internamente, enquanto que espaços de escolha com sinais de maior e menor (< >) indicam que o item poderá ser compilado tanto internamente quanto como módulo.

## Principais seções de configuração

A configuração do kernel está dividida nos eixos principais:

- **Code maturity level options**: Mostrar ou não recursos do kernel considerados instáveis;
- **General setup**: Características gerais do kernel. É possível incluir um termo de versão para o kernel personalizado;
- **Loadable module support**: Suporte ao sistema de módulos e definição de algumas características;
- **Processor type and features**: Indica o tipo de processador que o kernel utilizará, e recursos como multiprocessamento;
- **Power management options (ACPI, APM)**: Opções relativas ao controle de energia. Indicado especialmente para laptops;
- **Bus options (PCI, PCMCIA, EISA, MCA, ISA)**: Suporte aos diferentes tipos de barramentos;
- **Executable file formats**: Tipos de arquivos que o sistema operacional será capaz de executar;
- **Networking**: Suporte e configuração dos diferentes tipos de plataformas de rede;
- **Device Drivers**: Escolha e configuração dos dispositivos de hardware, integrados e periféricos;
- **File systems**: Lista de sistemas de arquivos compatíveis e recursos a eles relacionados;
- **Kernel hacking**: Opções de depuração do kernel.

Essas são as principais categorias de configuração, que podem diferenciar de uma versão do kernel para outra. Praticamente toda opção de configuração do kernel conta com um pequeno texto de ajuda, exibido ao pressionar o ponto de interrogação no teclado. Além de explicar a finalidade da opção, é feita uma recomendação sobre incluir ou não o item na configuração do kernel.

As configurações são salvas no arquivo `/usr/src/linux/.config`, que será usado para guiar a construção do novo kernel e módulos. No arquivo `Makefile` é possível mudar variáveis como **EXTRAVERSION**, que indica ser uma compilação de kernel personalizado.

## Empacotamento do kernel

A maneira ideal de distribuir um kernel personalizado é criar pacotes Tar, RPM ou Deb, utilizando os próprios recursos de compilação do kernel:

- `make rpm-pkg`: Gera um pacote RPM compilado e com código-fonte;
- `make binrpm-pkg`: Gera um pacote RPM compilado;
- `make deb-pkg`: Gera um pacote compilado Deb;
- `make tar-pkg`: Gera um arquivo Tar sem compressão;
- `make targz-pkg`: Gera um arquivo Tar com compressão gzip;
- `make tarbz2-pkg`: Gera um arquivo Tar com compressão bzip2.

Criar um pacote com um kernel personalizado pode ser útil especialmente em ambientes de rede com hardware em comum, que eventualmente necessite de algum recurso específico. O empacotamento evita a configuração e compilação individual e a cópia manual de cada arquivo necessário para as demais máquinas.

O kernel Linux também oferece o recurso **DKMS** (*Dynamic Kernel Module Support*), que permite incorporar o código-fonte de um módulo que não faz parte do código-fonte oficial do Kernel. Nem todas as distribuições instalam o DKMS por padrão, mas todas as principais distribuições oferecem o pacote *dkms*.

Para utilizar um módulo com DKMS, seus arquivos de instalação (compilados ou código-fonte) devem ser colocados em `/usr/src/<nomemodulo>-<versao>`, junto com um arquivo de configuração dkms.conf que vai informar ao DKMS o nome do módulo e como compilá-lo e configurá-lo. Cada módulo fornecido por terceiro pode ter peculiaridades quanto à compilação e instalação, sendo necessário consultar a informação fornecida com o mesmo. Um arquivo dkms.conf básico possui o formato:

```
MAKE="make -C src/ KERNELDIR=/lib/modules/${kernelver}/build"
CLEAN="make -C src/ clean"
BUILT_MODULE_NAME=nome_modulo
BUILT_MODULE_LOCATION=src/
PACKAGE_NAME=awesome
PACKAGE_VERSION=1.0
REMAKE_INITRD=yes
```

Em seguida, o módulo deve ser registrado com o DKMS:

```
# dkms add -m nome_modulo -v 1.0
```

Com isso, o DKMS vai compilar e instalar o módulo *nome_modulo* sempre que uma nova versão do Kernel — e seu código-fonte correspondente — for instalada. Para realizar esse procedimento manualmente, primeiro deve ser executado o comando `dkms build -m nome_modulo -v 1.0` para compilar o módulo e em seguida `dkms install -m nome_modulo -v 1.0` para copiá-lo ao local apropriado em `/lib/modules/`.

## 201.3 Controlar o kernel em tempo real e solução de problemas

**Peso 4**

Enquanto que as interfaces de configuração do kernel oferecem toda a gama de ajustes para a criação de um novo kernel, os recursos disponíveis no kernel atualmente em execução podem não estar tão evidentes. Saber localizar e interagir com um kernel e seus módulos já instalados pode tornar desnecessária uma possível reconfiguração e compilação. Um dos comandos mais importantes para obter informações do kernel em execução é o comando `uname`. Quando usado apenas com a opção `-a`, mostra todas as informações sobre o kernel atual:

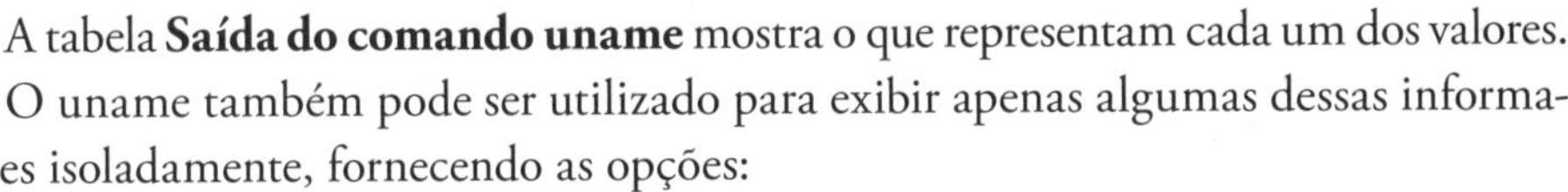

```
# uname -a
Linux themisto 2.6.26-2-686 #1 SMP Sun Jul 26 21:25:33 UTC 2009 i686 GNU/Linux
```

A tabela **Saída do comando uname** mostra o que representam cada um dos valores.

O uname também pode ser utilizado para exibir apenas algumas dessas informações isoladamente, fornecendo as opções:

- **-i**: Tipo do processador;
- **-m**: Nome da máquina;
- **-n**: Nome da máquina na rede;
- **-p**: Processador;
- **-o**: Sistema operacional;
- **-r**: Versão do código-fonte do kernel;
- **-s**: Nome do kernel;
- **-v**: Versão de compilação do kernel.

Eventualmente, alguns desses valores – como *Processador* – podem ser mostrados como *unknown* (desconhecido). Isso acontece quando é um kernel genérico sem informação específica de processador.

O uname é bastante utilizado em scripts de compilação, para identificar onde estão localizados os módulos do kernel atual. A saída do comando `uname -r` indica exatamente o nome do diretório em `/lib/modules` que armazena os módulos para o kernel atual. Além disso, o uname pode fornecer informações de recursos disponíveis, como SMP (*Symmetric Multi Processing*, para máquinas com mais de um processador ou mais de um núcleo por processador), RT (*Realtime*, para sistema com baixa latência de resposta) ou compatibilidade com processadores de 64 bits.

O comando uname extrai essas informações de arquivos localizados no diretório `/proc/sys/kernel/`, diretório lógico criado pelo próprio kernel para disponibilizá-las ao uname e a outros programas que possam necessitar delas.

## Saída do comando uname

| Valor | Descrição |
|---|---|
| Linux | Nome do kernel |
| themisto | Nome da máquina |
| 2.6.26-2-686 | Versão de kernel utilizada |
| #1 SMP Sun Jul 26 21:25:33 UTC 2009 | Versão de compilação do kernel |
| i686 | Arquitetura/processador |
| GNU/Linux | Sistema Operacional |

## Módulos do kernel

A maioria das funcionalidades de um kernel podem existir na forma de módulos externos, ou seja, em arquivos externos que não necessitam estar o tempo todo carregados na memória. Os módulos ficam no diretório `/lib/modules/`, no diretório correspondente à versão do kernel obtida com o comando `uname -r`.

Assim que o kernel identifica um dispositivo ou quando um recurso modular é solicitado, o módulo correspondente é carregado automaticamente, invocado pelo comando `modprobe` ou `insmod`*.

A diferença entre os dois comandos é que o modprobe carrega o módulo especificado e os módulos dos quais ele depende, conforme determinado no arquivo `modules.dep` – presente no diretório dos módulos correspondentes ao kernel. Ele automaticamente identifica o kernel em execução e busca o módulo no diretório apropriado, sem necessidade de oferecer o caminho completo. Já o comando insmod precisa do caminho completo para o módulo e apenas o carrega sem verificar suas dependências.

O arquivo modules.dep, que armazena quais são os módulos disponíveis e quais são as dependências de cada módulo, é gerado ou atualizado pelo comando `depmod -a`. Isso é importante pois a maioria dos módulos dependem de recursos que estão presentes em outros módulos, que podem ainda não estar presentes na memória. Ao analisar as dependências no arquivo modules.dep, o comando modprobe carrega tanto o módulo solicitado quanto os outros módulos dos quais ele depende.

O arquivo modules.dep é gerado automaticamente quando novos módulos são instalados a partir de uma compilação do kernel oficial, pois o comando depmod -a é invocado ao término do processo de instalação (`make modules_install`). Quando é instalado um módulo não oficial, o depmod pode não ser executado automaticamente. Nesse caso, basta invocar o comando depmod -a manualmente, como usuário root.

### Inspecionando e interagindo com módulos

Todos os módulos atualmente carregados podem ser verificados com o comando `lsmod`. Exemplo de lista de módulos carregados:

```
# lsmod
Module                  Size  Used by
snd_usb_audio          81440  0
snd_usb_lib            15276  1 snd_usb_audio
ppp_deflate             4652  0
bsd_comp                5228  0
ppp_async               8428  1
crc_ccitt               1612  1 ppp_async
ppp_generic            23136  7 ppp_deflate,bsd_comp,ppp_async
slhc                    5260  1 ppp_generic
option                 21296  1
usbserial              30568  3 option
...
ppdev                   7184  0
v4l2_common            13164  2 tuner,saa7134
snd                    47668  19 snd_usb_audio,snd_usb_lib,snd_seq,snd_hda_codec_
➥analog,snd_ice1712,snd_ak4xxx_adda,snd_cs8427,snd_ac97_codec,snd_hda_intel,snd_
➥i2c,snd_hda_codec,snd_mpu401_uart,snd_rawmidi,snd_seq_device,snd_hwdep,snd_
➥pcm,snd_timer
videodev               36160  3 tuner,saa7134,v4l2_common
v4l1_compat            14192  1 videodev
videobuf_dma_sg        10960  1 saa7134
videobuf_core          15056  2 saa7134,videobuf_dma_sg
tveeprom               11568  1 saa7134
cdrom                  33888  1 sr_mod
r8169                  32624  0
parport_pc             24932  1
rtc_cmos               10156  0
thermal                12936  0
parport                31852  3 lp,ppdev,parport_pc
mii                     4236  1 r8169
i2c_core               20480  8 tuner_simple,tea5767,tuner,nvidia,saa7134,i2c_
➥i801,v4l2_common,tveeprom
soundcore               1200  1 snd
rtc_core               15976  1 rtc_cmos
snd_page_alloc          8372  2 snd_hda_intel,snd_pcm
rtc_lib                 2316  1 rtc_core
processor              34240  1 acpi_cpufreq
button                  5212  0
ns558                   4492  0
gameport               10360  2 ns558
evdev                   9440  7
```

Apesar de o comando insmod ainda ser aceito, o comando padrão para manejo de módulos nas versões mais recentes do kernel é o modprobe.

Devido ao grande número de módulos carregados no sistema do exemplo, a lista foi cortada para exibir apenas parte dos módulos. A primeira coluna mostra todos os módulos atualmente carregados, seguido do tamanho em bytes que ocupa na memória. A terceira coluna mostra o número de módulos ou outros recursos que estão usando o módulo em questão, seguida dos nomes desses módulos. Quando não há módulos dependentes listados, é porque eles foram compilados internamente no kernel.

Um módulo não poderá ser descarregado se estiver sendo utilizado, seja por um dispositivo ou por um programa. Se o módulo estiver ocioso, pode ser descarregado com o comando `rmmod nome_do_módulo`. Seguindo o mesmo princípio do comando insmod, o comando rmmod somente descarregará o módulo indicado. Se este módulo depende de outros módulos para funcionar, e esses módulos estiverem carregados, o comando rmmod não os descarregará automaticamente. Ainda, se o módulo que se deseja descarregar é pré-requisito para outro recurso, não poderá ser descarregado.

Para descarregar um módulo e os módulos diretamente relacionados – desde que não estejam sendo utilizados por outros recursos – é novamente usado o comando `modprobe`, com a opção **-r**. Por exemplo, para descarregar o módulo snd-hda-intel (dispositivo de som HDA Intel) e demais módulos relacionados ao sistema de som (caso não estejam sendo utilizados por outros recursos), faça:

```
modprobe -r snd-hda-intel
```

Além da possibilidade de carregar e descarregar módulos do kernel com o sistema em funcionamento, é possível passar opções para um módulo durante seu carregamento de maneira semelhante a passar opções para um comando.

Cada módulo aceita opções e valores específicos, mas que na maioria das vezes não precisam ser informados. Contudo, em alguns casos pode ser necessário passar parâmetros ao módulo para alterar seu comportamento e operar como desejado.

O comando `modinfo` mostra a descrição, o arquivo, o autor, a licença, a identificação, as dependências e os parâmetros para o módulo solicitado. Usando como argumento apenas o nome do módulo, mostra todas as informações disponíveis:

```
# modinfo snd-hda-intel
filename:       /lib/modules/2.6.30.4-smp/kernel/sound/pci/hda/snd-hda-intel.ko
description:    Intel HDA driver
license:        GPL
alias:          pci:v00001002d*sv*sd*bc04sc03i00*
alias:          pci:v00006549d00001200sv*sd*bc*sc*i*
...
alias:          pci:v00008086d000027D8sv*sd*bc*sc*i*
alias:          pci:v00008086d00002668sv*sd*bc*sc*i*
depends:        snd-pcm,snd,snd-page-alloc,snd-hda-codec
vermagic:       2.6.30.4-smp SMP preempt mod_unload PENTIUM4
parm:           index:Index value for Intel HD audio interface. (array of int)
```

```
parm:           id:ID string for Intel HD audio interface. (array of charp)
parm:           enable:Enable Intel HD audio interface. (array of bool)
parm:           model:Use the given board model. (array of charp)
parm:           position_fix:Fix DMA pointer (0 = auto, 1 = none, 2 = POSBUF).
↳ (array of int)
parm:           bdl_pos_adj:BDL position adjustment offset. (array of int)
parm:           probe_mask:Bitmask to probe codecs (default = -1). (array of int)
parm:           probe_only:Only probing and no codec initialization. (array of bool)
parm:           single_cmd:Use single command to communicate with codecs (for
↳ debugging only). (bool)
parm:           enable_msi:Enable Message Signaled Interrupt (MSI) (int)
parm:           power_save:Automatic power-saving timeout (in second, 0 =
↳ disable). (int)
parm:           power_save_controller:Reset controller in power save mode. (bool)
```

As linhas começadas com *alias* mostram todas as identificações de hardware correspondentes ao módulo em questão. Ou seja, todo hardware identificado com um desses valores provocará o carregamento desse módulo.

Para listar apenas as opções que o módulo aceita, o comando modinfo deve receber a opção **-p**:

```
# modinfo -p snd-hda-intel
power_save_controller:Reset controller in power save mode.
power_save:Automatic power-saving timeout (in second, 0 = disable).
enable_msi:Enable Message Signaled Interrupt (MSI)
single_cmd:Use single command to communicate with codecs (for debugging only).
probe_only:Only probing and no codec initialization.
probe_mask:Bitmask to probe codecs (default = -1).
bdl_pos_adj:BDL position adjustment offset.
position_fix:Fix DMA pointer (0 = auto, 1 = none, 2 = POSBUF).
model:Use the given board model.
enable:Enable Intel HD audio interface.
id:ID string for Intel HD audio interface.
index:Index value for Intel HD audio interface.
```

Cada uma dessas opções pode receber parâmetros diferentes dos valores padrão. Por exemplo, usar a opção *model* para determinar um modelo do dispositivo específico:

```
modprobe snd-hda-intel model=3stack
```

Instruções sobre os parâmetros dos módulos podem ser encontradas na própria documentação do kernel, no diretório *Documentation* do código-fonte.

Esses parâmetros personalizados são passados no momento em que o módulo é carregado. No entanto, o mais comum é que os módulos sejam carregados automaticamente pelo sistema. Por isso, os parâmetros personalizados devem ser armazenados no arquivo /etc/modprobe.d/modprobe.conf (ou dentro de um arquivo individual nesse mesmo diretório). O mesmo parâmetro do exemplo poderia estar no arquivo modules.conf na forma:

```
options snd-hda-intel model=3stack
```

No mesmo arquivo modprobe.conf, é possível criar nomes alternativos para os módulos, chamados *aliases*. Dessa forma, o módulo pode ser invocado por um nome mais genérico. Por exemplo, um *alias* chamado *sound-slot-0* para o módulo snd-hda-intel:

```
alias sound-slot-0 snd_hda_intel
```

Outra possibilidade do modprobe.conf é definir as ações que devem ser executadas antes e depois do carregamento e descarregamento de módulos, como a execução de um programa. Por exemplo, carregar primeiro o módulo snd-ice1712 quando o módulo snd-hda-intel for carregado:

```
install snd-hda-intel modprobe snd-ice1712; modprobe --ignore-install snd-hda-
↪intel
```

A opção `--ignore-install` é necessária para que o modprobe não execute novamente a instrução install referente ao módulo snd-hda-intel no arquivo modprobe.conf. É possível usar o mesmo procedimento ao descarregar módulos:

```
remove snd-hda-intel modprobe --ignore-remove -r snd-hda-intel; modprobe -r
↪ snd-ice1712
```

Dessa vez, a opção `--ignore-remove` aparece para impedir a execução cíclica da instrução *remove*, referente ao módulo snd-hda-intel no arquivo modprobe.conf.

## Gerenciamento de dispositivos udev

No Linux, a maioria dos dispositivos é acessível por meio dos arquivos presentes no diretório /dev, possibilitando ao usuário lidar com eles como se fossem arquivos tradicionais. Essa abordagem, extremamente prática principalmente para programas que precisam lidar diretamente com o hardware, trazia alguns inconvenientes nas versões mais antigas do sistema operacional. Os arquivos em /dev eram criados no momento da instalação do programa, num número muito grande, pois havia arquivos mesmo para os dispositivos que não estavam presentes. Isso era feito para evitar que um dispositivo adicionado futuramente ficasse inacessível. Outro problema dessa abordagem era o nome do arquivo em /dev associado a um dispositivo. A regra para associação era a ordem com que o dispositivo era identificado, o que pode não ser a maneira mais adequada.

A solução para esse problema foi a adoção do sistema de gerenciamento de dispositivos **udev**. Combinado à arquitetura hotplug do kernel, o udev identifica o dispositivo e cria os arquivos em /dev dinamicamente, a partir de regras pré-determinadas.

Nos sistemas atuais, o udev é responsável por identificar e configurar tanto os dispositivos presentes desde o ligamento da máquina (coldplug) quanto os dispositivos conectados com o computador em funcionamento (hotplug).

As informações de identificação do dispositivo ficam armazenadas num sistema de arquivos lógico chamado *SysFS*, cujo ponto de montagem é /sys. Os eventos registrados nesse sistema de arquivos podem ser monitorados com o comando udevmonitor ou, em sistemas mais recentes, com o comando udevadm monitor.

Por exemplo, a conexão de um modem GSM USB provoca diversos disparos de eventos:

```
# udevadm monitor
monitor will print the received events for:
UDEV - the event which udev sends out after rule processing
KERNEL - the kernel uevent

KERNEL[1252426132.317381] add      /devices/pci0000:00/0000:00:1d.3/usb4/4-1 (usb)
KERNEL[1252426132.321726] add      /devices/pci0000:00/0000:00:1d.3/usb4/4-1/4-
↪1:1.0 (usb)
KERNEL[1252426132.324338] add      /devices/pci0000:00/0000:00:1d.3/usb4/4-1/4-
↪1:1.0/usb_endpoint/usbdev4.6_ep81 (usb_endpoint)
KERNEL[1252426132.324523] add      /devices/pci0000:00/0000:00:1d.3/usb4/4-1/4-
↪1:1.0/usb_endpoint/usbdev4.6_ep82 (usb_endpoint)
KERNEL[1252426132.324635] add      /devices/pci0000:00/0000:00:1d.3/usb4/4-1/4-
↪1:1.0/usb_endpoint/usbdev4.6_ep02 (usb_endpoint)
KERNEL[1252426132.324765] add      /devices/pci0000:00/0000:00:1d.3/usb4/4-1/4-
↪1:1.1 (usb)
KERNEL[1252426132.326690] add      /devices/pci0000:00/0000:00:1d.3/usb4/4-1/4-
↪1:1.1/usb_endpoint/usbdev4.6_ep84 (usb_endpoint)
KERNEL[1252426132.328037] add      /devices/pci0000:00/0000:00:1d.3/usb4/4-1/4-
↪1:1.1/usb_endpoint/usbdev4.6_ep04 (usb_endpoint)
KERNEL[1252426132.328197] add      /devices/pci0000:00/0000:00:1d.3/usb4/4-1/4-
↪1:1.2 (usb)
KERNEL[1252426132.330344] add      /devices/pci0000:00/0000:00:1d.3/usb4/4-1/4-
↪1:1.2/usb_endpoint/usbdev4.6_ep85 (usb_endpoint)
KERNEL[1252426132.330533] add      /devices/pci0000:00/0000:00:1d.3/usb4/4-1/4-
↪1:1.2/usb_endpoint/usbdev4.6_ep05 (usb_endpoint)
KERNEL[1252426132.330678] add      /devices/pci0000:00/0000:00:1d.3/usb4/4-1/
↪usb_endpoint/usbdev4.6_ep00 (usb_endpoint)
UDEV  [1252426132.381016] add      /devices/pci0000:00/0000:00:1d.3/usb4/4-1 (usb)
UDEV  [1252426132.408439] add      /devices/pci0000:00/0000:00:1d.3/usb4/4-1/
↪usb_endpoint/usbdev4.6_ep00 (usb_endpoint)
UDEV  [1252426132.440803] add      /devices/pci0000:00/0000:00:1d.3/usb4/4-1/4-
```

```
↪1:1.1 (usb)
UDEV [1252426132.450470] add      /devices/pci0000:00/0000:00:1d.3/usb4/4-1/4-
↪1:1.0 (usb)
UDEV [1252426132.469384] add      /devices/pci0000:00/0000:00:1d.3/usb4/4-1/4-
↪1:1.2 (usb)
UDEV [1252426132.477228] add      /devices/pci0000:00/0000:00:1d.3/usb4/4-1/4-
↪1:1.0/usb_endpoint/usbdev4.6_ep81 (usb_endpoint)
UDEV [1252426132.509483] add      /devices/pci0000:00/0000:00:1d.3/usb4/4-1/4-
↪1:1.0/usb_endpoint/usbdev4.6_ep82 (usb_endpoint)
UDEV [1252426132.511502] add      /devices/pci0000:00/0000:00:1d.3/usb4/4-1/4-
↪1:1.0/usb_endpoint/usbdev4.6_ep02 (usb_endpoint)
UDEV [1252426132.523023] add      /devices/pci0000:00/0000:00:1d.3/usb4/4-1/4-
↪1:1.1/usb_endpoint/usbdev4.6_ep84 (usb_endpoint)
UDEV [1252426132.539316] add      /devices/pci0000:00/0000:00:1d.3/usb4/4-1/4-
↪1:1.1/usb_endpoint/usbdev4.6_ep04 (usb_endpoint)
UDEV [1252426132.540802] add      /devices/pci0000:00/0000:00:1d.3/usb4/4-1/4-
↪1:1.2/usb_endpoint/usbdev4.6_ep85 (usb_endpoint)
UDEV [1252426132.550417] add      /devices/pci0000:00/0000:00:1d.3/usb4/4-1/4-
↪1:1.2/usb_endpoint/usbdev4.6_ep05 (usb_endpoint)
```

São exibidos eventos disparados pelo kernel e que o udev assume a responsabilidade. É a partir dessa identificação que as ações são tomadas, como a criação do arquivo apropriado no diretório /dev ou o disparo de comandos automáticos.

Essas ações são determinadas pelos arquivos de regras do udev. Como a maioria dos arquivos de regras já acompanha a distribuição, não há necessidade de alterá-los.

O arquivo de configuração principal do udev é o arquivo /etc/udev/udev.conf. Os arquivos de regras ficam no diretório /etc/udev/rules.d/.

## Regras do udev

A primeira parte de todas as regras do udev especifica a condição que deve ser satisfeita para o udev executar ou aplicar a segunda parte. Em um caso simples, essa condição pode se referir ao nome interno que o kernel dá a um dispositivo. Por exemplo, a condição para um teclado é *KERNEL=="kbd"*. As condições são indicadas por sinais de igual duplos, exatamente como em linguagens de programação. Mais condições podem ser listadas depois, numa lista separada por espaços. As ações são introduzidas por um sinal de igual. Por exemplo, *MODE="0660"* especifica as permissões. Da mesma forma, *OWNER* informa o dono, enquanto *GROUP* estabelece o grupo. A palavra *NAME* especifica o nome do dispositivo, e curingas são suportados. Por exemplo, *%k* representa o nome usado pelo kernel, como descrito anteriormente. Uma regra que siga esse padrão deve ser: *KERNEL=="sdn*", NAME="%k", MODE="0660"*.

Por exemplo, a regra para nomeação do dispositivo de rede a partir de seu endereço MAC:

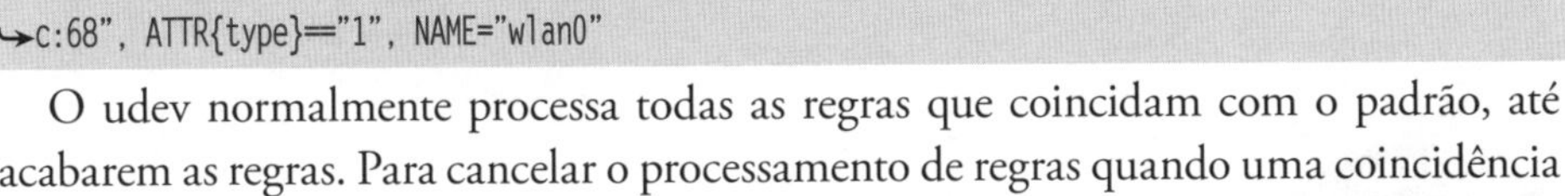

```
SUBSYSTEM=="net", ACTION=="add", DRIVERS=="?*", ATTR{address}=="00:18:f8:b0:d
↪c:68", ATTR{type}=="1", NAME="wlan0"
```

O udev normalmente processa todas as regras que coincidam com o padrão, até acabarem as regras. Para cancelar o processamento de regras quando uma coincidência específica aparecer, basta especificar a instrução *last_rule* no campo *OPTIONS*.

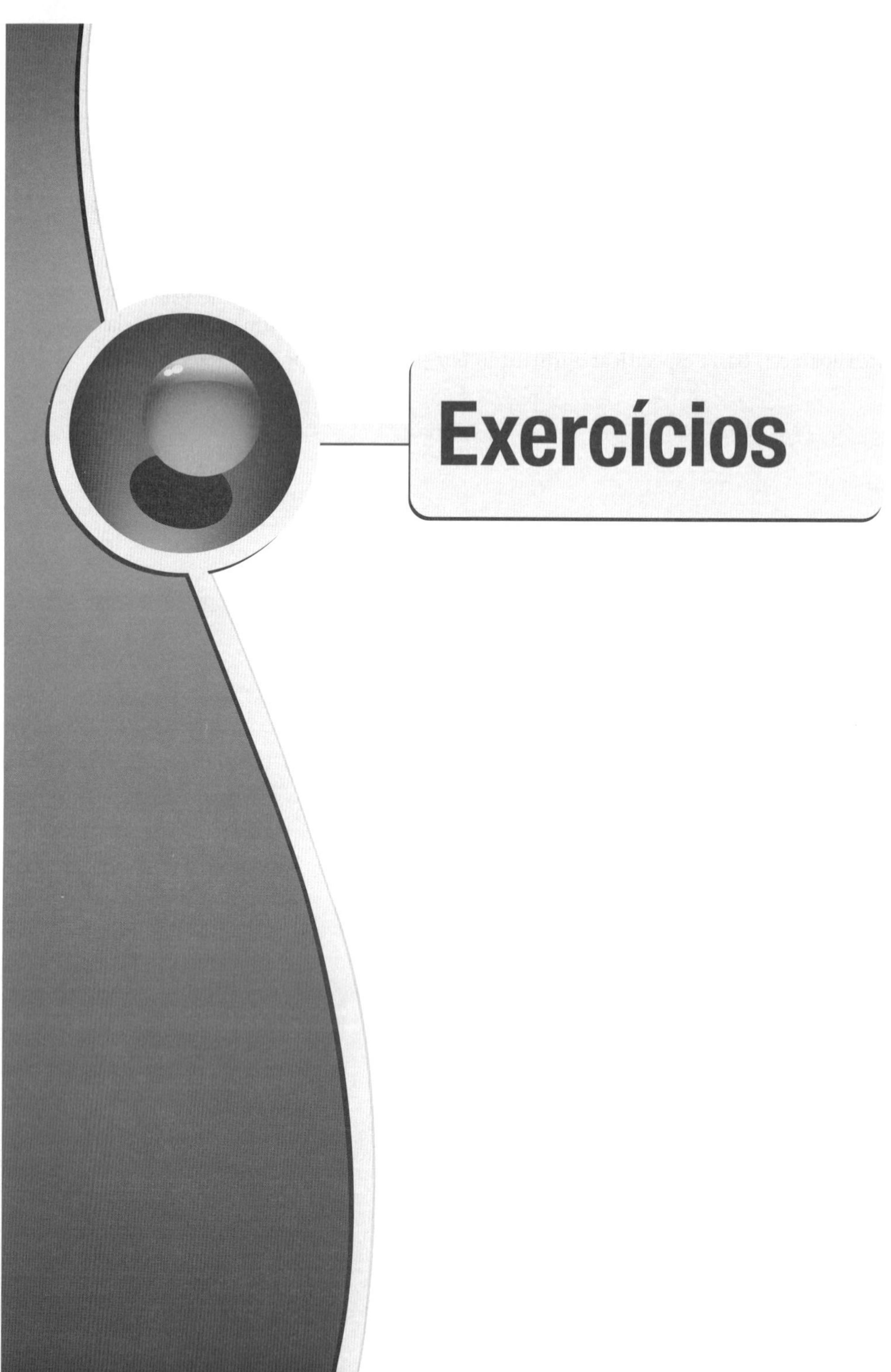

# Exercícios

## Questões Tópico 201

1. A estrutura do kernel Linux oficial pode ser classificada como:
   a. Monolítica
   b. Micro-kernel
   c. Estável
   d. Multitarefa

2. Qual é o formato correto de numeração de versão do kernel Linux?
   a. 9.04
   b. 2009
   c. 2.6.31
   d. 2008 Server

3. O que representam os sufixos adicionados ao número de versão do kernel?
   a. As iniciais do nome do autor daquele kernel.
   b. Um kernel específico, alterado em relação à versão correspondente oficial.
   c. Uma versão instável do kernel.
   d. Um kernel que não é fornecido pelo site oficial *www.kernel.org* .

4. Onde pode ser encontrada a documentação oficial específica de uma versão do kernel?
   a. Em grupos de discussão de Linux.
   b. No código-fonte dos módulos.
   c. No diretório Documentation onde foi colocado o código-fonte do kernel.
   d. Nos comentários deixados pelos desenvolvedores.

5. O comando utilizado para aplicar patches ao kernel é o ___________ .

6. Quais comandos podem ser utilizados para gerar uma Initial Ramdisk? Marque todas as opções corretas.
   a. mkisofs
   b. fdisk
   c. mkinitramfs
   d. mkinitrd

7. Em qual arquivo ficam armazenadas as informações sobre a disponibilidade de módulos do kernel e suas dependências? Informe somente o nome do arquivo, sem o diretório.

8. Qual comando pode ser utilizado para configurar o kernel Linux? Marque todos os corretos.
   a. make config
   b. make xconfig
   c. make menuconfig
   d. make gconfig

9. O comando `uname -r` informa:
   a. os recursos disponíveis no kernel em execução.
   b. os módulos carregados na memória para o kernel em execução.
   c. os módulos não carregados na memória para o kernel em execução.
   d. a versão do código-fonte do kernel em execução.

10. A maneira correta de carregar o módulo *ehci_hcd* e suas dependências é:
   a. make modules_install
   b. make modules_install ehci_hcd
   c. modprobe ehci_hcd
   d. insmod ehci_hcd

# Tópico 202:

# Início do sistema

Principais temas abordados:

- Identificação das etapas de inicialização;
- Interação com o carregador de boot;
- Correção de falhas de inicialização.
- Carregadores alternativos

# 202.1 Início do Sistema

**Peso 3**

Ao fim das checagens e configurações fundamentais realizadas pelo BIOS da máquina, os primeiros setores de dados do dispositivo definido como dispositivo de boot serão lidos. Num sistema já instalado, esses dados correspondem ao carregador de boot do sistema em questão. É a partir desse ponto que cada sistema operacional assume o controle da máquina.

O primeiro passo da inicialização de um sistema Linux é o carregamento do kernel. Este procedimento é realizado pelo carregador de boot, seja ele o Lilo ou o Grub.

Assim que o kernel é carregado e finaliza os procedimentos de reconhecimento do hardware fundamental, é montada a partição raiz, para que os arquivos e programas fundamentais estejam acessíveis.

Se a partição raiz foi montada com sucesso, o primeiro comando executado é o `init`, e justamente por isso o init possui número de processo – o *pid* – igual a 1.

## Disparo dos serviços

O init é responsável por invocar todos os serviços do sistema, por meio dos scripts de inicialização. Cada serviço ou tarefa de inicialização possui um script correspondente, que pode ser ativado ou desativado conforme a necessidade do sistema ou administrador.

A localização dos scripts de inicialização varia de acordo com o padrão utilizado pela distribuição. Em distribuições que utilizam o padrão BSD – como a distribuição Slackware –, os scripts de inicialização encontram-se no diretório /etc/rc.d/. Em sistemas que utilizam o padrão *System V* – como Debian e Ubuntu –, os scripts encontram-se no diretório /etc/init.d/.

Nem todos os scripts de serviços presentes nesses diretórios necessariamente serão disparados. O que determinará seu carregamento será o init, que avaliará quais serviços estão associados a um determinado nível de execução solicitado ou pré-definido.

Num carregamento normal de sistema, o nível de execução informado ao init é determinado no arquivo /etc/inittab, numa linha como essa:

```
xx:4:initdefault:
```

Essa linha indica que o nível de execução padrão, ou simplesmente *runlevel* padrão, é o 4. Num sistema com o padrão System V, como o Debian, serão disparados todos os scripts localizados no diretório /etc/rc4.d/, que por sua vez são apenas links para os arquivos originais encontrados no diretório /etc/init.d/. Neste padrão de inicialização existe um diretório que corresponde a cada nível de execução:

```
/etc/rc0.d
/etc/rc1.d
/etc/rc2.d
/etc/rc3.d
/etc/rc4.d
/etc/rc5.d
/etc/rc6.d
```

Como no exemplo citado, dentro de cada um desses diretórios existem links simbólicos para os scripts em /etc/init.d que devem ser invocados para o nível de execução correspondente.

Já em sistemas que obedecem ao padrão BSD, como o Slackware, os scripts de inicialização são disparados por scripts mestres que foram invocados pelo init. Por exemplo, no runlevel 4, além dos scripts padrão – /etc/rc.d/rc.S e /etc/rc.d/rc.M, que invocam demais scripts adicionais –, será executado o script /etc/rc.d/rc.4, que se encarregará de disparar os scripts ali determinados (geralmente todos aqueles determinados no nível de execução 3 mais o serviço de login gráfico, como o GDM).

## Administração de serviços

Apesar de poderem ser manipulados diretamente, usando comandos tradicionais de manipulação de arquivos e links, muitas distribuições trazem ferramentas para ativar/desativar os scripts na inicialização e durante sua execução. Para distribuições Red Hat e derivadas, o comando apropriado é o chkconfig. Para distribuições Debian e derivadas, o comando apropriado é o update-rc.d.

### *chkconfig*

O comando chkconfig agrega diversas funcionalidades de gestão de serviços do sistema. Utilizando chkconfig --list nome_do_serviço, se for um serviço controlado pelo servidor xinetd, será mostrado se o serviço está ativado ou não (*finger on* ou *finger off*). Se for um serviço tradicional, será mostrado em quais *runlevels* ele está ativado. Por exemplo, no caso de serviço anacron: anacron 0:off 1:off 2:on 3:on 4:on 5:on 6:off.

Para ativar ou desativar um serviço, é utilizada a opção --level, da seguinte forma:

```
chkconfig --level 345 ntpd off
```

Esse comando fará com que o serviço ntpd seja desativado nos níveis de execução 3, 4 e 5.

Ao se tratar de um serviço controlado pelo xinetd, serão imediatamente ativados ou desativados automaticamente pelo chkconfig, sem necessidade de reiniciar o xinetd. Os outros serviços não são afetados imediatamente, mas somente no próximo boot. O início ou a interrupção imediata destes deve ser feita manualmente.

Comando semelhante é utilizado para ativar um serviço para um ou mais níveis de execução, substituindo o termo *off* por *on*: `chkconfig --level 345 ntpd on`.

## *update-rc.d*

Nos sistemas Debian e derivados, como o Ubuntu, o comando principal de gestão de serviços é o `update-rc.d`. Em muitos aspectos ele é semelhante ao chkconfig.

O update-rc.d atualiza os scripts que utilizam o sistema de inicialização System V, localizados em `/etc/rcX.d/`, cujos alvos estão em `/etc/init.d/`.

Quando utilizada uma das opções *defaults*, *start* ou *stop*, o comando cria os links em `/etc/rcX.d/[SK]XXscript`, que aponta para o script correspondente em `/etc/init.d/`. Se o link para o script já existir, nada será feito. Esse comportamento é adotado para não alterar configurações eventualmente personalizadas pelo administrador. Serão instalados apenas os links que não estiverem presentes.

Remover diretamente os links não é a maneira adequada de desativar um serviço para determinado nível de execução. Mesmo que funcione momentaneamente, uma atualização do serviço causará a reinstalação do script no nível de execução. A maneira correta de desativar um serviço é utilizar o update.rc-d para mover os links do serviço do estado chamado “S” para o estado chamado “K”.

Se a opção *default* é utilizada, serão criados links para iniciar o serviço nos níveis de execução 2, 3, 4 e 5 a links para interrupção do serviço nos níveis de execução 0, 1 e 6. Por padrão, todos o links têm o prefixo de sequência *20*, que deve ser alterado caso o serviço em questão possua alguma dependência. Isso é feito usando dois número passados como argumentos finais ao comando. Por exemplo, para inserir um link de serviço que necessita que um serviço de prefixo 20 já esteja iniciado, faça:

```
update-rc.d nome_do_serviço defaults 21 19
```

O primeiro número determina a sequência de inicialização. O segundo será a sequência de finalização. Portanto, o serviço incluído iniciará após os serviços de prefixo 20 e encerrará antes dos serviços de prefixo 20. Quando apenas um número é fornecido, será usado tanto para sequência de início quanto para sequência de encerramento, o que não é recomendado.

Para fazer exatamente o mesmo procedimento informando explicitamente cada nível de execução, é usada a forma:

```
update-rc.d nome_do_serviço start 21 2 3 4 5 . stop 19 0 1 6 .
```

Após o termo *start*, é informado o número de sequência seguido dos níveis de execução para início. O ponto termina a lista de níveis de execução. O termo *stop*, de forma semelhante, determina o número de sequência e os níveis de execução para término, também terminando com o ponto. Dessa forma, é possível informar níveis de execução específicos para início e fim de um serviço. É importante lembrar que para utilizar o comando update-rc.d é necessário que o script do serviço esteja presente no diretório /etc/init.d.

A remoção dos links de serviços é feita usando a opção *remove*. Contudo, é necessário que o script do serviço em /etc/init.d já não exista mais, provavelmente removido por uma desinstalação do programa correspondente.

```
update-rc.d nome_do_serviço remove
```

Caso o script ainda exista, os links não serão removidos e um aviso será emitido. Para forçar a remoção dos links mesmo que o script ainda exista, deve ser fornecida a opção **-f**:

```
update-rc.d -f nome_do_serviço remove
```

Para evitar que uma atualização do serviço reinstale os links, devem ser criados os links de interrupção nos respectivos níveis de execução:

```
update-rc.d nome_do_serviço stop 20 2 3 4 5 .
```

Para apenas testar o comando, sem que nenhuma alteração seja feita, é utilizada a opção **-n**, o que pode evitar danos importantes ao sistema.

## Systemd

O *Systemd* é um gerenciador de sistema e serviços para Linux compatível com o padrão SysV e LSB. Ele possui uma forte capacidade e paralelização, utiliza ativação por *sockets* e *D-Bus* para iniciar os serviços, disparo sob demanda dos *daemons*, monitoramento dos processos por *cgroups*, suporte a *snapshots* e restauro do estado do sistema, controle dos pontos de montagem e implementa uma lógica elaborada de controle de serviços baseada em dependência de transações. Atualmente, Fedora e Debian são duas grandes distribuições Linux que adotam o Systemd.

O Systemd dá início e supervisiona todo o sistema, e é baseado no conceito de unidades. Uma unidade é composta por um nome e um tipo, com um arquivo de configuração correspondente. Portanto, a unidade para um processo servidor *httpd* (como o Apache) será *httpd.service* e seu arquivo de configuração também se chamará *httpd.service*.

Existem sete tipos principais de unidades:

- **service**
  O tipo mais comum, daemons podem ser iniciados, interrompidos, reiniciados e recarregados.
- **socket**
  Esse tipo de unidade pode ser um socket no sistema de arquivos ou na rede. Cada unidade do tipo socket possui uma unidade do tipo service correspondente, que é iniciada somente quando uma conexão chega à unidade socket.
- **device**
  Uma unidade para um dispositivo presente na árvore de dispositivos do Linux. Um dispositivo é exposto como unidade do systemd se houver uma regra do udev com essa finalidade. Propriedades definidas na regra udev podem ser utilizadas como configurações para determinar dependências em unidades de dispositivo.
- **mount**
  Um ponto de montagem no sistema de arquivos.
- **automount**
  Um ponto de montagem automática no sistema de arquivos. Cada unidade automount possui uma unidade mount correspondente, que é iniciada quando o ponto de montagem automática é acessado.
- **target**
  Agrupamento de unidades, de forma que sejam controladas em conjunto. A unidade multi-user.target, por exemplo, agrega as unidades necessárias ao ambiente multiusuário. É correspondente ao nível de execução número 5 em um ambiente controlado por SysV.
- **snapshot**
  É semelhante à unidade target. Apenas aponta para outras unidades.

## Interagir com unidades do systemd

O principal comando para administração das unidades do systemd é o systemctl. Tomando como exemplo a unidade httpd.service, as ações mais comuns são:

Iniciar o serviço: `systemctl start httpd.service`
Interromper o serviço: `systemctl stop httpd.service`
Reiniciar o serviço: `systemctl restart httpd.service`
Exibir o estado do serviço (ativo/inativo): `systemctl status httpd.service`
Iniciar o serviço no boot: `systemctl enable httpd.service`
Retirar o serviço do boot: `systemctl disable httpd.service`
Serviço ativado no boot?: `systemctl is-enabled httpd.service; echo $?`
Se a resposta for 0, o serviço é ativado no boot. Se for 1, não é ativado.

## Alterando o nível de execução

O systemd não trabalha com o conceito de níveis de execução. Sua abordagem é utilizar um *target* para cada situação como login gráfico, multiusuário, etc.

O correspondente ao nível de execução 3 (multiusuário) é o target *multi-user*. O comando *systemctl* isolate alterna entre os diferentes targets. Portanto, para manualmente alternar para o target multi-user, utiliza-se:

```
# systemctl isolate multi-user.target
```

Para facilitar o entendimento, há targets de correspondência para cada nível de execução tradicional, que vão do *runlevel0.target* e o *runlevel6.target*. Apesar disso, o systemd não utiliza o arquivo `/etc/inittab` para definir os níveis de execução.

Para alterar o alvo padrão do systemd, pode ser incluída a opção *systemd.unit* nos parâmetros de carregamento do kernel. Por exemplo, para definir o alvo *multi-user.target* como o alvo padrão:

```
systemd.unit=multi-user.target
```

Os parâmetros do kernel podem ser alterados no arquivos de configuração do carregador de boot. Outra maneira de alterar o alvo padrão do systemd é redefinir o link simbólico `/etc/systemd/system/default.target`, que aponta para um alvo. A definição do link pode ser feita com o comando `systemctl`:

```
# systemctl set-default -f multi-user.target
```

A opção `-f` força a substituição de um alvo padrão já definido. Como no caso dos sistemas que utilizam o padrão SysV, deve-se ter cuidado para não definir o alvo padrão para *shutdown.target*, que corresponde ao nível de execução 0 (desligamento).

Os targets disponíveis encontram-se no diretório `/lib/systemd/system/`. O comando systemctl list-units --type=target exibe todos os targets carregados e ativos.

# 202.2 Recuperação do sistema

### Peso 4

As duas causas mais comuns para uma falha na inicialização do sistema é um serviço mal configurado ou uma falha no sistema de arquivos, seja ela provocada por arquivos corrompidos ou falha de hardware. Para ambos existem métodos eficientes de recuperação. Mas, antes de analisá-las, é importante verificar se o carregador de boot está funcionando corretamente.

## Recuperação do setor de boot

Quando há mais de um sistema operacional instalado ou é feita uma atualização de sistema malsucedida, é possível que o kernel se torne inacessível e não seja possível iniciar o sistema. Quando sequer o menu de inicialização do sistema é exibido, será necessário utilizar uma mídia de boot alternativa, como um CD ou pendrive de instalação do sistema ou de uma distribuição Linux similar.

Para recuperar o boot do carregador Grub, é necessário entrar em seu prompt de comando. Após iniciar o computador com uma mídia alternativa, o prompt do Grub é invocado com o comando grub.

```
# grub
      [ Minimal BASH-like line editing is supported.  For
        the  first  word, TAB  lists  possible  command
        completions. Anywhere else TAB lists the possible
        completions of a device/filename. ]
grub>
```

A partir do prompt do grub, é necessário indicar a partição onde os arquivos necessários estão, ou seja, onde o Grub está originalmente instalado. No Grub, as partições são indicadas no formato *hdX,Y*, no qual X indica o dispositivo e Y indica a partição, ambos a partir de 0. Dessa forma, a segunda partição no primeiro dispositivo é indicada usando **hd0,1**.

Caso a partição exata onde o Grub fora instalado tenha sido esquecida ou haja dúvida sobre a partição correta, pode ser utilizada a instrução find para localizar onde está o carregador de primeiro estágio, que deverá ser reinstalado na MBR:

```
find /boot/grub/stage1
```

Depois de localizado a partição, o Grub deve ser reconfigurado e reinstalado. Para informar ao Grub que os arquivos foram originalmente instalados na primeira partição do primeiro disco (*hd0,0*), por exemplo, é usada a instrução root:

```
root (hd0,0)
```

Feito isso, a reinstalação na MBR do primeiro dispositivo é feita com a instrução setup:

```
setup (hd0)
```

Para sair do prompt do Grub, execute a instrução quit. O sistema já pode ser reiniciado e o menu de sistema deverá estar acessível. Caso existam incoerências no menu, os itens podem ser editados no arquivo /boot/grub/menu.lst.

Esses procedimentos se aplicam aos BIOS tradicionais que fazem boot em um dispositivo com o padrão MBR. Em computadores mais recentes, o sistema é carregado utilizando um padrão chamado UEFI.

## UEFI

Verificado que o sistema oferece suporte a UEFI, o primeiro passo antes de utilizá-lo é formatar o dispositivo de armazenamento principal – usualmente um disco rígido ou um SSD – com o padrão **GPT** (*GUID Partition Table*, onde *GUID* corresponde a *Global Unique Identifier*). O GPT substitui o padrão de particionamento **MBR** (*Master Boot Record*) em sistemas que utilizam UEFI, onde deve existir uma partição especial que armazena os arquivos utilizados para carregar o sistema operacional principal. Essa partição deve ter características específicas para que possa ser identificada e acessada no primeiro estágio do boot por UEFI.

Essa partição especial é chamada *EFI System Partition*, abreviada como *EFI* ou *ESP*. Seu número *id* é **ef00** e deve conter um sistema de arquivos **fat32**. Geralmente é a primeira partição do primeiro disco e seu tamanho deve ser suficiente para armazenar os carregadores de boot do sistema e arquivos associados. Uma capacidade de aproximadamente 200 *megabytes* costuma ser mais do que o suficiente para sistemas convencionais.

A partir desse ponto, é necessário que o sistema que está preparando o disco para instalação tenha sido iniciado por UEFI. Este costuma ser o caso quando se está procedendo uma instalação de sistema operacional em um computador habilitado para UEFI.

Para verificar se o sistema foi iniciado por UEFI, o módulo efivars deve ser carregado com o comando `modprobe efivars`. Isso deve fazer com que apareçam os arquivos e diretórios em `/sys/firmware/efi/`:

```
# modprobe efivars

# tree /sys/firmware/efi/ -L 1
/sys/firmware/efi/
├── config_table
├── efivars
├── fw_platform_size
├── fw_vendor
├── runtime
├── runtime-map
├── systab
└── vars

3 directories, 5 files
```

O comando efibootmgr pode ser utilizado para inspecionar as definições de boot do UEFI:

```
# efibootmgr -v

BootCurrent: 0000
Timeout: 5 seconds
BootOrder: 0000
Boot0000* Lubuntu   HD(1,GPT,80c(...)000)/File(\efi\grub\grub.efi)
Boot0080* Mac OS X  PciRoot(0x0)/Pci(0x1f,0x2)/Ata(0,1,0)/HD(1,GPT(...)
```

Os comandos não exibem essas informações caso o sistema não tenha sido iniciado por UEFI. Caso o computador ofereça suporte a UEFI, é provável que exista um modo de compatibilidade com boot via MBR por BIOS e o mesmo esteja em uso. A documentação do equipamento deve informar como alterar esse comportamento.

A instalação do carregador de boot é a última etapa após uma nova instalação ou após a cópia de um sistema previamente instalado, consistindo em duas etapas:

- Arquivos binários do primeiro estágio do boot devem ser copiados para a partição EFI.
- O carregador de boot copiado deve ser registrado.

Caso a partição *EFI* não esteja montada, basta montá-la provisoriamente em um diretório para que a cópia dos arquivos possa ser realizada. Essa partição não costuma ser montada para a operação normal do sistema, mas seu ponto de montagem ocasional costuma ser `/boot/efi`.

Cada carregador de boot oferece seus próprios arquivos para esse fim, apropriado para cada plataforma. Dentre os vários carregadores de boot compatíveis com UEFI, o mais utilizado no Linux é o Grub2.

O comando de instalação do primeiro estágio do Grub2 é o comando `grub-install`. Após verificar que a partição EFI está montada em `/boot/efi`, o carregador de boot para uma plataforma 64 bits é instalado com o comando:

```
# grub-install \
    --target=x86_64-efi \
    --efi-directory=/boot/efi \
    --bootloader-id=grub
```

Em plataformas mais antigas, de 32 bits:

```
# grub-install \
    --target=i386-efi \
    --efi-directory=/boot/efi \
    --bootloader-id=grub
```

Dentro da partição EFI estão os arquivos dos carregadores de boot instalados e eventualmente outros tipos de programas, como ferramentas de diagnóstico de hardware. Não existe um padrão para esses diretórios, mas o Grub2 copia seus arquivos para dentro de um diretório na raiz chamado `efi`:

```
# tree /boot/efi -L 2
/boot/efi
└── efi
    ├── grub
    └── refind

3 directories, 0 files
```

Ou seja, na partição EFI montada em `/boot/efi` existe um diretório chamado `efi` que contém diretórios de dois carregadores de boot: `grub` e `refind`. No entanto, a mera cópia dos arquivos do carregador de boot para a partição EFI não é suficiente para que venha a ser utilizado. O carregador deve ser registrado com o comando `efibootmgr`:

```
# efibootmgr -c -l '\efi\grub\grub.efi' -L Lubuntu
```

A opção `-c` indica a criação de um novo registro e a opção -l indica o caminho para o arquivo binário do carregador de boot dentro da partição EFI. Note que, diferente do padrão Linux, nesse caso são utilizadas barras invertidas no caminho.

Depois de registrado, pode ser conveniente mudar o carregador de boot padrão invocado pelo UEFI. Essa tarefa também é executada com o comando efibootmgr, que pode primeiro listar as opções possíveis:

```
# efibootmgr -v

BootCurrent: 0000
Timeout: 5 seconds
BootOrder: 0000
Boot0000* Lubuntu   HD(1,GPT,80c(...)000)/File(\efi\grub\grub.efi)
Boot0080* Mac OS X  PciRoot(0x0)/Pci(0x1f,0x2)/Ata(0,1,0)/HD(1,GPT(...)
```

A primeira coluna da listagem mostra os códigos dos carregadores disponíveis. Neste caso, as opções são `0000` (*Lubuntu*) e `0080` (*Mac OS X*). Para alterar a ordem de modo a tentar iniciar por *Mac OS X* e depois *Lubuntu*:

```
# efibootmgr -o 0080,0000
BootCurrent: 0000
Timeout: 5 seconds
BootOrder: 0080,0000
Boot0000* Lubuntu
Boot0080* Mac OS X
```

Para voltar ao comportamento anterior, invocando apenas o sistema *Lubuntu*:

```
# efibootmgr -o 0000
BootCurrent: 0000
Timeout: 5 seconds
BootOrder: 0000
Boot0000* Lubuntu
Boot0080* Mac OS X
```

A exclusão de um registro de carregador é feita com o comando `efibootmgr -b XXXX -B`, onde `XXXX` indica o código do carregador que se quer remover.

O procedimento de instalação do carregador de boot na partição EFI não precisará ser feito novamente após atualizações do Kernel, pois o Grub localiza automaticamente os Kernels instalados. Alterações de configurações específicas do Grub continuam sendo realizadas no arquivo `/etc/default/grub`, que por sua vez são incorporadas ao arquivo principal de configuração do Grub com o comando `grub-mkconfig -o /boot/grub/grub.cfg`.

## GRUB versão 2

GRUB2 é o sucessor do GRUB. Diferentemente de outros saltos de versão, onde atualizações não representam mudanças estruturais drásticas, o GRUB2 está totalmente reescrito. Apesar de manter muitas semelhanças com o GRUB Legacy, praticamente todos os seus aspectos estão modificados.

Dentre as melhorias trazidas pelo GRUB2, destacam-se:

- Suporte a scripts com instruções condicionais e funções;
- Carregamento dinâmico de módulos;
- Modo de recuperação;
- Menus personalizados e temas;
- Carregar LiveCD a partir do disco rígido;
- Suporte a plataformas diferentes da x86;
- Suporte universal a UUIDs.

## Diferenças entre GRUB2 e GRUB Legacy

Para o usuário final, não há diferenças entre o GRUB2 e o GRUB Legacy. O menu de boot ainda é muito parecido e as atualizações continuam transparentes.

Já o administrador do sistema precisa ficar atento a algumas diferenças importantes:

- Ausência do arquivo /boot/grub/menu.lst, substituído por /boot/grub/grub.cfg (em alguns casos, pode estar em /etc/grub2/). Este, por sua vez, é gerado automaticamente e não deve ser editado diretamente;

- O comando do Grub find boot/grub/stagel não existe mais. O estágio 1.5 foi eliminado;
- No GRUB2, o principal arquivo de configuração para modificar do menu de boot é o /etc/default/grub;
- Configurações avançadas são definidas em arquivos separados, localizados no diretório /etc/grub.d/.
- A numeração das partições inicia a partir do 1 e não mais de 0;
- A inclusão de diferentes kernels Linux e outros sistemas operacionais — como Windows — é feita automaticamente;
- Suporte a boot em UEFI. O UEFI é uma interface entre o sistema operacional e o hardware, com mais recursos que o BIOS. Apesar de operar em conjunto com este e em muitos casos ser transparente ao sistema operacional, a tendência é que o UEFI substitua o BIOS no futuro.

A atualização do menu de inicialização do Grub — a inclusão de novos kernels e alterações feitas em `/etc/default/grub` — só acontecerá com a execução do comando update-grub.

O comando update-grub pode se chamar `update-grub2` em algumas distribuições ou até pode estar ausente. Nesses casos, utilize `grub-mkconfig -o /boot/grub/grub.cfg` ou `grub2-mkconfig -o /boot/grub2/grub.cfg`, conforme for apropriado.

## Configurações

Todas as alterações mais triviais são feitas no arquivo `/etc/default/grub`. É a partir desse arquivo que será gerado o arquivo `/boot/grub/grub.cfg`, que em vários aspectos corresponderia ao antigo menu.lst. O propósito do `/etc/default/grub` é tornar a edição mais simples e afastar as configurações internas do grub para o arquivo `/boot/grub/grub.cfg`.

Mesmo após atualizações de kernel, a tendência é que esse arquivo permaneça inalterado. Seu conteúdo não está vinculado a nenhum kernel específico, como no caso do Ubuntu 12.04:

```
GRUB_DEFAULT=0
  GRUB_HIDDEN_TIMEOUT=0
  GRUB_HIDDEN_TIMEOUT_QUIET=t rue
  GRUB_TIMEOUT=10
  GRUB_DISTRIBUTOR=`lsb_release -i -s 2> /dev/null || echo Debian`
  GRUB_CMDLINE_LINUX_DEFAULT="quiet splash"
  GRUB_CMDLINE_LINUX=""
```

Para outras distribuições, como a Fedora 16, poucas diferenças podem ser notadas:

```
  GRUB_TIMEOUT=6
  GRUB_DISTRIBUTOR="Fedora"
  GRUB_DEFAULT=saved
  GRUB_CMDLINE_LINUX="rd.md=0 rd.lvm-0 rd.dm=0 LANG=pt_BR.UTF-8 quiet SYSFONT=latarcyrheb-sun16
rhgb rd.luks=0 KEYTABLE=br-abnt2"
```

O arquivo trata de definições gerais, aplicáveis ao comportamento do menu de boot e aos kernels em geral. A seguir, estão listadas as principais definições do arquivo /etc/grub/default:

**GRUB_DEFAULT**

O sistema iniciado por padrão. Pode ser a ordem numérica (começando por 0), o nome como definido no arquivo grub.cfg, ou saved, para utilizar sempre a última escolha.

**GRUB_SAVEDEFAULT**

Se definido como true e a opção GRUB_DEFAULT for saved, o último item escolhido será utilizado como padrão.

**GRUB_HIDDEN_TIMEOUT**

Quantos segundos aguardar sem exibir o menu do grub. Durante esse período, o menu só aparecerá ao pressionar uma tecla.

**GRUB_HIDDEN_TIMEOUT_QUIET**

Se true, não será exibido um contador mostrando o tempo restante para chamar o menu.

**GRUB_TIMEOUT**

Tempo em segundos para exibição do menu do Grub. Se o valor for -1, o menu será exibido até que o usuário faça uma escolha.

**GRUB_DISTRIBUTOR**

Nome descritivo para o item.

**GRUB_CMDLINE_LINUX**

Linha de parâmetros para o kernel (*cmdline*). Nessa opção os parâmetros serão utilizados tanto para o modo normal quanto para o modo de recuperação.

**GRUB_CMDLINE_LINUX_DEFAULT**

Linha de parâmetros para o kernel (*cmdline*). Nessa opção os parâmetros serão utilizados apenas para o modo normal.

**GRUB_DISABLE_LINUX_UUID**

Se true, não localizar dispositivos por UUID.

**GRUB GFXMODE**

Resolução da tela para o menu do grub e subsequente inicialização, por exemplo 1024x768. A profundidade de cor também pode ser especificada no formato 1024x768x16, 1024x764x24 etc. Dependendo do tipo de vídeo e monitor, nem todas as resoluções podem ser usadas. Para contornar esse problema, uma lista de resoluções separadas por vírgula pode ser especificada. Caso uma resolução não possa ser utilizada, a seguinte será utilizada até que uma delas funcione corretamente.

**GRUB_DISABLE_LINUX_RECOVERY**

Se true, não exibe a opção para recuperação do sistema.

**GRUB_INIT_TUNE**

Tocar um som no speaker interno antes de exibir o menu do Grub. O formato é tempo hertz duração, onde tempo corresponde às batidas por minuto (60/tempo), *hertz* à frequência do som seguido de sua duração (em unidades de tempo). O tempo é definido apenas uma vez, mas podem haver mais de um par de *hertz* seguidos de duração.

**GRUB_DISABLE_OS_PROBER**

Descarta a busca automática por outros sistemas operacionais.

Após alterar o arquivo `/etc/default/grub`, o arquivo de configuração principal grub.cfg deve ser gerado novamente. Como já mencionado, se o comando update-grub não estiver disponível, utilize `grub-mkconfig -o /boot/grub/grub.cfg` ou `grub2-mkconfig -o /boot/grub2/grub.cfg`, conforme for apropriado.

## Falha de serviços

Quando um sistema não termina o processo de inicialização, uma possível causa é um serviço mal configurado. O sistema de inicialização do Linux permite que o sistema seja carregado apenas com os serviços mais fundamentais, possibilitando o reparo e a recuperação dos componentes que eventualmente apresentem problemas.

Tanto o carregador de boot Lilo quanto o Grub oferecem um prompt para editar e adicionar argumentos ao kernel que será carregado. Esses argumentos podem ser passados tanto nos arquivos de configuração dos carregadores de boot quanto diretamente no momento em que o kernel será carregado, logo depois das mensagens do BIOS. No menu do Grub, essa alteração é feita pressionando a tecla `[e]` sobre a linha do kernel que será carregado. No Lilo, basta incluir a opção desejada ao lado do nome do kernel.

Em geral, entrar no sistema pelo modo de manutenção ou *Single User* possibilita fazer as manutenções necessárias. Isso é feito simplesmente colocando o número *1* ou a letra *S* na linha de inicialização do kernel.

No modo de manutenção, nenhum serviço de rede é carregado e apenas o usuário root pode operar a máquina. Dessa forma, reparos necessários podem ser realizados.

Em alguns casos, o modo de manutenção não é capaz de iniciar um sistema minimamente funcional. Quando isso acontece, ainda é possível iniciar o sistema carregando apenas o kernel e indo direto para o prompt do shell. Para isso, é utilizada a opção **init** no prompt do Lilo ou do Grub, antes do kernel ser carregado:

```
init=/bin/bash
```

Dessa forma, no lugar de invocar o programa init, que por sua vez invocaria os scripts de inicialização, o único programa invocado logo após o kernel ser carregado será o interpretador de comandos *bash*. Antes que seja possível fazer reparos diretamente nos arquivos que estejam apresentando problemas, é necessário remontar o dispositivo raiz com a opção **rw** (leitura e escrita), pois o kernel, no primeiro momento, monta a partição raiz apenas para leitura:

```
mount -o remount,rw /
```

Pode ser utilizado um editor de texto padrão, como o vi, para efetuar as alterações em arquivos de configuração. Depois de realizadas as alterações nos arquivos, como alterar o runlevel padrão no */etc/inittab* para que o próximo boot encaminhe o sistema para single mode (de forma que seja possível prosseguir a manutenção) ou evitar que o modo gráfico inicie, podemos remontar a partição raiz de volta para somente leitura:

```
mount -o remount,ro /
```

Esse procedimento também pode ser usado para outros fins, como alterar as senhas de usuários ou do próprio root. Para isso, basta remontar a partição para permissão de escrita e invocar o comando `passwd`.

## Falha no sistema de arquivos

Falhas de leitura ou escrita podem impedir que o sistema inicie por completo. Uma mensagem como essa pode aparecer durante o processo de inicialização:

```
*** An error occurred during the file system check."
*** Dropping you to a shell; the system will reboot"
*** when you leave the shell."
Give root password for maintenance(or type Control-D for normal startup):
```

Após fornecer a senha de root, será possível utilizar ferramentas como o `fsck` para corrigir os erros no sistema de arquivos.

Numa situação em que o sistema apresenta falhas não fatais e ainda segue operando, é possível realizar muitos desses procedimentos de manutenção sem necessidade de reiniciar a máquina. Contudo, é preciso se precaver contra programas escrevendo em sistemas de arquivos potencialmente danificados e usuários que podem prejudicar o processo de restauração.

Isso é feito alternando para o nível de execução 1, em que apenas os componentes mais básicos do sistema estarão ativos e tarefas de manutenção podem ser realizadas. Para alternar para o nível de execução 1, é usado o comando `telinit`:

```
telinit 1
```

Como no nível de execução 1 não há serviços de rede, é importante que este comando seja executado apenas quando se está operando a máquina localmente. Caso contrário, a conexão será perdida e a manutenção ficará impossibilitada.

## 202.3 Carregadores de boot alternativos

**Peso 2**

Apesar do carregador Grub ter se tornado o padrão no Linux, é conveniente conhecer outras opções que podem ser mais convenientes em algumas circunstâncias.

### Lilo

O Lilo (Linux Loader) já foi o mais utilizado dos carregadores de boot para Linux. Atualmente, é o carregador padrão em apenas algumas distribuições, como a distribuição Slackware Linux. O Lilo é dividido em três componentes fundamentais:

- **Lilo:** O carregador propriamente dito. É instalado na MBR e invoca o segundo estágio do carregador de inicialização, geralmente localizado em /boot/boot.b;
- **/etc/lilo.conf:** Arquivo de configuração do Lilo;
- **/sbin/lilo:** O comando que lê as configurações em `/etc/lilo.conf` e instala o carregador na MBR. Deve ser executado toda vez que uma alteração for feita ao arquivo de configuração.

O Lilo grava na MBR o carregador de boot e as informações de localização do Kernel e da partição raiz. Por isso é necessário regravar o carregador na MBR toda vez que alguma configuração no `/etc/lilo.conf` é alterada. As principais opções desse arquivo estão listadas a seguir.

- **boot**
  Onde o carregador Lilo deve ser instalado. Geralmente na MBR de `/dev/hda` ou `/dev/sda`.
- **prompt**
  Mostra ao usuário um menu para escolher o sistema a iniciar.
- **image**
  Localização do arquivo do kernel que será carregado.
- **other**
  Indica a partição de outro sistema operacional, como Windows.
- **label**
  Nome para exibir no menu de inicialização.
- **root**
  Indica a partição raiz para o kernel indicado.

- **read-only**
  Partição raiz montada como somente leitura na primeira etapa do boot.
- **append**
  Parâmetros adicionais para o kernel.
- **message**
  Indica um arquivo de texto contendo uma mensagem a ser exibida no menu de inicialização.
- **delay**
  Define uma pausa - em décimos de segundo - para que o usuário pressione a tecla [Tab] e invoque o menu, caso esse não esteja configurado para aparecer automaticamente.
- **timeout**
  Define uma pausa - em décimos de segundo - para que a opção padrão ou selecionada seja carregada.
- **vga**
  Valor numérico especificando as preferências visuais do terminal.

Exemplo de um arquivo /etc/lilo.conf:

```
boot = /dev/hda
message = /boot/boot_message.txt
delay = 4
timeout = 110
vga = 788
image = /boot/vmlinuz
root = /dev/hda3
label = Linux
read-only
```

Nesse exemplo, as opções representam:

- Instalar o carregador no MBR do disco /dev/hda;
- Exibir o conteúdo do arquivo /boot/boot_message.txt no menu de boot;
- Após 4 décimos de segundo sem que o usuário pressione [Tab] para exibir o menu, iniciar a opção padrão;
- No menu de boot, aguardar 110 décimos de segundo (pouco mais de 10 segundos) para iniciar a opção padrão ou a opção selecionada;
- Usar o modo de tela 800x600 no terminal;
- Usar kernel /boot/vmlinuz;
- Partição raiz /dev/hda3;

- Definir nome no menu como Linux;
- Montar a partição inicialmente como somente leitura.

Após alterar o arquivo /etc/lilo.conf, é muito importante reinstalar o carregador na MBR usando o comando lilo. De outra forma, as configurações anteriores ainda serão utilizadas pelo carregador.

## SYSLINUX

O SYSLINUX é um pacote de carregadores de boot que oferece suporte para sistemas de arquivos FAT, ext2, ext3 (EXTLINUX), boot por rede PXE (PXELINUX), e CDROM ISO 9660 (ISOLINUX). Para carregar sistemas operacionais antigos, o SYSLINUX possui a ferramenta MEMDISK. A instalação de todas as ferramentas é feita ao instalar o pacote syslinux, disponível nos repositórios das principais distribuições.

O comando syslinux instala o carregador de boot em partições FAT, sistema de arquivos utilizado pelo MS-DOS e versões antigas do Microsoft Windows. Hoje o sistema de arquivos FAT é muito utilizado em dispositivos de armazenamento USB removíveis (pendrives), o que torna o uso do syslinux apropriado para criar pendrives de recuperação.

Um pendrive de recuperação poderá ser utilizado quando um sistema, por um motivo qualquer, não puder iniciar devido a problemas com seu carregador de boot. Ou seja, se o kernel do sistema não estiver acessível, o pendrive de recuperação realiza o carregamento do kernel nele guardado e transfere ao sistema as etapas de carregamentos seguintes.

Caso o pendrive não esteja formatado como FAT, o comando fdisk pode ser utilizado para alterar a tabela de partições do dispositivo. Recomenda-se o id b para partições do tipo FAT. Também é importante marcar a partição como inicializável com o comando a do fdisk. Finalizada a edição da tabela de partições, o sistema de arquivos pode ser criado com o comando mkdosfs ou mkfs.vfat. Supondo ser /dev/sdb1 a partição no pendrive:

```
# mkfs.vfat /dev/sdb1
```

É necessário copiar a MBR (Master Boot Record) para o início do dispositivo. O SYSLINUX oferece diferentes tipos de MBR no diretório /usr/share/syslinux/ ou /usr/lib/syslinux/. Para a maioria dos casos, mbr.bin é a mais adequada:

```
# dd bs=440 if=/usr/share/syslinux/mbr.bin of=/dev/sdb
1+0 registros de entrada
1+0 registros de saída
440 bytes (440 B) copiados, 0,0230084 s, 19,1 kB/s
```

São necessários para carregar o sistema: o kernel e o sistema de arquivos em RAM inicial (initramfs). Esses dois arquivos devem ser copiados para o pendrive. Para melhor organização, os arquivos podem estar dentro de um diretório.

Ali também deve estar o arquivo de configuração do syslinux, chamado syslinux.cfg. Um exemplo básico de syslinux.cfg para carregar o kernel e parâmetros importantes:

```
DEFAULT linux
LABEL linux
  SAY Iniciando pelo pendrive...
  KERNEL vmlinuz-3.11.9-200.fc19.i686
   APPEND root=UUID=7ee2030d-345c-4f27-aac3-3224d95acdcb initrd=initramfs-3.11.9-200.fc19.i686.
img ro
```

Em APPEND são colocadas as opções passadas ao kernel. É importante passar a localização da partição raiz por UUID para assegurar que será encontrada.

O carregador de boot propriamente dito é gravado com o comando `syslinux -i /dev/sdb1`. O sistema de arquivos deve estar desmontado ou em somente-leitura para gravar o carregador. O diretório onde estão armazenados os arquivos no pendrive é definido com a opção `-d`. Dessa forma, para gravar o carregador ldlinux.sys dentro do diretório syslinux no pendrive, utiliza-se `syslinux -d syslinux -i /dev/sdb1`.

Este pendrive já pode ser utilizado para iniciar o sistema, desde que haja suporte a iniciar pelo pendrive no BIOS da máquina em questão. Terminado o carregamento, o sistema poderá ser reparado para que volte a iniciar normalmente.

O syslinux também pode ser utilizado como principal carregador de boot do sistema. Como o Grub ou o Lilo, ele suporta menus e outros recursos avançados. Contudo, o Grub é o carregador mais utilizado por oferecer maior versatilidade e recursos.

## extlinux

O extlinux destina-se a fazer o carregamento em sistemas de arquivos nativos do Linux. Diferente do syslinux, o extlinux deve ser instalado num diretório. Portanto, para instalar em `/boot/extlinux/`:

```
mkdir -p /boot/extlinux
   extlinux -i /boot/extlinux
```

O arquivo de configuração é o extlinux.cnf e deve estar no diretório onde o extlinux foi instalado. Os caminhos no arquivo e configuração podem ser relativos ou absolutos. Certifique-se de que a MBR foi copiada para o dispositivo contendo o diretório onde o extlinux foi instalado (por exemplo, /dev/sda) e a partição em questão é a partição de boot ativa.

## pxelinux

O pxelinux auxilia no processo de boot PXE, onde o sistema operacional é carregado via interface de rede. Seu uso está associado a outras ferramentas necessárias, como o protocolo DHCP, um servidor TFPD e compartilhamentos NFS (Network File System). No Debian, essas ferramentas estão disponíveis nos pacotes isc-dhcp-server, tftpd-hpa e nfs-kernel-server, respectivamente. Outras distribuições também oferecem esses pacotes por padrão.

Primeiramente, deve ser configurado um servidor DHCP para atribuir um IP aos clientes da rede e iniciar o processo de boot remoto. A seguir, um exemplo de configuração no arquivo /etc/dhcp/dhcpd.conf do servidor DHCP:

```
subnet 192.168.147.0 netmask 255.255.255.0 {
        option domain-name-servers 192.168.147.1;
        option routers 192.168.147.1;
        range 192.168.147.10 192.168.147.20;
        next-server 192.168.147.125;
   }

   host diskless {
        hardware ethernet 00:90:f5:e3:34:3a;
        filename "pxelinux.0";
   }
```

Além das linhas comuns a uma configuração convencional de servidor DHCP, foram incluídas as entradas next-server, que determina o servidor do carregador de boot, e a entrada filename, que determina o nome do carregador de boot no servidor. No exemplo, foi definido o carregador pxelinux.0 para o cliente cujo endereço MAC for 00:90:f5:e3:34:3a.

O servidor TFTP (Trivial File Transfer Protocol) em 192.168.147.125 será encarregado de enviar o carregador de boot pxelinux.0 para o cliente. Os servidores TFTP são mais simples que um servidor FTP, normalmente não identificam o usuário e apenas enviam o arquivo solicitado. No Debian, os arquivos fornecidos pelo servidor TFTP ficam no diretório /srv/tftp/. É para esse diretório que devem ser copiados o kernel e a imagem initramfs do sistema a ser carregado pelo cliente, podendo ser chamados vmlinuz e initrd.img.

O conteúdo mínimo de /srv/tftp/ será:

- pxelinux.0
  O carregador de boot, copiado de /usr/lib/syslinux/ ou /usr/share/syslinux/.

- vmlinuz

  O kernel para carregamento remoto, copiado de /boot/ do sistema que será carregado.
- initrd.img

  A imagem initramfs para carregamento remoto, copiado de /boot/ do sistema que será carregado.
- pxelinux.cfg/default

  O arquivo de configuração do carregador, utilizado pelos clientes não específicos.

Assim que o carregador pxelinux.0 é transferido para o cliente, este copiará do servidor TFTP seu arquivo de configuração para prosseguir o carregamento do sistema. Este arquivo deve estar no diretório /srv/tftp/pxelinux.cfg/, num arquivo nomeado com o endereço MAC, para identificar clientes específicos, ou default, para clientes em geral. No arquivo, são definidos o kernel e seus parâmetros:

```
DEFAULT /vmlinuz
  APPEND ip=dhcp root=/dev/nfs nfsroot=192.168.147.125:/srv/root initrd=initrd.img
```

O parâmetro nfsroot=192.168.147.125:/srv/root indica o sistema de arquivos remoto que será carregado pelo cliente. Trata-se de um compartilhamento NFS, que deverá estar configurado adequadamente. Algumas configurações no sistema de arquivos compartilhado, como a entrada para /home no arquivo /etc/fstab, deverão estar adequadas ao carregamento remoto.

## isolinux

O isolinux é um carregador de boot para CD-ROMs tipo ISO 9660/El Torito sem modo de emulação. Recomenda-se os passos a seguir para criar uma imagem de ISO inicializável:

1. No diretório raiz dos arquivos que entrarão na imagem, criar o diretório boot/isolinux/.
2. Copiar o arquivo isolinux.bin de /usr/lib/syslinux/ ou /usr/share/syslinux/ para dentro do diretório boot/isolinux criado anteriormente.
3. Criar o arquivo de configuração isolinux.cfg no diretório. O arquivo de configuração obedece à mesma sintaxe da configuração do syslinux.
4. Copiar demais arquivos necessários (kernel, imagem initramfs, etc).

Em seguida, é utilizado o comando mkisofs para criar a imagem ISO:

```
mkisofs -o <imagem.iso> \
-b boot/isolinux/isolinux.bin -c boot/isolinux/boot.cat \
-no-emul-boot -boot-load-size 4 -boot-info-table \
<raiz dos arquivos>
```

Algumas distribuições não trazem o comando `mkisofs`. Em seu lugar, utiliza-se o comando `genisoimage`, que é compatível com os mesmos parâmetros.

## memdisk

Se o intuito é carregar um sistema operacional antigo ou especializado, geralmente aqueles em um disquete de boot, o mais apropriado é utilizar o memdisk. O procedimento é praticamente idêntico ao de criar um pendrive de recuperação. No lugar do kernel, deve ser copiado para o pendrive o arquivo memdisk, encontrado em `/usr/share/syslinux/` ou `/usr/lib/syslinux/`. Para o lugar do initramfs, utiliza-se a própria imagem do disquete. O arquivo `syslinux.cfg` pode ser simplificado em apenas uma linha:

```
default memdisk initrd=kolibri.img
```

Nesse exemplo foi utilizada a imagem do disquete de boot do sistema operacional KolibriOS, disponível em http://kolibrios.org. O kolibriOS é um sistema operacional de código aberto escrito inteiramente em linguagem *assembly*.

# Exercícios

## Questões Tópico 202

1. Num sistema Linux padrão, qual programa é responsável por iniciar os serviços após o carregamento do kernel? Marque todas as opções corretas.
   a. hotplug
   b. telinit
   c. init
   d. grub

2. Em qual arquivo são definidos o nível de execução padrão e os procedimentos para cada nível de execução? Escreva o caminho completo para o arquivo a partir da raiz.

3. Num sistema que utiliza o modelo de inicialização System V, onde ficam localizados os scripts de disparo de serviços?
   a. /etc/inittab.d/
   b. /etc/rc.d/
   c. /etc/profile.d/
   d. /etc/init.d/

4. Qual comando pode ser usado para interromper, instalar e desinstalar links de serviços nos diretórios apropriados? Marque todas as opções corretas.
   a. install
   b. chkconfig
   c. update-rc.d
   d. update-service

5. O comando `update-rc.d -f apache2 remove` faz com que sejam:
   a. os links de serviço para o script `/etc/init.d/apache2` sejam removidos mesmo que esse arquivo ainda esteja presente.
   b. os links de serviço para o script `/etc/init.d/apache2` sejam removidos apenas se esse arquivo não estiver mais presente.
   c. o script `/etc/init.d/apache2` seja removido e o serviço desinstalado.
   d. seja realizado apenas um teste de remoção dos links de serviço para o script `/etc/init.d/apache2`.

6. Com o comando chkconfig, como o serviço ntpd pode ser ativado nos níveis de execução 2, 3 e 4?

7. Qual comando é utilizado para entrar no prompt interativo do Grub?
   a. grub-shell
   b. grub-prompt
   c. grub-install
   d. grub

8. No prompt do Grub, o comando _________ `(hd0,0)` indica que os arquivos necessários ao grub estão na primeira partição do primeiro dispositivo de armazenamento.

9. Na linha de carregamento do kernel, qual instrução determina a entrada no modo de manutenção? Marque todas as opções corretas.
   a. S
   b. 1
   c. M
   d. 3

10. Na linha de carregamento do kernel, a linha ________________ substitui o comando init pelo interpretador de comandos Bash.

# Tópico 203:

# Sistema de arquivos e dispositivos

Principais temas abordados:

- Montagem, manutenção e configuração de
- sistemas de arquivos locais e remotos;
- Criação de imagens ISO e montagem automática;

## 203.1 Trabalhando com o sistema de arquivos Linux

**Peso 4**

O acesso a arquivos e diretórios é controlado pelo próprio Kernel Linux, podendo ser dividido em dois aspectos principais: o acesso ao dispositivo de armazenamento e a interação com o sistema de arquivos ali presente.

O Kernel é encarregado tanto da identificação e comunicação com o dispositivo de armazenamento quanto da gravação dos dados, segundo as regras determinadas pelo sistema de arquivos escolhido.

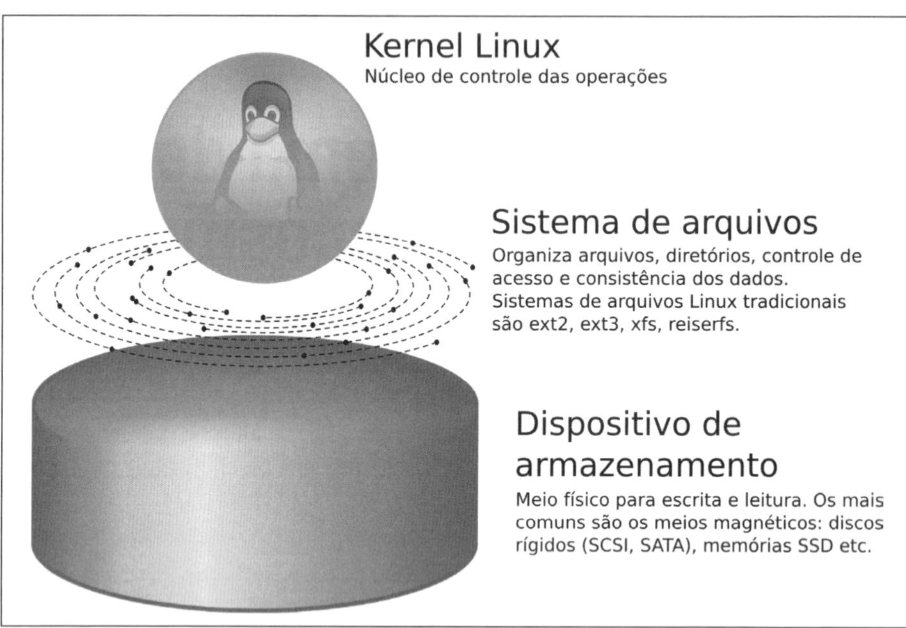


O sistema de arquivos fica disponível para leitura e escrita – tanto para usuários quanto para programas autônomos – após ser vinculado a um diretório, procedimento denominado *montagem do sistema de arquivos.*

Este procedimento pode ser realizado automaticamente ou manualmente, por meio do comando `mount`.

### Montagem de sistemas de arquivos

O comando `mount` é encarregado de anexar uma partição contendo um sistema de arquivos a um diretório na árvore de diretórios preexistente, de forma que seu conteúdo torne-se acessível.

Forma mais comum de utilização do mount:

```
mount -t tipo dispositivo diretório
```

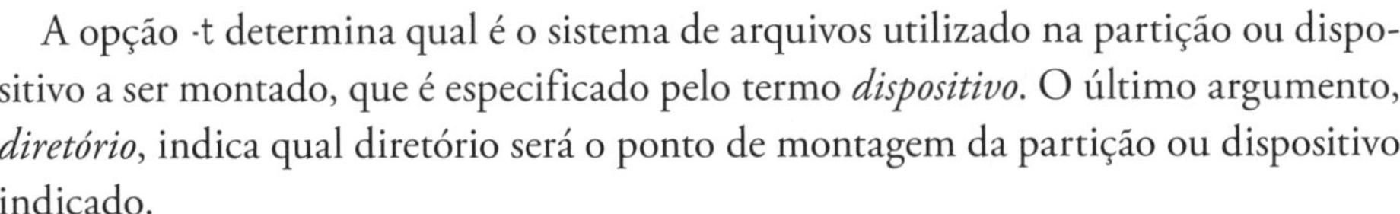

A opção -t determina qual é o sistema de arquivos utilizado na partição ou dispositivo a ser montado, que é especificado pelo termo *dispositivo*. O último argumento, *diretório*, indica qual diretório será o ponto de montagem da partição ou dispositivo indicado.

O Linux é compatível com uma grande diversidade de sistemas de arquivos. O mount é capaz de descobrir a maioria dos sistemas de arquivos, sem necessidade de fornecer a opção -t. Porém, alguns tipos de sistemas de arquivos, como sistemas de arquivos remotos, precisam ser especificados. Quando usado sem qualquer argumento, o mount exibe os dispositivos montados:

```
# mount
/dev/sda5 on / type xfs (rw)
tmpfs on /lib/init/rw type tmpfs (rw,nosuid,mode=0755)
proc on /proc type proc (rw,noexec,nosuid,nodev)
sysfs on /sys type sysfs (rw,noexec,nosuid,nodev)
procbususb on /proc/bus/usb type usbfs (rw)
udev on /dev type tmpfs (rw,mode=0755)
tmpfs on /dev/shm type tmpfs (rw,nosuid,nodev)
devpts on /dev/pts type devpts (rw,noexec,nosuid,gid=5,mode=620)
fusectl on /sys/fs/fuse/connections type fusectl (rw)
/dev/mapper/lnm-home on /home type xfs (rw)
/dev/mapper/lnm-var on /var type xfs (rw)
/dev/sda1 on /boot type ext3 (rw)
```

Essas informações também podem ser consultadas nos arquivos /etc/mtab* e /proc/mounts. Conteúdo do arquivo /etc/mtab:

```
/dev/sda5 / xfs rw 0 0
tmpfs /lib/init/rw tmpfs rw,nosuid,mode=0755 0 0
proc /proc proc rw,noexec,nosuid,nodev 0 0
sysfs /sys sysfs rw,noexec,nosuid,nodev 0 0
↪
procbususb /proc/bus/usb usbfs rw 0 0
udev /dev tmpfs rw,mode=0755 0 0
tmpfs /dev/shm tmpfs rw,nosuid,nodev 0 0
devpts /dev/pts devpts rw,noexec,nosuid,gid=5,mode=620 0 0
fusectl /sys/fs/fuse/connections fusectl rw 0 0
/dev/mapper/lnm-home /home xfs rw 0 0
/dev/mapper/lnm-var /var xfs rw 0 0
/dev/sda1 /boot ext3 rw 0 0
```

*O arquivo /etc/mtab já não é mais o padrão para conferência de sistemas de arquivos montados em sistemas Linux, mas ainda é mantido por questões de compatibilidade.

Algumas distribuições apenas mantêm o arquivo /etc/mtab como um link simbólico para o arquivo /proc/mounts. O conteúdo de /proc/mounts é bastante semelhante aos demais citados:

```
# cat /proc/mounts
rootfs / rootfs rw 0 0
none /sys sysfs rw,nosuid,nodev,noexec 0 0
none /proc proc rw,nosuid,nodev,noexec 0 0
udev /dev tmpfs rw,size=10240k,mode=755 0 0
/dev/sda5 / xfs rw,attr2,noquota 0 0
tmpfs /lib/init/rw tmpfs rw,nosuid,mode=755 0 0
usbfs /proc/bus/usb usbfs rw,nosuid,nodev,noexec 0 0
tmpfs /dev/shm tmpfs rw,nosuid,nodev 0 0
devpts /dev/pts devpts rw,nosuid,noexec,gid=5,mode=620 0 0
fusectl /sys/fs/fuse/connections fusectl rw 0 0
/dev/mapper/lnm-home /home xfs rw,attr2,nobarrier,noquota 0 0
/dev/mapper/lnm-var /var xfs rw,attr2,nobarrier,noquota 0 0
/dev/sda1 /boot ext3 rw,errors=continue,data=ordered 0 0
```

A única diferença entre o /etc/mtab e o /proc/mounts demonstrados é a entrada `rootfs` em /proc/mounts. O rootfs refere-se à montagem temporária feita para a imagem Initial Ramdisk, durante o carregamento do sistema.

A linha de comando para montar um sistema de arquivos pode ser resumida se o dispositivo ou partição estiver previamente configurado no arquivo `/etc/fstab`. Nesse caso, será necessário fornecer ao comando mount apenas o caminho completo para a partição ou para o ponto de montagem.

Para desmontar um sistema de arquivo pela linha de comando, utiliza-se o comando `umount`. Para o umount, é necessário fornecer somente o caminho completo para o dispositivo ou ponto de montagem, mesmo que a partição montada não esteja presente no arquivo /etc/fstab.

## Tabela de sistemas de arquivos – fstab

Durante os procedimentos de carregamento do sistema, os scripts de inicialização responsáveis pela montagem consultam a tabela de sistemas de arquivos para realizar as montagens automáticas. Essa tabela fica no arquivo `/etc/fstab`, um arquivo de texto que determina os pontos de montagem para os dispositivos essenciais. Cada linha corresponde a um dispositivo, contendo os seguintes termos separados por tabulações ou espaços:

**Dispositivo**
O caminho para a partição no diretório /dev ou o código de identificação do sistema de arquivos.

**Ponto de montagem**
O diretório onde o sistema de arquivos ficará acessível. No caso de uma partição *swap*, utilizar o termo swap.

**Sistema de arquivos**
O sistema de arquivos utilizado na partição.

**Opções**
Aspectos do sistema de arquivos podem ser personalizados. Em geral, não é necessário definir opções diferentes de *defaults*. As opções são separadas por vírgula.

**Dump (Backup)**
Determina se a partição deverá ser utilizada pelo comando dump durante um backup automático. Com valor 0, o comando dump ignorará a partição. Com valor 1, o comando dump a utilizará.

**Fsck (Verificação de consistência)**
Valor numérico que determina a ordem da checagem feita pelo fsck durante o boot. Para a partição raiz (/), deve ser 1. Se ausente, 0 é presumido e a checagem não será feita no boot.

As opções utilizadas no arquivo fstab variam de acordo com o sistema de arquivos utilizado na partição, porém há opções comuns a todos os sistemas de arquivos, como **ro** (*read-only*, ou somente leitura) e **rw** (*read-write*, ou leitura e escrita).

A opção *noauto* não está relacionada ao sistema de arquivos utilizado. Ela é de uso do sistema para identificar quais sistemas de arquivos não devem ser montados ou desmontados automaticamente. A montagem automática acontece quando é invocado o comando `mount -a`, geralmente por um script de inicialização.

De maneira semelhante, o comando `umount -a` desmonta as partições presentes no fstab que estejam montadas e não estejam sendo utilizadas.

## Identificação de sistemas de arquivos

Tradicionalmente, as partições no Linux são acessadas por meio de arquivos localizados no diretório /dev. Isso pode provocar alguns inconvenientes, pois alterações no BIOS da máquina ou mudança de Kernel podem fazer com que as mesmas partições apareçam com diferentes nomes no diretório /dev. Isso provocaria falhas de montagem, pois não haveria a correspondência correta entre as definições no arquivo /etc/fstab e os nomes de dispositivos em /dev.

A solução para esse problema é usar o número de identificação do sistema de arquivos no lugar do arquivo em /dev. Este número, conhecido como **UUID**, é único e é usado pelo sistema para localizar o sistema de arquivos independentemente de seu dispositivo correlato em /dev.

Para identificar os UUIDs dos sistemas de arquivos locais, é usado o comando `blkid`:

```
$ blkid
/dev/hda1: UUID="0CF0B150F0B140AE" TYPE="ntfs"
/dev/hda2: UUID="75e64f36-eaca-4f6c-8633-a2249085efd4" TYPE="xfs"
/dev/sda1: UUID="0CF0B150F0B140AE" TYPE="ntfs"
/dev/sda2: UUID="75e64f36-eaca-4f6c-8633-a2249085efd4" TYPE="xfs"
/dev/sdb1: LABEL="Ubuntu" UUID="b82fee0f-5b45-4021-92e5-e38dce9d8fc5" SEC_
↪TYPE="ext2" TYPE="ext3"
/dev/mapper/data-home: UUID="f6bd0e92-7af0-4a04-9762-dd6091559d7f" TYPE="ext4"
/dev/mapper/data-usr: UUID="8905c859-b053-4bd2-904f-dca93cea0659" TYPE="xfs"
/dev/mapper/data-var: UUID="5a586273-634e-4fdc-ad00-93253c1f1f5a" TYPE="xfs"
/dev/sdc1: UUID="M0thwa-oMle-z6Fn-F2Iw-gumI-ECas-MrMIcR" TYPE="lvm2pv"
/dev/sdb2: UUID="lwMCVw-LAzn-4xfD-ANCn-Hv7d-QMLH-f2q2p4" TYPE="lvm2pv"
/dev/sda3: TYPE="swap" UUID="39820cf9-4f2f-46e7-a054-481fa9bb50ba"
/dev/sda4: UUID="IK4Ftd-FdhH-vftu-hKXG-0ryf-QTau-9iBHg3" TYPE="lvm2pv"
```

Como se pode ver, mesmo sistemas de arquivos não montados ou de outros sistemas operacionais são listados pelo comando blkid. Para cada sistema de arquivos identificado, é exibido o arquivo correspondente no diretório /dev, o número de identificação UUID e o tipo do sistema de arquivos utilizado. Caso exista, também é exibido o rótulo *(label)* do sistema de arquivos.

De posse do UUID, será possível utilizá-lo no arquivo /etc/fstab. Basta substituir o caminho para a partição pelo UUID. Por exemplo, na linha onde há:

```
/dev/hda2 / xfs noatime,nodiratime,logbufs=8 1 1
```

Substituir por:

```
UUID="75e64f36-eaca-4f6c-8633-a2249085efd4" / xfs noatime,nodiratime,
↪logbufs=8 1 1
```

Note que é necessário especificar o uso da identificação por UUID na linha do arquivo fstab, começando com `UUID=`. É recomendável encerrar o número UUID com aspas para evitar que alguma combinação das letras e números sejam erroneamente interpretados e provoquem falhas de montagem.

## Partição Swap

Todos os programas em execução, bibliotecas e arquivos relacionados são mantidos na memória do sistema para tornar o acesso aos mesmos muito mais rápido. Contudo, se esses dados alcançarem o tamanho máximo de memória disponível, todo o funcionamento ficará demasiado lento e o sistema poderá até travar. Por esse motivo, é possível alocar um espaço em disco que age como uma memória adicional, evitando a ocupação total da memória RAM e possíveis travamentos. No Linux, esse espaço em disco é chamado Swap e deve ser criado numa partição separada das partições de dados convencionais.

Por padrão, o espaço de swap é criado durante a instalação do sistema e ativado a cada boot. Uma entrada de partição swap no fstab corresponde à seguinte linha:

```
/dev/sda2  swap  swap  defaults  0  0
```

Note que não há ponto de montagem para partições swap, porque não se trata de um sistema de arquivos do ponto de vista tradicional. Onde deveria estar indicado o ponto de montagem, consta apenas o termo *swap*.

Dependendo das necessidades do sistema, pode ser necessário criar partições swap adicionais. O sistema pode tornar-se lento caso alguma aplicação exija uma memória além da qual o computador dispõe, seja ela física ou swap. Neste cenário, o espaço de swap deve ser aumentado ou devem ser criadas uma ou mais partições swap adicionais.

O comando utilizado para configurar uma partição como swap é o `mkswap`. Sua sintaxe é simples, sendo necessário fornecer como argumento apenas o caminho completo para a partição a ser utilizada.

O mkswap apenas configura a partição para ser utilizada como swap, mas não a ativa. Para ativar uma partição, usa-se o comando `swapon`. Assim como para o mkswap, é necessário apenas fornecer o caminho completo para a partição, mas é possível fornecer algumas opções. A tabela **Opções do comando swapon** mostra algumas delas.

Para desativar um espaço de swap, utiliza-se o comando `swapoff`. O comando pode ser usado fornecendo como argumento o caminho completo para a partição ou com a opção `-a`. Com ela, todas os espaços de swap encontrados em /etc/fstab e /proc/swaps serão desativados, exceto aqueles com a opção *noauto* em /etc/fstab.

Arquivos comuns também podem ser utilizados como áreas de swap, exatamente como se fossem partições. Para criar um arquivo com propósito de swap, pode ser utilizado o comando `dd`:

```
dd if=/dev/zero of=swapfile.bin bs=1024k count=256
```

O arquivo `swapfile.bin` poderá ser usado como se fosse uma partição de swap. Para formatá-lo dessa maneira, deve-se usar o comando `mkswap swapfile.bin`. Em seguida, seu espaço de swap é ativado com o próprio comando `swapon swapfile.bin`.

## Opções do comando swapon

| Comando | Finalidade |
|---|---|
| swapon -a | Ativa todas as partições marcadas como swap em /etc/fstab, exceto aquelas que possuírem a opção *noauto*. As partições swap contidas em /etc/fstab que já estiverem ativas serão ignoradas. |
| swapon -a -e | As partições não encontradas serão ignoradas sem aviso. |
| swapon -L *nome* | Usa a partição com o label *nome*. |
| swapon -p *0-32767* | Define a prioridade da área de swap especificada. Quanto maior o número, maior a prioridade. No arquivo /etc/fstab é indicado com a opção *pri=0-32767*. Áreas de maior prioridade são utilizadas por completo antes que áreas de menor prioridade sejam utilizadas, enquanto que áreas de mesma prioridade são utilizadas em paralelo. Podem ser utilizados valores negativos para estabelecer prioridades ainda menores. |
| swapon -s | Mostra uso de cada espaço de swap, extraído do conteúdo do arquivo /proc/swaps. |
| swapon -U *id* | Usa a partição com UUID correspondente a *id*. |

## Gravação síncrona de dados com sync

Antes que sejam fisicamente gravados no dispositivo de armazenamento, os dados são mantidos numa memória temporária, o cache ou buffer do sistema de arquivos. Isso é feito para obter maior velocidade, pois a gravação síncrona dos dados provocaria lentidão de leitura e escrita do dispositivo. Como esse cache é muito mais rápido que o meio de armazenamento final, essa lentidão não é sentida e os dados são gravados num momento posterior.

Contudo, dados na memória cache que não tenham sido gravados no disco serão perdidos em caso de queda de energia ou desmontagem incorreta, pois a memória cache é chamada *volátil*: não armazena os dados após seu desligamento.

Por isso é muito importante que sempre seja feita a desmontagem correta dos sistemas de arquivos montados, seja manualmente, seja com os scripts de desligamento do sistema. Como a desmontagem dos dispositivos é feita automaticamente ao desligar a máquina, não é necessário preocupar-se com a sincronização dos dados no cache.

Eventualmente, pode ser conveniente fazer a sincronização dos dados na memória cache sem fazer a desmontagem do sistema de arquivos. Isso é possível usando o comando sync, que realiza a operação em todos os dispositivos de armazenamento do sistema.

## 203.2 Manutenção de um sistema de arquivo Linux

**Peso 3**

Sistemas GNU/Linux são capazes de trabalhar com praticamente todos os tipos de sistemas de arquivos. Os mais utilizados, no entanto, são os sistemas ext (ext2, ext3 e ext4) e o xfs. Outros sistemas de arquivos, como o FAT e NTFS da Microsoft, também podem ser utilizados, mas os sistemas de arquivos considerados "nativos" são os da família ext, preferencialmente a última versão ext4. Sistemas de arquivos de última geração, como o Btrfs e ZFS, também são suportados no Linux, em especial o Btrfs.

### Criando um sistema de arquivos

Após criar uma partição por meio de um particionador, como o *fdisk* ou o *cfdisk*, é necessário criar um sistema de arquivos nesta partição para que seja possível gravar e ler arquivos. O comando padrão para essa tarefa é o `mkfs`, que por sua vez invoca comandos específicos como `mkfs.ext2`, `mkfs.ext3` ou `mkfs.ext4`, dependendo do sistema de arquivos indicado pela opção -t. Para os sistemas de arquivos ext2/3/4, também há o comando `mke2fs`, que possui a mesma finalidade dos anteriores.

Um sistema de arquivos pode ser criado apenas fornecendo como argumento o caminho completo para a partição:

```
# mke2fs /dev/hda6
mke2fs 1.38 (30-Jun-2005)
Filesystem label=
OS type: Linux
Block size=4096 (log=2)
Fragment size=4096 (log=2)
856480 inodes, 1712922 blocks
85646 blocks (5.00%) reserved for the super user
First data block=0
53 block groups
32768 blocks per group, 32768 fragments per group
16160 inodes per group
Superblock backups stored on blocks:
        32768, 98304, 163840, 229376, 294912, 819200, 884736, 1605632

Writing inode tables: done
Writing superblocks and filesystem accounting information: done

This filesystem will be automatically checked every 21 mounts or
180 days, whichever comes first.  Use tune2fs -c or -i to override.
```

No exemplo foi criada uma partição do tipo ext2, que não tem suporte a *journalling* (veja o quadro **Journalling em sistemas de arquivos**). Para criar uma partição ext3, que utiliza journalling, poderiam ser usados três comandos diferentes: `mkfs -t ext3 /dev/hda6`, `mkfs.ext3 /dev/hda6` ou `mke2fs -j /dev/hda6`.

### Journalling em sistemas de arquivos

Em linhas gerais, um sistema de arquivos com *journalling* registra de antemão todas as alterações feitas no disco. Dessa forma, erros de gravação (normalmente ocasionados por queda de energia ou desligamento incorreto) podem ser mais facilmente diagnosticados e solucionados.

Caso necessário, é possível converter um sistema de arquivos ext2 para ext3 sem perda de dados. Para isso, utiliza-se o comando `tune2fs -j /dev/hdx`, em que */dev/hdx* é a partição com o sistema de arquivo ext2.

## Verificando e corrigindo

Existem diferentes abordagens para o diagnóstico e correção de falhas em sistemas de arquivos. O primeiro passo é identificar quais os sintomas de problemas e as características do sistema de arquivos em questão.

O comando `dumpe2fs` é utilizado para mostrar diversas informações de baixo nível sobre um sistema de arquivos ext2/3/4. No entanto, sua utilização sem argumentos mostra muito mais informações do que um administrador comumente precisaria ver. A opção `-h` oferece uma visão geral sobre o sistema de arquivos:

```
# dumpe2fs -f /dev/hda6
Filesystem volume name:   <none>
Last mounted on:          <not available>
Filesystem UUID:          0b7d5787-34c1-43d4-bed3-8995fa0158cd
Filesystem magic number:  0xEF53
Filesystem revision #:    1 (dynamic)
Filesystem features:      filetype sparse_super
Default mount options:    (none)
Filesystem state:         clean
Errors behavior:          Continue
Filesystem OS type:       Linux
(...)
```

Essas informações também podem ser obtidas usando o comando `tune2fs -l /dev/hda6`. Se o sistema de arquivos utilizar journalling, aparecerá o termo *has_journal* na linha *Filesystem features*. A principal função do comando tune2fs, no entanto, é de ajustar algumas configurações de sistemas de arquivo ext2/3/4. A tabela **Ajustes em ext2/3/4** mostra algumas dessas opções.

É altamente recomendável que a verificação por tempo ou número de montagens seja utilizada para evitar possíveis inconsistências nos dados.

O comando correlato ao tune2fs para sistemas de arquivos reiserfs é o `reiserfstune`. O reiserfstune é utilizado principalmente para alterar propriedades de journalling, mas também pode alterar opções como o *uuid* do sistema de arquivos (`-u UUID`) ou o *label* (nome interno) do sistema de arquivos (`-l nome`). É importante notar que a opção -l tem diferentes efeitos para o tune2fs e para o reiserfstune.

## Ajustes em ext2/3/4

| Opção | Finalidade | Exemplo |
|---|---|---|
| `-c` | Determina o número máximo de montagens até que a partição seja automaticamente verificada pelo comando `fsck`. Se for 0 ou -1, o número de vezes que a partição foi montada será ignorado. | Ignorar checagem automática a partir do número de montagens realizadas: `tune2fs -c 0 /dev/sda3` |
| `-i` | Determina o período máximo de tempo até que a partição seja verificada automaticamente. A letra *d* especifica dias, *m* meses e *w* semanas. O valor *0* determina que a verificação por tempo deve ser ignorada. | Determinar que a verificação seja feita uma vez por mês: `tune2fs -i 1m /dev/sda3` |
| `-j` | Atribui o recurso journalling a um sistema ext2. Equivale a uma conversão de ext2 para ext3. | Atribuir journalling ao sistema de arquivos na partição /dev/sda3: `tune2fs -j /dev/sda3` |

O sistema de arquivos XFS também possui comandos específicos para as finalidades de informação e manutenção. Por exemplo, para obter informações como tamanho e número de blocos, utiliza-se o comado `xfs_info`:

```
# xfs_info /
meta-data=/dev/root              isize=256    agcount=4, agsize=305235 blks
         =                       sectsz=512   attr=2
data     =                       bsize=4096   blocks=1220940, imaxpct=25
         =                       sunit=0      swidth=0 blks
naming   =version 2              bsize=4096   ascii-ci=0
log      =internal               bsize=4096   blocks=2560, version=2
         =                       sectsz=512   sunit=0 blks, lazy-count=0
realtime =none                   extsz=4096   blocks=0, rtextents=0
```

O argumento principal para o comando xfs_info é o ponto de montagem do sistema de arquivos XFS que se quer examinar.

Há também comandos específicos para verificar a consistência e reparar sistemas de arquivos XFS. O comando `xfs_check` pode ser utilizado para identificar inconsistência e informar esses erros, que por sua vez podem ser corrigidos com o comando xfs_repair. Ambos devem ser executados em um sistema de arquivos desmontado ou montado como somente leitura. Caso contrário, podem emitir informações errôneas e até mesmo gerar inconsistências.

## Btrfs

O Btrfs faz parte da última geração de sistemas de arquivos para Linux. Tal como seus antecessores, um sistema de arquivos Btrfs é criado num dispositivo com o comando mkfs.btrfs. Um sistema de arquivos *ext3* ou *ext4* pode ser convertido para Btrfs com o comando btrfs-convert /dev/sdX0, onde sdX0 é a partição onde está o sistema ext3 a ser convertido. Antes de fazer a conversão, recomenda-se checar o sistema de arquivos com o comando fsck.ext3 -f /dev/sdX0. Se desejado, a conversão pode ser desfeita com o comando btrfs-convert -r /dev/sdX0, pois o Btrfs gera uma cópia dos dados estruturais originais antes de fazer a conversão.

Todas as operações em um sistema de arquivos Btrfs são realizadas com o comando btrfs, que pode receber os seguintes subcomandos:

## Subvolumes

Um subvolume do Btrfs guarda semelhanças tanto com um dispositivo de bloco tradicional quanto com um subdiretório em um sistema de arquivos, contudo não pode ser considerado igual a nenhum destes.

Em sistemas de arquivos mais tradicionais, cada dispositivo de bloco (seja uma partição num HD, um volume LVM, etc) está vinculado a um único sistema de arquivos. No caso do Btrfs, uma mesma partição (ou qualquer outro dispositivos de bloco) pode abrigar mais de um sistema de arquivos de modo independente, cada qual com suas configurações e gerenciamento próprios. Esses espaços independentes, chamados *subvolumes*, terão – entre outras características – uma tabela de *inodes* independente de outros subvolumes na mesma partição.

O recurso de subvolumes é particularmente útil para organizar os diretórios que num servidor são tradicionalmente alocados em partições diferentes, como os diretório /home e /var. É possível criar subvolumes dentro de subvolumes, mas é recomendável que cada subvolume esteja no topo da hierarquia do sistema de arquivos Btrfs criado inicialmente no dispositivo. Por exemplo, é recomendável que seja criado um subvolume (por convenção denominado *root*) onde será instalado o sistema operacional (esse passo é normalmente feito pelo próprio assistente de instalação do sistema operacional). Posteriormente à instalação, será possível observar o subvolume root na raiz do sistema de arquivos Btrfs criado no dispositivo (neste caso, /dev/sda4):

```
# mount /dev/sda4 /mnt

# ls -l /mnt/
total 0
dr-xr-xr-x. 1 root root 140 abr 15 13:35 root
```

O subvolume root é apresentado como um diretório convencional, tendo inclusive seus arquivos e diretórios acessíveis tal como um diretório. Um outro subvolume para armazenar o diretório /home é criado com o comando `btrfs subvolume create`:

```
# btrfs subvolume create /mnt/home
Create subvolume '/mnt/home'

# ls -l /mnt/
total 0
drwxr-xr-x. 1 root root   0 abr 17 10:44 home
dr-xr-xr-x. 1 root root 140 abr 15 13:35 root
```

O comando `subvolume` create precisa do caminho para o subvolume a ser criado. No caso do exemplo, se quis criar o subvolume *home* no topo da hierarquia (montado em /mnt), que é o mesmo nível do subvolume *root*. Informações básicas sobre os subvolumes do sistema Btrfs montado em /mnt podem ser obtidas pelo comando `btrfs subvolume list`:

```
# btrfs subvolume list /mnt
ID 257 gen 507 top level 5 path root
ID 262 gen 509 top level 5 path home
```

O subvolume *home* pode ser montado de diferentes formas. O dispositivo informado ao comando mount deve ser o mesmo do subvolume root, seja como caminho para o dispositivo (no exemplo, /dev/sda4) ou por UUID. O subvolume a ser montado é especificado com a opção subvol ou subvolid passado ao comando `mount`:

```
# mount -t btrfs /dev/sda4 -o subvol=home /home
```

Ou:

```
# mount -t btrfs /dev/sda4 -o subvolid=262 /home
```

O mesmo se aplica ao incluir a entrada para o subvolume *home* no arquivo /etc/fstab.

## Alocação e uso de dados

O Btrfs trata os dispositivos de bloco como um estoque de armazenamento, onde o espaço livre é alocado de acordo com diferentes finalidades internas. Esse estoque é composto de todos os dispositivos de bloco utilizados por um volume, que divide o espaço disponível em partes que vão guardar os dados de arquivos (também denominados metadados do volume). Cada parte tem um tamanho típico de 1 GiB e um relatório de alocação pode ser gerado com o comando `btrfs filesystem usage <caminho>`:

```
# btrfs filesystem usage /mnt
Overall:
    Device size:                  1019.61GiB
    Device allocated:                4.02GiB
    Device unallocated:           1015.58GiB
    Device missing:                  0.00B
    Used:                            1.38GiB
    Free (estimated):             1016.31GiB      (min: 508.52GiB)
    Data ratio:                          1.00
    Metadata ratio:                      2.00
    Global reserve:                 16.00MiB      (used: 0.00B)

Data,single: Size:2.01GiB, Used:1.28GiB
   /dev/sda4       2.01GiB

Metadata,DUP: Size:1.00GiB, Used:50.33MiB
   /dev/sda4       2.00GiB

System,DUP: Size:8.00MiB, Used:16.00KiB
   /dev/sda4      16.00MiB

Unallocated:
   /dev/sda4    1015.58GiB
```

Nesse relatório sobre o subvolume montado em `/mnt`, verifica-se que há 4,02 GiB alocados (*allocated*) e 1015,58 GiB não alocados (*unallocated*). O espaço estar alocado não significa que esteja completamente ocupado, como pode ser observado na linha *Used: 1,38 GiB*. Numa analogia do estoque de espaço com um armário, cada parte é uma gaveta, que pode estar completamente ou parcialmente ocupada. Uma gaveta está alocada no armário mesmo que guarde poucos itens e esteja com espaço disponível. Uma gaveta vazia é considerada não alocada. Essa forma de organização do espaço serve para que o Btrfs possa definir políticas de armazenamento para cada parte individualmente ou em grupo. É esse o caso quando utilizado o Btrfs em RAID, pois a replicação dos dados é feita tendo como unidade as partes alocadas e as regras associadas a elas.

## Snapshots

No Btrfs, um snapshot (*retrato*) é um subvolume cujos dados são compartilhados com outro subvolume, porém os dados modificados no subvolume de origem não são incorporados ao snapshot correspondente (e vice-versa). Ou seja, o snapshot vai preservar os dados do subvolume original, que passará a diferir do snapshot conforme seus dados são modificados.

Voltando ao exemplo do subvolume *home* montado em `/home`, no qual estão os dados referentes à recém criada conta de usuário *luciano*:

```
# useradd -m luciano

# tree -a /home/luciano
/home/luciano
├── .bash_logout
├── .bash_profile
└── .bashrc

0 directories, 3 files
```

Criar um snapshot é muito semelhante a criar um subvolume, tanto que o subcomando utilizado é o próprio `subvolume` com a opção `snapshot`:

```
# btrfs subvolume snapshot /mnt/home /mnt/home-`date -I`
Create a snapshot of '/mnt/home' in '/mnt/home-2017-04-17'
```

Note que os caminhos indicados se referem ao diretório `/mnt`, onde está montado o topo da hierarquia do sistema de arquivos Btrfs contendo o subvolume. O snapshot recém criado é idêntico ao subvolume original, mas novas alterações aparecerão somente no snapshot onde foram feitas:

```
# touch ~luciano/modificado

# tree -a ~luciano
/home/luciano
├── .bash_logout
├── .bash_profile
├── .bashrc
└── modificado

0 directories, 4 files

# tree -a /mnt/home-2017-04-17/luciano
/mnt/home-2017-04-17/luciano
├── .bash_logout
├── .bash_profile
└── .bashrc

0 directories, 3 files
```

Para reverter as modificações de volta a um snapshot criado previamente, basta desmontar o subvolume contendo o estado atual – opcionalmente renomeá-lo e mantê-lo à parte – e usar o snapshot desejado em seu lugar:

```
# umount /home

# mv /mnt/home /mnt/home-modificado

# mv /mnt/home-2017-04-17 /mnt/home

# mount -t btrfs -o subvol=home /dev/sda4 /home

# tree -a ~luciano
/home/luciano
├── .bash_logout
├── .bash_profile
└── .bashrc

0 directories, 3 files
```

O subvolume *home* foi substituído por seu snapshot *home-2017-04-17*, como pode ser notado pela ausência do arquivo chamado "modificado", que estava presente no subvolume substituído *home*. Um mesmo subvolume pode ter diversos snapshots, que podem ser utilizados de modo semelhante a um backup incremental. Para descartar um snapshot, o mesmo subcomando `subvolume` é utilizado:

```
# btrfs subvolume delete /mnt/home-modificado
```

Apesar do volume não ser mais listado, os dados em disco não são descartados imediatamente, pois executar a operação de modo assíncrono reduzirá o impacto no desempenho do sistema. O comando `btrfs subvolume sync <dir>` (`<dir>` é o caminho onde o topo da hierarquia do volume btrfs está montado) irá consolidar imediatamente todas as operações pendentes.

## Reparos em sistemas de arquivos

Apesar de não serem frequentes, sistemas de arquivos Linux podem apresentar erros de médio a longo prazo, especialmente em servidores muito exigidos. Muitos desses erros podem ser contornados com o uso adequado de programas específicos. Mesmo erros físicos no dispositivo costumam ser remediáveis, até que sejam substituídos por um novo.

A ferramenta padrão de reparo em sistemas de arquivos Linux é o `fsck`, que é apenas um atalho para comandos específicos para cada sistema de arquivos, como `fsck.xfs` e `fsck.ext3`. Para ext2/3/4, existe ainda a variante `e2fsck`.

A maneira correta de verificar um sistema de arquivos é fazê-lo com a partição desmontada. Caso a partição a ser verificada seja a partição raiz, deve-se entrar no sistema no modo de manutenção ou utilizar uma mídia de boot alternativa, como um *Live CD*. A sintaxe básica do fsck é `fsck /dev/sdx`, em que /dev/sdx é a partição com o sistema de arquivos a ser verificado.

O fsck consultará o arquivo `/etc/fstab` para identificar o tipo de sistema de arquivos da partição indicada para verificação via linha de comando. Caso a verificação tenha sido feita via Live CD ou a partição a ser verificada não conste no /etc/fstab, o sistema de arquivos deve ser especificado à opção `-t`. Para um sistema de arquivos reiserfs, por exemplo: `fsck -t reiserfs /dev/hda1` ou `fsck.reiserfs /dev/hda1`.

Algumas opções do fsck são específicas para determinados sistemas de arquivos, portanto devem ser consultadas no manual do sistema de arquivos em questão. Contudo, muitas delas são comuns à maioria dos sistemas de arquivos. Dessas opções, algumas das mais importantes são:

- `-a`: Corrigir erros automaticamente, sem fazer nenhuma pergunta;
- `-n`: Não faz nenhuma correção, apenas informa o erro na saída padrão;
- `-r`: Realiza os reparos em modo interativo. Pode causar confusão se várias checagens estão acontecendo em paralelo;
- `-y`: Essa opção determina que o fsck adote a alternativa padrão para qualquer problema que encontrar.

Quando executado automaticamente a partir de um script, é conveniente armazenar o valor retornado pelo comando fsck para registro e conferência. O valor numérico retornado pelo comando corresponde à soma das seguintes condições:

- 0: Nenhum erro;
- 1: Erros encontrados e corrigidos;
- 2: O sistema deve ser reiniciado;
- 4: Erros encontrados e deixados sem correção;
- 8: Erro operacional;
- 16: Erro de uso ou sintaxe;
- 32: Fsck cancelado por solicitação de usuário;
- 128: Erro de biblioteca compartilhada.

Dentro de um script bash, o valor de resposta do último comando executado pode ser recuperado com a variável `$?`.

## Inspeção e alteração em baixo nível

Para fazer alterações de baixo nível no sistema de arquivos ext2 e ext3, existe o comando `debugfs`. O comportamento padrão do debugfs é abrir um prompt interativo para a partição solicitada, onde podem ser utilizados comandos específicos do debugfs. Uma utilização bastante comum do debugfs é recuperar arquivos apagados em partições ext2:

```
# debugfs -w /dev/hda6
debugfs:  lsdel

 Inode  Owner  Mode    Size    Blocks   Time deleted
    12      0  100644    32    1/    1 Thu May 10 17:42:13 2007
1 deleted inodes found.
debugfs:  undelete <12> relatorio.txt
```

No exemplo acima, o debugfs abriu a partição */dev/hda6* com permissão de escrita (*-w*). No prompt do debugfs, o comando `lsdel` mostrou que o arquivo de inode *12* foi apagado. O comando `undelete` foi utilizado para associar o inode 12 ao arquivo de nome *relatorio.txt*.

## Opções comuns do comando fsck

| Opção | Finalidade |
|---|---|
| -A | Consulta o arquivo /etc/fstab e tenta checar todos os sistemas de arquivos encontrados. Se também for especificado um ou mais sistemas de arquivos (separados por vírgula) com a opção -t, apenas os sistemas de arquivos do tipo especificado serão verificados. Se o tipo de sistema de arquivos for precedido por !, partições com este tipo de sistema de arquivos serão ignoradas. |
| -s | Ao verificar mais de um sistema de arquivos em paralelo no modo interativo, as perguntas exibidas podem provocar confusão. A opção -s faz com que os sistemas de arquivos sejam verificados um após o outro e não haja confusão no caso do modo interativo. |
| -N | Não faz nenhuma modificação, apenas mostra quais providências seriam tomadas. |
| -P | Checa os sistemas de arquivos solicitados em paralelo. |
| -R | Usado com a opção -A, indica que a partição raiz deve ser ignorada (caso esteja montada com opção de escrita). |

Semelhante ao debugfs, partições reiserfs desfrutam da ferramenta `debugreiserfs`. Sem argumentos, o debugreiserfs tem o mesmo comportamento que o comando `dumpe2fs -h` ou o comando `tune2fs -l` para partições ext2/ext3. Contudo, o debugreiserfs não é capaz de recuperar arquivos apagados.

## Erros no dispositivo

Apesar de provocarem transtornos como perdas de disponibilidade e até perdas de dados, os erros em sistemas de arquivos geralmente são reversíveis, bastando recorrer aos métodos de checagem padrão.

Para verificar a saúde dos discos, o Linux oferece suporte ao monitoramento SMART, pelo uso do daemon *smartd* e o utilitário *smartctl*.

Mais críticos que erros em sistemas de arquivos são os erros apresentados pelo próprio dispositivo. Esses erros geralmente significam que há defeitos nos dispositivos controladores ou no próprio meio de gravação.

Esses erros não podem ser corrigidos pelo comando fsck e, provavelmente, não poderão ser corrigidos de maneira alguma. Contudo, é possível identificar quais setores do dispositivo estão apresentando problemas.

O comando `badblocks` analisa uma partição e identifica os setores defeituosos. Em seguida, após uma longa checagem, exibe um relatório sobre quais setores apresentaram erros. Esse relatório não tem qualquer finalidade prática, mas as informações sobre setores defeituosos podem ser usadas pelo comando `mke2fs` (`mkfs.ext2`, `mkfs.ext3`) para criar uma partição que ignora os setores defeituosos no dispositivo.

Isso é feito simplesmente invocando o comando `mke2fs` com a opção `-c`. O próprio comando invocará a checagem por badblocks e criará um mapa de setores defeituosos que serão ignorados pelo sistema de arquivos. Apesar de útil em algumas situações, a utilização de um dispositivo apresentando problemas não é recomendável.

## 203.3 Criando e configurando opções de sistemas de arquivos

**Peso 2**

Além dos sistemas de arquivos e procedimentos de montagem tradicionais, existem outros que possuem finalidade específica e que também são importantes no contexto do sistema operacional.

No universo Linux, costuma-se dizer que existem inúmeros caminhos para chegar ao mesmo fim, cabendo ao usuário definir o melhor para si. Isso se aplica, por exemplo, aos diferentes sistemas de montagem automática de sistemas de arquivos, que não dependem dos scripts de inicialização ou das informações no arquivo */etc/fstab*.

### Montagem de mídias removíveis

O acesso à mídias removíveis – como CDs e pendrives – no Linux já foi um procedimento complicado. Hoje, basta inserir o disco ou o dispositivo para que ele automaticamente seja montado e fique acessível ao usuário. Isso acontece graças aos novos métodos de comunicação com o hardware, que permitem às aplicações lidar melhor com eventos nessa esfera. Subsistemas como o udev e Hal (Hardware Abstraction Layer) tornaram esses procedimentos muito mais simplificados, evitando a intervenção do usuário.

Esse conceito também é verdade quando trata-se de mídias diferentes dos discos rígidos tradicionais, como CDs e DVDs. Apesar de todos os sistemas modernos oferecerem programas simples e práticos para gravação dessas mídias, há situações em que a gravação via comandos de terminal é útil e necessária.

## Montagem automática

É comum que computadores em rede compartilhem espaço em disco num servidor, e a maneira mais usual de fazê-lo é montar o compartilhamento remoto durante o boot das estações. No entanto, se por algum motivo a conexão entre as máquinas cair, o compartilhamento poderá não mais estar acessível.

Uma solução para este problema é utilizar um sistema de montagem sob demanda. Dessa forma, toda vez que o usuário acessar um diretório pré-determinado, o compartilhamento remoto será montado, caso já não esteja. Essa solução também pode ser adotada para mídias removíveis, evitando a utilização manual do comando `mount`.

### *autofs*

Existem diversos tipos de ferramentas de montagem automática para Linux. Cada uma delas tem suas vantagens e desvantagens, ficando reservado ao gosto pessoal do administrador a escolha de uma em detrimento da outra, uma vez que ao usuário final as diferenças são praticamente imperceptíveis.

Dentre os vários sistemas de montagem automática que podem ser utilizados, há o *autofs*. Umas das grandes vantagens do autofs é a utilização dos recursos de montagem oferecidos pelo próprio sistema, ou seja, ele apenas identifica o acesso a um determinado diretório e realiza a montagem para um dispositivo ou compartilhamento de rede pré-configurado, usando como instrumento de montagem o próprio comando mount.

O principal arquivo de configuração do autofs é o */etc/auto.master*. Nele são especificados quais diretórios serão monitorados e o arquivo de definição para cada um deles.

Conteúdo de um arquivo /etc/auto.master simples:

```
/mnt/misc   /etc/auto.misc   --timeout=10
```

Este arquivo é chamado de mapa mestre (*master map*). Pode haver mais de uma linha no mapa mestre, cada uma especificando um diretório a ser monitorado. O mapa mestre é único, e é consultado durante a inicialização do sistema ou quando invocado o comando `automount` manualmente.

O script de inicialização (geralmente /etc/init.d/autofs ou /etc/rc.d/autofs) checa o arquivo /etc/auto.master e passa cada linha encontrada como argumento para o comando automount, que permanecerá ativo e monitorando os diretórios especificados no mapa mestre. Podem existir várias instâncias do comando automount, uma para cada diretório monitorado.

Para cada um desses diretórios monitorados, deve haver um arquivo chamado *arquivo de mapa*, especificado no segundo campo do mapa mestre (no exemplo, `/etc/auto.misc`). O terceiro campo é opcional e pode conter opções que são passadas para o automount. No caso do exemplo, `--timeout=10` determina que após uma inatividade de 10 segundos no diretório monitorado, os subdiretórios que porventura estiverem montados serão desmontados.

No arquivo de mapa é que são especificados os diretórios que serão montados automaticamente. A sintaxe de cada linha no arquivo de mapa é:

```
key [-options] location
```

Ainda seguindo o mapa mestre mostrado anteriormente, quando algum evento no diretório /mnt/misc for detectado, o arquivo /etc/auto.misc será consultado. Exemplo de /etc/auto.misc:

```
cdrom    -fstype=iso9660,ro  :/dev/hdc
ernesto  -fstype=nfs         192.168.11.1:/home/ernesto
```

Neste caso, quando o usuário tentar acessar os diretórios /mnt/misc/cdrom, /mnt/misc/ernesto ou qualquer subdiretórios dentro deles, os diretórios serão montados automaticamente.

É muito importante lembrar que os diretórios indicados nos arquivos de mapa (no caso do exemplo, *cdrom* e *ernesto*) não devem existir no cliente, pois serão criados automaticamente mediante tentativa de acesso. O primeiro campo de cada linha (*key*) determina o nome do ponto de montagem dentro do diretório monitorado. O segundo campo (*-options*), começado com um hífen, determina as opções de montagem e o tipo de sistema de arquivo. O terceiro campo (*location*) especifica o dispositivo ou o local de rede a ser montado.

No exemplo, a primeira linha especifica o dispositivo /dev/hdc na máquina local a ser montado automaticamente em /mnt/misc/cdrom e a segunda linha especifica o compartilhamento NFS /home/ernesto na máquina 192.168.11.1, a ser montado em /mnt/misc/ernesto na máquina local.

É possível, ainda, especificar uma fonte remota no lugar de um arquivo de mapa local, como uma base de dados NIS ou um diretório LDAP. Essas alternativas, contudo, estão disponíveis apenas invocando o comando automount diretamente.

Outro recurso importante nos arquivos de mapa são os caracteres curinga. O caractere * no campo *key* corresponde a qualquer ocorrência no diretório monitorado. O caractere **&** no campo *location* será substituído pelo campo *key* da mesma linha.

Exemplo de utilização de caracteres curinga no arquivo /etc/auto.misc:

```
*   -fstype=nfs          192.168.11.1:/home/&
```

Quando um usuário ou programa tentar acessar, por exemplo, /mnt/misc/ademar ou /mnt/misc/osires, as seguintes entradas serão invocadas, respectivamente:

```
ademar   -fstype=nfs   192.168.11.1:/home/ademar
osires   -fstype=nfs   192.168.11.1:/home/osires
```

Esse método é particularmente útil em redes em que os diretórios pessoais dos usuários nas estações ficam armazenados no servidor, pois evita realizar configurações diferentes em cada uma das estações.

## Criação de imagens de CD

A gravação de uma mídia óptica é um processo dividido em duas etapas: a criação da imagem – conhecida como imagem *ISO* – e a gravação ou "queima" da mídia. Uma imagem de CD é um arquivo gerado a partir dos arquivos que se deseja gravar na mídia. Mesmo os programas que realizam a gravação *on the fly* (sem gerar o arquivo imagem antes de gravar) na verdade o fazem num processo casado, gravando na mídia ao mesmo tempo que a imagem é gerada.

A criação de uma imagem a partir de uma mídia que já contenha dados é simples. Uma das maneiras de executar essa tarefa é utilizar o comando `dd`:

```
dd if=/dev/cdrom of=imagem.iso
```

Também é possível utilizar a entrada e a saída padrão do comando dd para realizar a mesma tarefa:

```
dd < /dev/cdrom > imagem.iso
```

O arquivo imagem.iso foi gerado a partir da cópia byte a byte da mídia presente no dispositivo. Portanto, a menos que tenham ocorrido falhas de leitura, é a imagem exata da mídia ali presente, imagem essa que poderá ser utilizada para gravação numa outra mídia. O principal programa para gravação de CDs e DVDs é o `cdrecord`:

```
cdrecord dev=ATA:0,0,0 imagem.iso
```

O comando mostrado assume que o gravador simula um dispositivo *SCSI*, com o número de identificação *LUN 0,0,0*. Em kernels mais recentes (versão 2.6 em diante), é possível simplesmente especificar o caminho do dispositivo no diretório */dev*:

```
cdrecord dev=/dev/sr0 imagem.iso
```

O comando para criar imagens de CD a partir de arquivos e diretórios é o comando `mkisofs`. A maneira mais simples de utilizar o mkisofs é simplesmente indicar o arquivo imagem a ser criado e o(s) diretório(s) de origem dos arquivos:

```
mkisofs -o imagem.iso diretório/um diretório/dois ...
```

Todos os arquivos nos diretórios especificados serão criados na raiz da imagem. Para especificar locais diferentes dentro da imagem, utiliza-se a opção `-graft-points`:

```
mkisofs -o imagem.iso -graft-points pasta_a=diretório_um pasta_b=diretório_dois
```

A criação de uma imagem dessa forma é suficiente para a maioria das finalidades. Contudo, diferentes sistemas operacionais podem apresentar incompatibilidades com CDs e DVDs gravados num sistema diferente. Existem duas opções principais para gerar mídias compatíveis, `-J` e `-R`.

## Peculiaridades das imagens ISO

A opção `-J` gera registros *joliet,* além dos nomes de arquivos regulares do padrão iso9660. Ela é uma opção fundamental se o CD for lido em máquinas com Windows. A opção `-R` gera imagens do tipo *Rock Ridge*, que preservam atributos especiais de arquivos Unix (links, permissões etc.).

Na tentativa de eliminar as diferenças entre os diferentes padrões de sistemas de arquivos de CDs e DVDs, foi desenvolvido o padrão UDF (Universal Disk Format). Esse padrão já é aceito pela maioria dos sistemas operacionais e sua utilização é recomendada. Para gerar uma imagem com o padrão UDF, basta utilizar a opção `-udf` ao gerar a imagem com o comando mkisofs.

## Sistemas de arquivos criptografados

A criptografia de sistemas de arquivos oferece um nível a mais de segurança para os dados armazenados em disco. Mesmo a exigência de uma senha forte para acessar a máquina não pode impedir que um usuário qualquer com acesso presencial possa utilizar-se de outros meios para a invasão. Se esse usuário malicioso puder usar um disco de boot alternativo ou até montar diretamente o disco rígido em outro computador, terá livre acesso aos dados de terceiros.

Essa abordagem pode ser bastante dificultada utilizando um sistema de arquivos criptografado. Ou seja, os dados em disco só poderão ser lidos (e compreendidos) se for utilizada uma senha no ato da montagem do sistema de arquivos.

Em uma implementação padrão, existe um sistema de arquivos criptografado para cada usuário do sistema, que existe sob o sistema de arquivos tradicional. Dessa forma, a própria senha do usuário é utilizada para liberar a chave criptográfica de montagem. Isso evita que outros usuários do mesmo sistema possam ter acesso aos dados.

Diversas distribuições dão suporte à utilização de sistemas de arquivos criptografados no ato de sua instalação, mas também é possível implementá-los manualmente.

### *Criptografia LUKS*

A criptografia **LUKS** – *Linux Unified Key Setup* – é considerada o método padrão para criptografia de discos e partições no Linux. Para assegurar-se de que o sistema pode trabalhar com dispositivos criptografados usando o LUKS, verifique se o pacote cryptsetup está instalado.

### *Criptografia manual*

A principal diferença entre a criptografia ativada durante a instalação do sistema e a criptografia realizada manualmente é a montagem automática. Se ativada na instalação, a ferramenta de instalação irá automatizar o procedimento de montagem do dispositivo criptografado a partir do fornecimento da senha do usuário. Já na criptografia realizada manualmente, com o sistema já instalado, será necessário fornecer a senha durante o carregamento do sistema (ou armazená-la de forma insegura, para ser lida pelo cryptsetup durante o *boot*).

### *Criptografar uma partição*

Os procedimentos de criptografia e ativação de um dispositivo criptografado é realizado com o comando cryptsetup. Lembre-se de utilizar uma partição vazia ou fazer o backup dos dados antes de criptografar uma partição, caso contrário todas as informações serão perdidas.

O primeiro passo é preparar a partição e definir uma senha:

```
cryptsetup --verbose --verify-passphrase luksFormat /dev/sdb1
```

Neste comando é definido o padrão de criptografia LUKS para a partição /dev/sdb1. Esse comando pode demorar algum tempo para finalizar, dependendo do tamanho da partição.

Em seguida, a partição criptografada é ativada com o comando:

```
cryptsetup luksOpen /dev/sdb1 protegido
```

São informados o caminho da partição que foi preparada (/dev/sdb1) e o nome da partição virtual que estará acessível ("*protegido*"). Portanto, o caminho para a partição liberada será /dev/mapper/protegido e já poderá ser formatada com um sistema de arquivos convencional:

```
mkfs.ext4 /dev/mapper/protegido
```

A partir da formatação o dispositivo poderá ser montado e desmontado com os meios tradicionais.

## Montagem durante o carregamento do sistema

Para montar a partição criptografada durante o boot, é necessário editar o arquivo /etc/crypttab. Caso esse arquivo não exista, crie-o desta forma:

```
protegido /dev/sdb1 none
```

Os nomes são os mesmos utilizados no exemplo anterior. O primeiro termo (*protegido*) para a partição virtual a ser ativada no diretório /dev/mapper/, o segundo termo (/dev/sdb1) para a partição do disco que foi criptografada. O terceiro termo, none, determina que a senha será solicitada durante o carregamento do sistema. É possível substituir este termo pelo caminho de um arquivo que contenha a senha, mas isso permitirá também que terceiros possam acessá-lo e montar o dispositivo criptografado. Portanto, não é recomendado manter a senha acessível em um arquivo não criptografado.

Um quarto termo opcional contém parâmetros passados ao cryptsetup. Em alguns casos, pode ser necessário definir o sistema criptográfico utilizado, como no caso do Ubuntu, onde o quarto termo deve ser luks.

A última etapa é incluir no arquivo /etc/fstab uma entrada apontando para a partição virtual em /dev/mapper:

```
/dev/mapper/protegido /mnt/protegido ext4 defaults 1 2
```

Na entrada do arquivo /etc/fstab podem ser utilizadas as mesmas opções de partições convencionais, pois o sistema de arquivos criptografado é completamente transparente ao sistema após ser desbloqueado. É possível, por exemplo, substituir o caminho para as partições por seu número de identificação UUID.

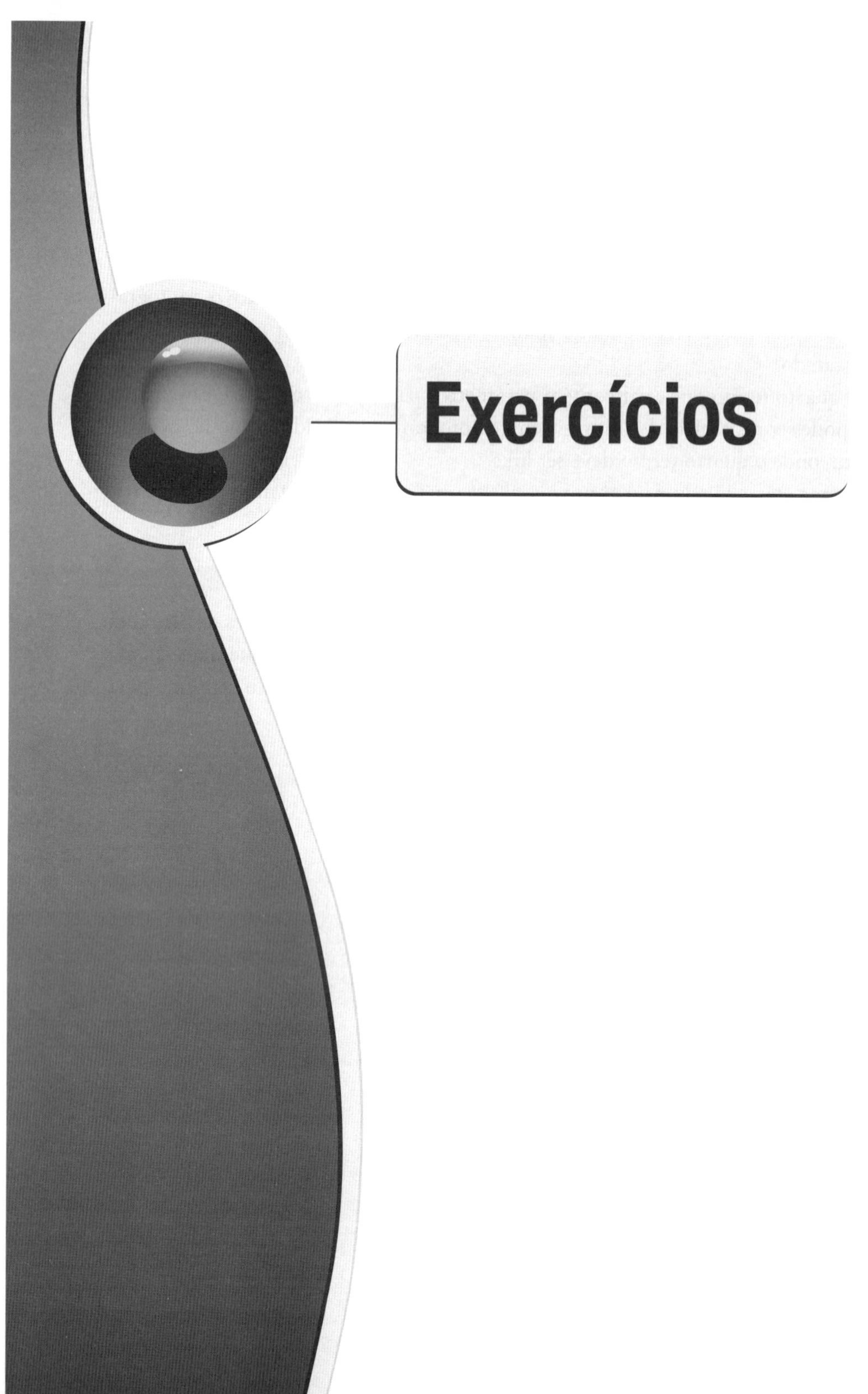

# Exercícios

## Questões Tópico 203

1. Um sistema de arquivos será acessível num sistema Linux somente se
   a. o sistema de arquivos for do tipo ext3.
   b. o sistema de arquivo estiver montado em um diretório.
   c. o sistema de arquivos for do tipo ext2.
   d. o sistema de arquivos não estiver com problemas de consistência.

2. Qual arquivo contém as informações sobre os sistemas de arquivos atualmente montados no sistema? Marque todas as opções corretas.
   a. /proc/partitions
   b. /proc/mount
   c. /proc/mounts
   d. /etc/mtab

3. O terceiro item no arquivo /etc/fstab representa:
   a. O caminho para a partição no diretório /dev.
   b. O ponto de montagem.
   c. As opções de montagem.
   d. O sistema de arquivos utilizado na partição.

4. O comando ________ é utilizado para obter os números UUID de todas os sistemas de arquivos utilizados pelo sistema.

5. O comando que ativa um espaço de swap é o:
   a. mkswap
   b. free
   c. mkfs.swap
   d. swapon

6. O comando ________ força a gravação no dispositivo dos dados presentes no cache (buffer) do sistema de arquivos.

7. Uma das finalidades do comando `dumpe2fs` é:
   a. Exibir informações detalhadas sobre um sistema de arquivos ext2/3.
   b. Fazer uma cópia de segurança de sistemas de arquivos ext2/3.
   c. Formatar um sistema de arquivos ext2/3.
   d. Ajustar um sistema de arquivos ext2/3.

8. De qual forma o comando mke2fs deve ser invocado para realizar verificação por badblocks no dispositivo?
   a. mke2fs -b
   b. mke2fs -v
   c. mke2fs -c
   d. mke2fs -t

9. Pelo sistema autofs, o comando ___________ é disparado para cada entrada no arquivo `/etc/auto.master`.

10. As regras de eventos udev ficam armazenadas em arquivos dentro de qual diretório? Informe a caminho completo para o diretório.

# Tópico 204:

# Administração avançada de dispositivos de armazenamento

Principais temas abordados:

- Configuração de RAID e LVM;
- Ajustes de dispositivos de armazenamento.
- Compartilhamento iSCSI

## 204.1 Configuração de RAID

**Peso 3**

RAID, sigla para Redundant Array of Inexpensive (ou Independent) Drives (ou Disks), é um método para integrar vários dispositivos de armazenamento numa única unidade lógica. Existem dois modelos de implementação de RAID: via hardware ou via software. O RAID via hardware é transparente para o sistema operacional, que não precisará de nenhuma configuração especial. No RAID via software, é o sistema operacional o responsável por combinar as diferentes unidades físicas.

### Níveis de RAID

São vários os métodos de gravação e acesso que podem ser utilizados pelo RAID. Veremos três deles, o *RAID 0*, o *RAID 1* e o *RAID 5*, que são os mais utilizados e exigidos pelo programa de Certificação do LPI.

#### *RAID 0*

O RAID 0 utiliza o método *stripping*, que simplesmente distribui os dados entre os discos unificados, somando seus espaços como se fossem um só. Como não há redundância dos dados gravados, uma falha de gravação comprometerá o RAID. É o método que proporciona mais velocidade e oferta de espaço, em detrimento da segurança dos dados gravados.

#### *RAID 1*

O RAID 1 utiliza o método *mirroring*, que espelha os dados em cada um dos dispositivos anexados ao RAID. Neste caso, o espaço total não será a soma de todos os discos. Se forem utilizados dois discos de 200 GB, o total de espaço disponível será 200 GB, e não 400 GB. Caso um dos discos apresente falhas, os dados poderão ser lidos do outro dispositivo, que possui os mesmos dados. Porém, se um arquivo for apagado, será apagado em ambos os discos e não poderá ser recuperado. O RAID 1 apenas protege os dados contra falhas do dispositivo. O tempo de gravação não difere do dispositivo usado fora do RAID, pois a gravação dos mesmos dados é feita em cada um dos discos em paralelo. Já o tempo de leitura é reduzido, uma vez que o controlador lê diferentes porções dos dados requisitados em diferentes discos simultaneamente.

#### *RAID 5*

O RAID 5 apresenta um método mais elaborado. Diferentemente dos RAIDs 0 e 1, que necessitam no mínimo de dois discos, o RAID 5 exige no mínimo três discos. A redundância dos dados é feita por todos os dispositivos. Dessa forma, o RAID não ficará comprometido em caso de falha de um dos dispositivos que o constituem.

Existem duas ferramentas tradicionais para configurar um dispositivo RAID no Linux: **raidtools** e **mdadm**.

## Software RAID com raidtools

O pacote raidtools é uma das ferramentas padrão de RAID no Linux. Primeiramente, é necessário criar o arquivo /etc/raidtab, que contém todas as informações sobre os esquemas de RAID no sistema. Um arquivo /etc/raidtab simples pode conter as seguintes linhas:

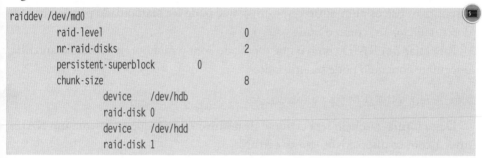

```
raiddev /dev/md0
        raid-level                      0
        nr-raid-disks                   2
        persistent-superblock   0
        chunk-size                      8
                device    /dev/hdb
                raid-disk 0
                device    /dev/hdd
                raid-disk 1
```

O sistema lê essas informações durante o início do sistema e dispara os comandos necessários do pacote raidtools para configurar o RAID via software. No exemplo, são utilizadas as principais definições do raidtools:

- **raiddev**: Define o início da configuração para o dispositivo especificado. O arquivo /etc/raidtab pode ter várias seções, uma para cada dispositivo RAID no sistema;
- **raid-level**: O nível de RAID para o dispositivo. No exemplo, é utilizado RAID nível 0;
- **nr-raid-disks**: O número de dispositivos ou partições reais dentro do sistema RAID;
- **persistent-superblock**: Determina se deve ser criado um pequeno bloco de dados que permite ao kernel identificar se os dispositivos ou partições utilizados fazem parte do RAID. Não é necessário, mas é útil se o dispositivo for movido, para não alterar a ordem original. Os valores possíveis são *0* e *1*;
- **chunk-size**: Tamanho em kilobytes dos pacotes de dados que serão distribuídos entre os dispositivos no RAID. Deve ser múltiplo de 2. No exemplo, serão utilizados pacotes de 8 Kb;
- **device**: Dispositivo ou partição incluído no RAID;
- **raid-disk**: Posição numérica do dispositivo ou partição correspondente.

Criado o arquivo /etc/raidtab, basta executar o comando `mkraid /dev/md0`. O RAID será criado a partir das especificações de /etc/raidtab para o dispositivo /dev/md0 e estará pronto para ser utilizado como uma partição convencional. Depois de criado o dispositivo, pode ser utilizado o comando raidstart, que apenas ativa o RAID para o dispositivo especificado. Para desativar o dispositivo RAID, pode ser usado o comando raidstop. Os três comandos aceitam a opção -a, que causará efeito em todos os dispositivos listados em /etc/raidtab.

## Software RAID com mdadm

A utilização do mdadm é um pouco mais complexa que o raidtools. Apesar disso, ambos produzem o mesmo resultado: um dispositivo que combina as partições ou dispositivos físicos num outro dispositivo, que pode ser manipulado por particionadores tradicionais, como o *fdisk*.

Para criar um RAID como o que foi criado com o raidtools no exemplo anterior, o seguinte comando pode ser utilizado:

```
mdadm -C /dev/md0 -v -l 0 -n 2 /dev/hdb /dev/hdd
```

Dessa forma, também será criado o dispositivo /dev/md0, que representa um RAID nível 1 com os dispositivos /dev/hdb e /dev/hdd.

O comando mdadm pode ler as configurações a partir do arquivo preexistente mdadm.conf. Este arquivo, geralmente em /etc/mdadm.conf ou /etc/mdadm/mdadm.conf, contém as informações necessárias para criação e ativação de dispositivos RAID. Exemplo de arquivo mdadm.conf simples:

```
DEVICE /dev/hdb /dev/hdd
ARRAY /dev/md0 devices=/dev/hdb,/dev/hdd level=0
```

A primeira linha, DEVICE, determina quais dispositivos ou partições pertencem a um RAID. A segunda linha, ARRAY, especifica um dispositivo de acesso ao RAID e demais opções para ele. No exemplo, são especificados quais dispositivos devem ser anexados a ele e o nível do RAID (0).

O termo DEVICE pode aparecer na forma abreviada *DEV* e são aceitos caracteres curinga para especificar os dispositivos e partições. Se não for especificado, é assumido DEVICE partitions, o que faz com que o kernel examine todas as partições listadas em /proc/partitions e inclua aquelas que possuam o *superblock* de identificação característico para RAID.

Tanto para o raidtools quanto para o mdadm pode ser consultado o arquivo /proc/mdstats, que contém informações sobre RAID no sistema. Exemplo de conteúdo do arquivo /proc/mdstats num sistema com RAID ativo:

```
Personalities : [linear] [raid0] [raid1]
md0 : active raid0 hdd[1] hdb[0]
      14450400 blocks super non-persistent 8k chunks

unused devices: <none>
```

Apesar de o RAID por hardware ser muito mais utilizado que o RAID por software, há situações nas quais o RAID por software pode ser uma alternativa interessante. Principalmente nos casos em que se quer ter mais segurança na cópia e armazenamento dos dados, os esquemas de RAID 1 e RAID 5 por software são indicados na ausência do RAID por hardware.

## 204.2 Ajustar o acesso a dispositivos de armazenamento

**Peso 2**

Atualmente, tanto computadores domésticos quanto servidores são capazes de trabalhar com diferentes tipos de dispositivos de armazenamento. O kernel Linux oferece suporte para praticamente todos os dispositivos de armazenamento, mesmo aqueles mais recentes, como os dispositivos SSD e NVMe.

O kernel deve estar corretamente configurado para trabalhar com diferentes dispositivos de armazenamento. Em geral, basta marcar o suporte a discos IDE (ATAPI) e SATA. Outras opções também podem ser escolhidas, dependendo dos dispositivos com os quais se está trabalhando. Nenhuma dessas configurações é necessária caso esteja sendo utilizado um kernel padrão da distribuição, pois neles elas já são habilitadas.

Por padrão, o recurso de **DMA** (*Direct Memory Access*) dos discos é ativado automaticamente pelo kernel durante o boot. Caso não seja, é possível ativar o recurso usando o comando `hdparm`:

```
# hdparm -d1 /dev/hda
/dev/hda:
 setting using_dma to 1 (on)
 using_dma    = 1 (on)
```

O hdparm também pode ser utilizado para inspecionar a configuração atual dos discos e alterar outras configurações. Para obter um resumo das configurações, basta usar o hdparm fornecendo como argumento o caminho para o dispositivo.

Por exemplo, em um disco IDE (ATAPI):

```
# hdparm /dev/hda

/dev/hda:
 multcount    = 16 (on)
 IO_support   =  1 (32-bit)
 unmaskirq    =  0 (off)
 using_dma    =  1 (on)
 keepsettings =  0 (off)
 readonly     =  0 (off)
 readahead    = 256 (on)
 geometry     = 16383/255/63, sectors = 156368016, start = 0
```

Em um disco SATA:

```
# hdparm /dev/sda

/dev/sda:
 IO_support   =  0 (default 16-bit)
 readonly     =  0 (off)
 readahead    = 256 (on)
 geometry     = 19457/255/63, sectors = 312581808, start = 0
```

Discos SATA não utilizam a opção DMA, pois utilizam outro padrão de transferência de dados. Uma investigação mais precisa pode ser obtida com a opção -i:

Em um disco IDE (ATAPI):

```
# hdparm -i /dev/hda

/dev/hda:

 Model=SAMSUNG SP0802N, FwRev=TK200-04, SerialNo=1360J1FL364044
 Config={ HardSect NotMFM HdSw>15uSec Fixed DTR>10Mbs }
 RawCHS=16383/16/63, TrkSize=34902, SectSize=554, ECCbytes=4
 BuffType=DualPortCache, BuffSize=2048kB, MaxMultSect=16, MultSect=16
 CurCHS=16383/16/63, CurSects=16514064, LBA=yes, LBAsects=156368016
 IORDY=on/off, tPIO={min:240,w/IORDY:120}, tDMA={min:120,rec:120}
 PIO modes:  pio0 pio1 pio2 pio3 pio4
 DMA modes:  mdma0 mdma1 mdma2
 UDMA modes: udma0 udma1 udma2 udma3 udma4 *udma5
 AdvancedPM=no WriteCache=enabled
 Drive conforms to: ATA/ATAPI-7 T13 1532D revision 0:  ATA/ATAPI-1 ATA/ATAPI-2
 ATA/ATAPI-3 ATA/ATAPI-4 ATA/ATAPI-5 ATA/ATAPI-6 ATA/ATAPI-7
 * signifies the current active mode
```

Em um disco SATA:

```
# hdparm -i /dev/sda

/dev/sda:

 Model=ST3160211AS                   , FwRev=3.AAE   , SerialNo=           6PT136AM
 Config={ HardSect NotMFM HdSw>15uSec Fixed DTR>10Mbs RotSpdTol>.5% }
 RawCHS=16383/16/63, TrkSize=0, SectSize=0, ECCbytes=4
 BuffType=unknown, BuffSize=2048kB, MaxMultSect=16, MultSect=?16?
 CurCHS=16383/16/63, CurSects=16514064, LBA=yes, LBAsects=268435455
 IORDY=on/off, tPIO={min:120,w/IORDY:120}, tDMA={min:120,rec:120}
 PIO modes:  pio0 pio1 pio2 pio3 pio4
 DMA modes:  mdma0 mdma1 mdma2
 UDMA modes: udma0 udma1 udma2
 AdvancedPM=no WriteCache=enabled
```

```
Drive conforms to: Unspecified:  ATA/ATAPI-1 ATA/ATAPI-2 ATA/ATAPI-3 ATA/ATAPI-4
ATA/ATAPI-5 ATA/ATAPI-6 ATA/ATAPI-7

* signifies the current active mode
```

Para discos SCSI ou Sata, o mais conveniente é utilizar o comando sdparm. Por exemplo, é possível descobrir se trata-se de um dispositivo utilizado diretamente ou se é uma controladora RAID:

```
# sdparm -a /dev/sda
    /dev/sda: MegaRAID  LD0 RAID1 70006R  1L37
```

Já para discos conectados diretamente, são exibidos também algumas informações sobre seu modo de operação:

```
# sdparm /dev/sda
    /dev/sda: ATA       SAMSUNG HM320JI   2SS0
Read write error recovery mode page:
  AWRE        1
  ARRE        0
  PER         0
Caching (SBC) mode page:
  WCE         1
  RCD         0
Control mode page:
  SWP         0
```

Nas distribuições atuais, é comum que mesmo os discos ATA IDE apareçam com nomes /dev/sda, /dev/sdb etc. Isso acontece porque é determinado ao kernel para que trabalhe com esses dispositivos como se fossem discos SCSI (ou Sata; nesse aspecto, indiferente). Além de proporcionar a unificação dos nomes, essa abordagem oferece melhores recursos, pois seu desenvolvimento é mais ativo e possui benefícios como a ativação automática do DMA para os dispositivos.

## Ajustes do kernel com sysctl

No Linux, é possível alterar diversas configurações do kernel sem necessidade de reiniciar o sistema. Por meio do sistema de arquivos em /proc, muitas dessas configurações podem ser alteradas e imediatamente utilizadas pelo kernel.

As opções podem ser alteradas diretamente nos arquivos em /proc/sys ou pelo comando sysctl.

É possível, por exemplo, alterar o número máximo de arquivos abertos, especificado no arquivo /proc/sys/fs/file-max. Para mostrar o valor atual, basta ver o conteúdo do arquivo com o comando cat ou utilizar o comando sysctl da seguinte forma:

```
# sysctl fs.file-max
fs.file-max = 89889
```

Para alterar o valor, basta alterar o conteúdo do arquivo em questão:

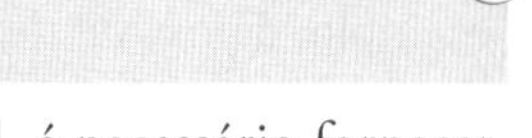

```
echo 99999 > file-max
```

ou

```
# sysctl -w fs.file-max=99999
fs.file-max = 99999
```

Note que para alterar o valor por meio do comando sysctl, é necessário fornecer o argumento -w.

## Ferramentas para iSCSI

O iSCSI é um protocolo que permite o compartilhamento de dispositivos de bloco via rede IP. Como se fosse um dispositivo local, o cliente pode formatar e montar um sistema de arquivos num dispositivo remoto. De fato, o cliente, chamado Iniciador (*initiator*), pode enviar instruções SCSI para dispositivos de armazenamento remotos, chamados Alvo (*target*).

O suporte a iSCSI no Linux é implementado pelo Kernel. Contudo, são necessários programas para configurar e operar o serviço e sua utilização. Existem diferentes opções de pacotes, tanto para o alvo quanto para o iniciador, que atendem às necessidades. Nos exemplos adiante, são utilizados o iSCSI *Enterprise Target* (IET) num servidor Debian e o *Open*-iSCSI num cliente CentOS.

## iSCSI Enterprise Target (IET)

O IET é utilizado no servidor para criar e oferecer os alvos na rede. Pode utilizar autenticação básica para bloquear ou liberar o acesso aos recursos. No Debian, está disponível pelos pacotes iscsitarget e iscsitarget-dkms.

## Open-iSCSI

O serviço fornecido pelo Open-iSCSI é o iniciador que estabelece a comunicação com o alvo. Também fornece o comando iscsiadm, utilizado para iniciar a sessão iSCSI e identificar os alvos remotos. Seu pacote pode estar identificado como `iscsi-initiator-utils` ou `open-iscsi`.

## Alvo (target)

O Alvo é o servidor no protocolo iSCSI, ou seja, é a máquina onde o dispositivo está localizado. O arquivo de configuração para a implementação IET é `/etc/iet/ietd.conf`. Neste arquivo são definidas as opções de autenticação e os dispositivos fornecidos como alvos na rede IP.

Uma definição de alvo é um nome único que obedece ao formato iqn.aaaa-mm.dominioreverso:identificador. A porção aaaa-mm é o ano e mês de disponibilidade do recurso. A porção nomereverso é um nome de domínio único na ordem inversa. A porção identificador ajuda na identificação do recurso e é opcional.

Definição de alvo em ietd.conf:

```
Target iqn.2013-11.com.lcnsqr.debian:scsi
        Lun 0 Path=/dev/sda
        Lun 1 Path=/dev/sdb
```

No exemplo está a definição do alvo iqn.2013-11.com.lcnsqr.debian:scsi, que possui duas unidades lógicas apontando para os dispositivos /dev/sda e /dev/sdb. Gravadas as alterações, o daemon deve ser reiniciado.

## Iniciador (initiator)

Caso tenham sido definidas opções de autenticação no alvo, as informações adequadas devem ser incluídas no arquivo de configuração do iniciador /etc/iscsi/iscsid.conf. Para listar os alvos disponíveis, utiliza-se o comando iscsiadm:

```
# iscsiadm -m discovery -t sendtargets -p 192.168.100.135
192.168.100.135:3260,1 iqn.2013-11.com.lcnsqr.debian:scsi
```

O número IP 192.168.100.135 é o servidor com os alvos iSCSI. As informações sobre os alvos disponíveis são armazenados em /var/lib/iscsi/. Para poder utilizar um alvo, é necessário iniciar uma sessão com o servidor:

```
iscsiadm -m node -p 192.168.100.135 --target=iqn.2013-11.com.lcnsqr.debian:scsi --login
      Logging in to [iface: default, target: iqn.2013-11.com.lcnsqr.debian:scsi, portal:
192.168.100.135,3260] (multiple)
        Login to [iface: default, target: iqn.2013-11.com.lcnsqr.debian:scsi, portal:
192.168.100.135,3260] successful.
```

As opções -p e --target podem ser suprimidas, mas são úteis quando se quer especificar um servidor e um alvo específico. Com a sessão estabelecida, os dispositivos estão disponíveis no cliente:

```
# fdisk -l /dev/sd[ab]

Disk /dev/sda: 107.4 GB, 107374182400 bytes
255 heads, 63 sectors/track, 13054 cylinders
Units = cilindros of 16065 * 512 = 8225280 bytes
```

```
Sector size (logical/physical): 512 bytes / 512 bytes
I/O size (minimum/optimal): 512 bytes / 512 bytes
Disk identifier: 0x00000000


Disk /dev/sdb: 107.4 GB, 107374182400 bytes
255 heads, 63 sectors/track, 13054 cylinders
Units = cilindros of 16065 * 512 = 8225280 bytes
Sector size (logical/physical): 512 bytes / 512 bytes
I/O size (minimum/optimal): 512 bytes / 512 bytes
Disk identifier: 0x00000000
```

Os caminhos para os dispositivos podem ser diferentes, dependendo dos dispositivos presentes no cliente. As informações sobre a sessão iSCSI são obtidas com o próprio comando iscsiadm:

```
iscsiadm -m session -P 3
iSCSI Transport Class version 2.0-870
version 6.2.0-873.2.el6
Target: iqn.2013-11.com.lcnsqr.debian:scsi
    Current Portal: 192.168.100.135:3260,1
    Persistent Portal: 192.168.100.135:3260,1
            **********
            Interface:
            **********
            Iface Name: default
            Iface Transport: tcp
            Iface Initiatorname: iqn.1994-05.com.redhat:36391cc6714f
            Iface IPaddress: 192.168.100.162
            Iface HWaddress: <empty>
            Iface Netdev: <empty>
            SID: 9
            iSCSI Connection State: LOGGED IN
            iSCSI Session State: LOGGED_IN
            Internal iscsid Session State: NO CHANGE
            *********
            Timeouts:
            *********
```

```
Recovery Timeout: 120
Target Reset Timeout: 30
LUN Reset Timeout: 30
Abort Timeout: 15
*****
CHAP:
*****
username: <empty>
password: ********
username_in: <empty>
password_in: ********
************************
Negotiated iSCSI params:
************************
HeaderDigest: None
DataDigest: None
MaxRecvDataSegmentLength: 262144
MaxXmitDataSegmentLength: 8192
FirstBurstLength: 65536
MaxBurstLength: 262144
ImmediateData: Yes
InitialR2T: Yes
MaxOutstandingR2T: 1
************************
Attached SCSI devices:
************************
Host Number: 10    State: running
scsi10 Channel 00 Id 0 Lun: 0
        Attached scsi disk sda          State: running
scsi10 Channel 00 Id 0 Lun: 1
        Attached scsi disk sdb          State: running
```

A sessão pode ser encerrada com o comando iscsiadm -m node -U all:

```
# iscsiadm -m node -U all
Logging out of session [sid: 9, target: iqn.2013-11.com.lcnsqr.debian:scsi, portal: 192.168.100.135,3260]
Logout of [sid: 9, target: iqn.2013-11.com.lcnsqr.debian:scsi, portal: 192.168.100.135,3260] successful.
```

Se o daemon iscsid for acionado automaticamente no início do sistema, também serão os alvos conhecidos. Para apagar os alvos conhecidos, utiliza-se o comando `iscsiadm -m discovery -p 192.168.100.135 -o delete`.

## 204.3 Gerenciamento de volumes lógicos (LVM)

**Peso 3**

O espaço em disco e o particionamento podem se tornar um problema no momento em que surge a necessidade de expansão do sistema. Principalmente em servidores, onde pode ser absolutamente necessário ampliar o espaço disponível em uma partição, a paralisação e migração dos dados pode ser a única solução. Essa situação é facilmente contornada ao se utilizar um esquema de particionamento por LVM.

O LVM, ou *Logical Volume Management*, é um método que permite interagir com os dispositivos de armazenamento de maneira integrada e mais simples que o tradicional particionamento. Com o LVM, é possível redimensionar e incluir espaço sem necessidade de reparticionamento ou de mexer nos dados armazenados.

Um esquema LVM pode ser dividido em cinco elementos fundamentais:

- **VG: Volume Group (grupo de volumes)**. Nível mais alto de abstração do LVM. Reúne a coleção de volumes lógicos (LV) e volumes físicos (PV) em uma unidade administrativa;
- **PV: Phisical Volume (volume físico)**. Tipicamente um disco rígido, uma partição do disco ou qualquer dispositivo de armazenamento de mesma natureza, como um dispositivo RAID;
- **LV: Logical Volume (volume lógico)**. O equivalente a uma partição de disco tradicional. Como o LV age como uma partição tradicional, pode conter um sistema de arquivos;
- **PE: Physical Extent (trecho físico)**. Cada volume físico é dividido em pequenos "pedaços" de dados, conhecidos como PE. Possuem o mesmo tamanho do LE (Logical Extent);
- **LE: Logical Extent (trecho lógico)**. Cada volume lógico é dividido em pequenos "pedaços" de dados, conhecidos como LE. Seu tamanho é o mesmo para todos os volumes lógicos.

Algumas distribuições, como Red Hat e Debian, podem configurar o LVM automaticamente durante a instalação. No entanto, mesmo para as distribuições que não fazem o LVM automaticamente, é possível criá-lo manualmente.

O primeiro passo é atualizar o cache do LVM e criar um arquivo /etc/lvm/lvm.conf básico. Isso é feito simplesmente rodando o comando vgscan. Em seguida, o disco ou partição a ser utilizado deve ser iniciado para uso do LVM.

Apesar de ser possível utilizar um disco inteiro não particionado, é recomendável criar uma partição e só então iniciá-la. Se o disco utilizado não for antes particionado, outros sistemas operacionais que tiverem acesso ao disco podem enxergar o disco como vazio e sobrescrever os dados nele.

O particionamento do disco pode ser feito com o próprio comando fdisk ou com qualquer outro programa de particionamento. O id da partição deve ser **8e** (*Linux LVM*):

```
# fdisk -l /dev/hd[bd]

Disk /dev/hdb: 128.8 GB, 128849018880 bytes
16 heads, 63 sectors/track, 249660 cylinders
Units = cilindros of 1008 * 512 = 516096 bytes

Dispositivo Boot      Start         End      Blocks   Id  System
/dev/hdb1               1      249660   125828608+  8e  Linux LVM

Disk /dev/hdd: 128.8 GB, 128849018880 bytes
16 heads, 63 sectors/track, 249660 cylinders
Units = cilindros of 1008 * 512 = 516096 bytes

Dispositivo Boot      Start         End      Blocks   Id  System
/dev/hdd1               1      249660   125828608+  8e  Linux LVM
```

Dois discos foram preparados para o LVM, /dev/hdb e /dev/hdd, ambos de aproximadamente 128 GB. Cada disco contém uma partição do tipo Linux LVM (id 8e). O comando pvcreate deve ser utilizado para criar uma identificação de volume físico na partição:

```
# pvcreate /dev/hdb1
  Physical volume "/dev/hdb1" successfully created
# pvcreate /dev/hdd1
  Physical volume "/dev/hdd1" successfully created
```

Em seguida, é criado o **VG** (*volume group*), com o comando vgcreate. Pode ser especificado um tamanho de **PE** (*physical extent*) diferente do padrão – 4MB – com a opção -s. Deve ser especificado um nome para o novo LVM:

```
# vgcreate grupo_de_volumes -s 2 /dev/hdb1 /dev/hdd1
  Volume group "grupo_de_volumes" successfully created
```

Por fim, é necessário ativar o novo grupo com o comando vgchange:

```
# vgchange -a y grupo_de_volumes
  0 logical volume(s) in volume group "grupo_de_volumes" now active
```

A partir de agora podem ser criados os **LV** (*volumes lógicos*). Para verificar o número total de **PE** disponíveis no grupo, utilize o comando vgdisplay:

```
# vgdisplay grupo_de_volumes
  --- Volume group ---
  VG Name               grupo_de_volumes
  System ID
  Format                lvm2
  Metadata Areas        2
  Metadata Sequence No  1
  VG Access             read/write
  VG Status             resizable
  MAX LV                0
  Cur LV                0
  Open LV               0
  Max PV                0
  Cur PV                2
  Act PV                2
  VG Size               240,00 GB
  PE Size               2,00 MB
  Total PE              122878
  Alloc PE / Size       0 / 0
  Free  PE / Size       122878 / 240,00 GB
  VG UUID               gCBiHp-IIR6-SyMO-xult-e3k3-0Ubt-p0zA12
```

Portanto, é possível criar um volume lógico de até *122878 physical* extents ou vários volumes lógicos totalizando esse valor. Para criar um volume lógico ocupando o total disponível, utiliza-se o comando lvcreate da seguinte forma:

```
# lvcreate -l 122878 grupo_de_volumes
  Logical volume "lvol0" created
```

Como não foi especificado um nome para o novo volume lógico, foi criado o nome padrão para o primeiro volume: *lvol0*. A partir de agora será possível utilizar o volume lógico localizado em /dev/grupo_de_volumes/lvol0 exatamente como uma partição convencional, assim como criar um sistema de arquivos e montar o volume lógico.

Para redimensionar ou simplesmente reduzir o tamanho de uma partição lógica, são utilizados os comandos lvresize e lvreduce, respectivamente. Antes de fazer a redução, é importante previamente redimensionar o sistema de arquivos nela contido, utilizando a ferramenta específica para cada sistema de arquivos.

Se não existir mais espaço disponível no grupo de volumes, bastará incluir um novo disco e acrescentá-lo ao grupo de volumes existente. O processo de criação do PV (volume físico) é igual ao demonstrado. Contudo, como o grupo de volumes já existe, no lugar do comando `vgcreate` será usado o comando `vgextend` para adicionar o dispositivo recém instalado ao grupo de volumes:

```
vgextend grupo_de_volumes /dev/hde1
```

Esse comando incluirá o dispositivo */dev/hde1* recém instalado e formatado como LVM no VG *grupo_de_volumes*. Feito isso, o espaço correspondente ao dispositivo /dev/hde1 já estará disponível para criação ou expansão de novos volumes lógicos. Nunca é demais lembrar que o redimensionamento de um volume lógico existente deve sempre acompanhar o redimensionamento do sistema de arquivos ali instalado.

# Exercícios

## Questões Tópico 204

1. Qual é o número mínimo de dispositivos para um esquema de RAID 5?
   a. 2
   b. 3
   c. 4
   d. 5

2. No arquivo mdadm.conf, qual a finalidade da instrução DEVICE?
   a. Definir o dispositivo resultante do RAID;
   b. Definir o setor de boot do raid;
   c. Definir os dispositivos usados pelo RAID;
   d. Definir o dispositivo raiz do RAID.

3. O comando ________ é utilizado para ligar ou desligar a configuração DMA de um dispositivo de armazenamento.

4. O resultado a seguir corresponde à execução de qual comando?

```
/dev/sda: MegaRAID  LD0 RAID1 70006R  1L37
```

   a. sdparm /dev/sda
   b. hdparm /dev/sda
   c. fdisk /dev/sda
   d. ls -l /dev/sda

5. Em qual arquivo do sistema de arquivos /proc é definido o número máximo de arquivos abertos simultaneamente? Informe o caminho completo.

6. O comando ___________ tem a finalidade de editar as configurações no diretório /proc/sys.

7. O código hexadecimal que correspondente a uma partição LVM é:
   a. 82
   b. 83
   c. 8e
   d. 8c

8. O comando ___________ dados /dev/sda3 /dev/sda4 cria o grupo de volumes LVM chamado dados com os volumes físicos /dev/sda3 e /dev/sda4.

9. Qual comando é utilizado para criar um volume lógico LVM? Informe apenas o comando, sem argumentos.

10. Após aumentar o tamanho de um volume lógico LVM, qual procedimento deve ser tomado no sistema de arquivos ali presente?
    a. Redefinir o volume lógico no grupo de volumes.
    b. Formatar o volume físico.
    c. Nenhum procedimento deve ser tomado
    d. Utilizar as ferramentas do sistema de arquivos para redefinir o espaço disponível.

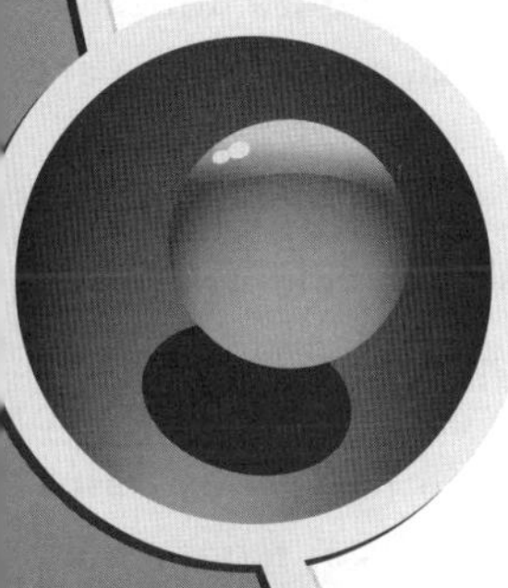


# Tópico 205:

# Configuração de rede

Principais temas abordados:

- Configuração e manutenção de redes em suas diversas modalidades;
- Conceito e prática sobre endereçamento, rotas e ferramentas relacionadas.

# 205.1 Configurações básicas de rede

**Peso 3**

O sistema operacional GNU/Linux foi concebido para trabalhar em ambientes em rede. Ou seja, desde o núcleo do sistema operacional até os programas utilizados pelos usuários, todos foram escritos numa arquitetura distribuída, e não apenas para operação local.

Reflexo disso é a enorme compatibilidade oferecida pelo sistema para trabalhar com diferentes conexões de rede. Mesmo protocolos e dispositivos muito raramente utilizados encontram suporte nas distribuições GNU/Linux atuais.

Tanto a comunicação com o hardware da rede quanto o controle do tráfego de dados acontecem no escopo do kernel. Suas configurações são feitas – de forma automática ou manual – com ferramentas no espaço de usuário. Essas ferramentas, que podem ser comandos ou apenas arquivos de configuração, determinam como o kernel deve trabalhar com os recursos de rede.

## Interfaces Ethernet

Apesar de as ferramentas de configuração de interfaces poderem variar em diferentes distribuições, o comando de configuração universal `ifconfig` funcionará, desde que esteja presente em qualquer distribuição. Hoje é comum a configuração ser feita de forma automática, principalmente em distribuições voltadas para o usuário final. Porém, principalmente em ambientes heterogêneos de servidores, a configuração manual muitas vezes se faz necessária.

O comando `ifconfig` pode ser usado para configurar e inspecionar não só interfaces ethernet, mas qualquer interface de rede. Estando o hardware corretamente preparado – tanto na parte física da rede quanto no carregamento do módulo correspondente à interface local –, a interface pode ser configurada manualmente ou automaticamente por meio do ifconfig. Uma interface de rede pode ser configurada automaticamente pelo sistema durante a inicialização, dependendo de qual distribuição foi utilizada e como foi feita a instalação.

### O espaço de usuário

Por espaço de usuário entende-se o ambiente onde existe a interação do usuário com os processos do sistema. A grosso modo, todos os processos no sistema podem ser divididos entre os processos no espaço de usuário e os processos no espaço do kernel. Os processos no espaço do kernel possuem privilégios maiores e não sofrem interferência direta do usuário, mesmo que seja o usuário root. Já os processos no espaço do usuário são aqueles invocados pelo próprio usuário e interagem com o kernel de maneira indireta e têm alcance limitado, para não comprometer a segurança e estabilidade do sistema. Por exemplo, o controle de interrupções do processador é feito no espaço do kernel. Já a edição ou a conversão de arquivos são feitas no espaço de usuário.

O comando ifconfig possui muitas opções, mas seu uso fundamental é a definição de um endereço IP para a interface de rede, por exemplo:

```
ifconfig eth0 192.168.4.1 up
```

À interface eth0 foi atribuído o IP 192.168.4.1. Para a definição de um endereço IP para a interface, como no exemplo, o termo `up` pode ser dispensado. Para desfazer as alterações, usa-se o termo `down` no lugar do termo `up`; os demais argumentos são desnecessários. Outras opções também podem ser especificadas para a interface, como a máscara de rede:

```
ifconfig eth0 192.168.1.2 netmask 255.255.255.0 up
```

O ifconfig possui outras opções menos triviais que podem ser úteis em situações específicas. São elas:

| Opção | Finalidade |
|---|---|
| *[-]broadcast [endereço]* | Se fornecida, especifica o endereço de broadcast da rede. Caso não seja fornecida, liga ou desliga a opção IFF_BROADCAST para a interface. |
| *[-]pointopoint [endereço]* | Permite o modo ponto-a-ponto para a interface. Este modo determina que a interface está conectada a outra interface diretamente, sem nada entre elas. Se não for fornecido um endereço, simplesmente liga ou desliga a opção IFF_POINTOPOINT para a interface. |
| *hw classe endereço* | Altera o endereço de hardware para interfaces que possuem essa capacidade. O novo endereço deve ser especificado após a classe do dispositivo. Classes suportadas são *ether*, *ax25*, *ARCnet* e *netrom*. |
| *[-]arp* | Permite ou desliga o protocolo ARP nesta interface. |
| *[-]promisc* | Se permitido, todos os pacotes na rede serão recebidos pela interface. |

O ifconfig também é usado para inspecionar as configurações de uma interface. Sem argumentos, mostra as configurações de todas as interfaces ativas do sistema. Mostrar as configurações para a interface eth0:

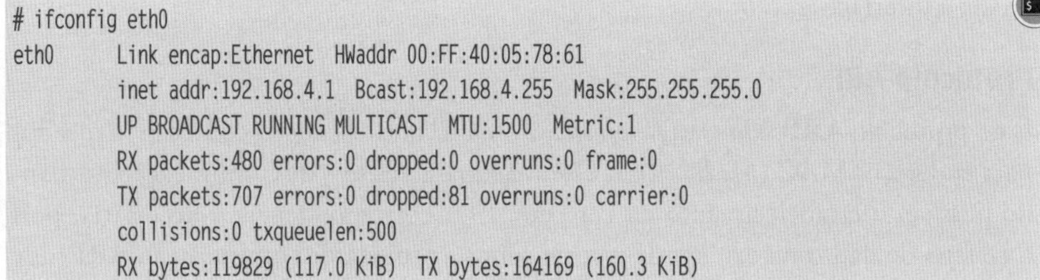

```
# ifconfig eth0
eth0      Link encap:Ethernet  HWaddr 00:FF:40:05:78:61
          inet addr:192.168.4.1  Bcast:192.168.4.255  Mask:255.255.255.0
          UP BROADCAST RUNNING MULTICAST  MTU:1500  Metric:1
          RX packets:480 errors:0 dropped:0 overruns:0 frame:0
          TX packets:707 errors:0 dropped:81 overruns:0 carrier:0
          collisions:0 txqueuelen:500
          RX bytes:119829 (117.0 KiB)  TX bytes:164169 (160.3 KiB)
```

É possível atribuir mais de um endereço IP para uma única interface de rede, criando uma interface virtual numa interface de rede real. Este recurso é especialmente útil quando é necessário fazer com que um mesmo dispositivo trabalhe conectado a diferentes redes.

Por exemplo, para criar a interface virtual *eth0:0*, com o endereço *192.168.40.1* na interface de rede real *eth0* - que já possui o endereço *192.168.4.1*:

```
ifconfig eth0:0 192.168.40.1 netmask 255.255.255.0
```

Com o comando `ifconfig -a`, serão exibidas as duas interfaces de rede, a real e a virtual:

```
# ifconfig -a
eth0      Link encap:Ethernet  HWaddr 00:FF:40:05:78:61
          inet addr:192.168.4.1  Bcast:192.168.4.255  Mask:255.255.255.0
          UP BROADCAST RUNNING MULTICAST  MTU:1500  Metric:1
          RX packets:586 errors:0 dropped:0 overruns:0 frame:0
          TX packets:890 errors:0 dropped:81 overruns:0 carrier:0
          collisions:0 txqueuelen:500
          RX bytes:132601 (129.4 KiB)  TX bytes:182771 (178.4 KiB)

eth0:0    Link encap:Ethernet  HWaddr 00:FF:40:05:78:61
          inet addr:192.168.40.1  Bcast:192.168.40.255  Mask:255.255.255.0
          UP BROADCAST RUNNING MULTICAST  MTU:1500  Metric:1
```

Note que as duas interfaces possuirão o mesmo endereço de hardware. Outras interfaces virtuais para a interface eth0 podem ser criadas usando o nome *eth0:1*, *eth0:2* etc.

Outra sintaxe possível é utilizar o termo `add`, que cria a nova interface virtual na primeira posição disponível:

```
ifconfig eth0 add 192.168.40.1
```

Utilizado dessa forma, o ifconfig automaticamente criará a interface virtual utilizando a primeira numeração livre. Se não existir nenhuma interface virtual, será criada a interface *eth0:0*.

## Protocolo ARP

É no protocolo **ARP** (*Address Resolution Protocol)* que os endereços IP são mapeados para endereços **MAC** (*Media Access Control*) do dispositivo de comunicação, tornando possível o estabelecimento da conexão. Essa correspondência é necessária, pois o tráfego de dados na camada IP ocorre sobre a camada de comunicação ARP, que identifica fisicamente cada interface dentro de uma rede.

Assim que uma conexão é solicitada, o kernel envia um pedido ARP para a interface de rede, ou seja, uma mensagem broadcast solicitando o endereço MAC da interface que corresponda ao endereço IP do destino da conexão. A resolução inversa, do endereço MAC para o IP, é feita por meio do protocolo **RARP** *(Reverse Address Resolution Protocol).*

O kernel cria um cache de correspondência entre endereços IP e endereços MAC, que é renovado em um período de tempo pré-determinado. Esse período é definido em segundos, valor estabelecido no arquivo /proc/sys/net/ipv4/neigh/eth0/gc_stale_time, como podemos ver com o comando sysctl:

```
# sysctl net.ipv4.neigh.eth0.gc_stale_time
net.ipv4.neigh.eth0.gc_stale_time = 60
```

Este é o período especificado para a interface eth0. Cada interface pode ter um valor distinto. Para alterar este valor, o próprio sysctl pode ser novamente utilizado:

```
# sysctl -w net.ipv4.neigh.eth0.gc_stale_time =120
net.ipv4.neigh.eth0.gc_stale_time = 120
```

O comando arp manipula o cache ARP do kernel de várias maneiras. As principais opções são remoção de uma entrada de mapeamento de endereço e configuração manual de um endereço. Para propósitos de depuração, o comando arp também permite uma verificação completa do cache ARP.

Usado sem argumentos, o comando arp mostra a tabela de relacionamentos ARP utilizada pelo kernel. A opção -n mostra os IPs sem tentar traduzir os endereços IP para nomes:

```
# arp -n
Address                  HWtype  HWaddress           Flags Mask            Iface
192.168.1.254            ether   02:A5:E6:44:77:79   C                     eth0
192.168.1.11             ether   00:0E:A6:A8:0A:E7   C                     eth0
```

Outras opções importantes do comando arp:

- -d hostname: Apaga o endereço correspondente a *hostname* do cache ARP;
- -f arquivo: Mapeia estaticamente os hostnames presentes para endereços MAC, a partir do arquivo indicado. As entradas dentro do arquivo correspondem à mesma sintaxe utilizada na opção -s;
- -s hostname mac: Cria uma correspondência estática entre o hostname e o endereço MAC. Se o termo temp não for fornecido ao fim do comando, o mapeamento será permanente.

Para monitorar mudanças de relacionamentos IP/MAC nas conexões existe um utilitário chamado arpwatch. Com o arpwatch ativo, essas mudanças são enviadas por email ou registradas em logs. Dessa forma, será possível saber quando uma nova máquina entrou na rede ou se uma interface alterou seu endereço MAC, possivelmente com objetivo de interceptar pacotes não endereçados a ela.

Executando arpwatch -d, todas as mensagens são mostradas na tela e não são enviadas via email. A opção -i interface especifica uma interface de rede diferente de eth0.

## Conexões Wireless

Conexões de interfaces sem fio são configuradas de maneira muito semelhante às interfaces cabeadas. A principal diferença é que uma interface sem fio precisa ser associada a uma rede sem fio para só depois a camada IP ser configurada.

A associação a uma rede sem fio pode estar protegida por senha, o que exigirá o suporte do dispositivo à criptografia utilizada. Caso a rede não esteja protegida por senha, bastará associar a interface ao nome da rede.

Assim como na configuração de interfaces cabeadas, é necessário que o dispositivo esteja corretamente identificado e o respectivo módulo carregado. A interface sem fio pode ser listada como um dispositivo de rede ethernet convencional, com o comando ifconfig -a.

A nomenclatura dos dispositivos pode variar, mas o usual é que interfaces de rede sem fio recebam o nome *wlan0*.

O comando iw é fornecido junto do próprio Kernel Linux como interface para configuração de interfaces de rede sem fio. Outros comandos para utilizar conexões wireless sem criptografia no Linux são fornecidas pelo pacote *wireless-tools*. Para listar as redes disponíveis, basta utilizar o comando iwlist, como no exemplo:

```
iwlist wlan0 scanning
```

Neste comando, o termo *wlan0* é o nome da interface sem fio presente. O termo *scanning* pode ser substituído pela abreviação *scan*. A resposta desse comando será uma lista com todas as redes sem fio detectadas pela interface, cuja detecção varia de acordo com a qualidade do dispositivo, distância do ponto de acesso e eventuais obstáculos até ele. Por tratar-se de um sinal de rádio, uma rede sem fio está vulnerável às interferências inerentes a esse meio de transmissão.

O comando iwconfig é utilizado para associar a interface a uma rede sem fio. O nome de uma rede sem fio é especificado com o termo essid. Com o essid escolhido a partir do resultado obtido com o comando iwlist, o iwconfig pode ser utilizado da seguinte forma:

```
iwconfig wlan0 essid nome_da_rede
```

A partir desse momento, com a interface associada à rede sem fio, o próprio comando ifconfig ou um cliente DHCP podem ser utilizados para definir um endereço IP.

Numa rede sem proteção, como no caso mostrado, os dados poderão ser interceptados por qualquer computador que esteja dentro do alcance da rede. Portanto, é importante que dados sensíveis sejam enviados por redes sem fio desprotegidas por meio de protocolos seguros, como HTTPS ou SSH.

Tipos comuns de proteção em redes sem fio são WEP e WPA, sendo que o primeiro já é bastante defasado e inseguro. As distribuições atuais são capazes de configurar a interface para essas redes automaticamente, com seus próprios gerenciadores de conexão.

## O comando ip

As diferentes ferramentas de configuração de endereços e rotas atuam no mesmo contexto do kernel, que é responsável pelo controle da comunicação no protocolo IP. É mais comum utilizar os comandos que realizam tarefas específicas, mas todas elas podem ser realizadas por um único comando, chamado `ip`.

O comando ip possui enorme quantidade de argumentos, que podem ser utilizados para alterar cada aspecto da comunicação IP. O formato básico de sua utilização é `ip objeto comando`, no qual o termo *objeto* determina qual elemento pertinente ao protocolo IP será alterado ou inspecionado, ao passo que o termo *comando* determina a ação realizada no contexto desse objeto.

Por exemplo, é possível verificar o estado de uma interface utilizando o objeto *link*:

```
# ip link show eth0
2: eth0: <BROADCAST,MULTICAST,UP,LOWER_UP> mtu 1500 qdisc pfifo_fast state UP qlen 1000
    link/ether 00:12:3f:fd:80:00 brd ff:ff:ff:ff:ff:ff
```

Se o nome da interface não for fornecido, serão exibidas as informações para todas as interfaces. As informações de endereçamento IP, sejam referentes a IPv4 ou a IPv6, são obtidas com o objeto *address*:

```
# ip address show eth0
2: eth0: <BROADCAST,MULTICAST,UP,LOWER_UP> mtu 1500 qdisc pfifo_fast state UP
↪ qlen 1000
    link/ether 00:12:3f:fd:80:00 brd ff:ff:ff:ff:ff:ff
    inet 192.168.1.109/24 brd 192.168.1.255 scope global eth0
    inet6 fe80::212:3fff:fefd:8000/64 scope link
       valid_lft forever preferred_lft forever
```

As rotas de comunicação são exibidas ou manipuladas com o objeto *route:*

```
# ip route list
192.168.1.0/24 dev eth0  proto kernel  scope link  src 192.168.1.109  metric 1
default via 192.168.1.254 dev eth0  proto static
```

O comando *list* , utilizado com o objeto *route*, exibe as rotas ativas na configuração IP. Cada detalhe dos objetos pode ser alterado, fazendo o comando ip ser muito mais abrangente que os comandos de configuração com finalidades específicas. Contudo, sua utilização só se faz necessária em ambientes extremamente peculiares, onde é necessário definir rotas muito fora do padrão ou endereçamentos incomuns.

## 205.2 Configuração avançada de rede e resolução de problemas

**Peso 4**

Problemas no escopo da rede exigem do administrador conhecimentos investigativos e técnicas de recuperação que vão além do trivial. Porém, a investigação de problemas sempre deve começar pelo óbvio, que são os aspectos mais fundamentais da conexão.

### Rotas de destino

Para que os dados possam chegar ao seu destino, é necessário que haja uma tabela de rotas na máquina de origem dos dados. A tabela de rotas determina o destino de cada pacote de dados que é encaminhado para fora por uma interface de rede.

Estruturalmente, os hosts numa rede podem se comunicar apenas com outros na mesma rede. Se o endereço de destino pertencer a alguma rede associada a uma interface local, o pacote será colocado nessa interface. Se não pertencer, o pacote deverá ser direcionado para a rota padrão, a qual são encaminhados todos os destinos desconhecidos pela máquina local.

A máquina ou dispositivo que recebe esses pacotes enviados pela rota padrão é chamada roteador padrão ou simplesmente *gateway*. Ele é o encarregado de encaminhar os pacotes para as redes apropriadas, seja direcionando para uma rede conhecida ou encaminhando para gateways subsequentes.

Para máquinas com configurações de rotas heterogêneas, esquemas de rotas diferentes do padrão podem ser adotados. Há quatro esquemas básicos de tabelas de rotas:

- **Mínima**: Para redes isoladas, geralmente feita quando a interface é iniciada;
- **Estática**: Para redes com um ou mais gateways. Geralmente é criada por meio de scripts automáticos ou manualmente com o comando route. Se a rede muda, a tabela precisa ser manualmente atualizada;
- **Dinâmica**: Em redes maiores, as informações de rotas e gateways são dinamicamente fornecidas via de protocolos de roteamento. A desvantagem é que a criação dinâmica de tabelas causa maior tráfego na rede. A alocação dinâmica da tabela de rotas é feita por meio do daemon *gated*;

- **Estática/Dinâmica**: Geralmente as tabelas de rota contêm informações estáticas para encaminhamento de pacotes dentro da rede local e uma rota padrão para demais pacotes que aponta para um gateway que trabalha com roteamento dinâmico.

Redes de pequeno porte normalmente possuem tabelas de rotas simples, na qual cada interface possui uma rota correspondente e há apenas uma rota padrão. Exemplo de tabela de rotas:

```
# route -n
Kernel IP routing table
Destination     Gateway         Genmask         Flags Metric Ref    Use Iface
192.168.3.0     0.0.0.0         255.255.255.0   U     0      0        0 eth3
192.168.2.0     0.0.0.0         255.255.255.0   U     0      0        0 eth2
192.168.1.0     0.0.0.0         255.255.255.0   U     0      0        0 eth1
201.52.48.0     0.0.0.0         255.255.240.0   U     0      0        0 eth0
127.0.0.0       0.0.0.0         255.0.0.0       U     0      0        0 lo
0.0.0.0         201.52.48.1     0.0.0.0         UG    0      0        0 eth0
```

Essa é uma tabela de rotas típica de um computador que age como roteador e gateway. Existem quatro interfaces de rede conectadas e configuradas, das quais três conectam-se a redes locais e uma à Internet. A interface *lo,* que é a interface de comunicação interna, não corresponde a nenhuma rede externa.

Todo tráfego nas redes locais é direcionado aos respectivos destinos nas redes locais. Se o destino de um pacote não pertencer a nenhum destino na rede local, ele será direcionado ao gateway padrão, indicado na última linha da tabela de rotas com as *flags* **UG**.

Apesar de, via de regra, a rota para uma rede ser automaticamente criada quando a interface é configurada, pode ser necessário adicionar uma rota manualmente. Essa tarefa pode ser realizada com o próprio comando `route`:

```
route add -net 192.168.1.0 netmask 255.255.255.0 dev eth1
```

Este comando adiciona a rota para a rede *192.168.1.0*, pela interface *eth1*. Já para criar uma rota padrão, outra forma do comando route é utilizada:

```
route add default gw 192.168.1.1
```

A definição da rota padrão também pode utilizar uma forma mais extensa:

```
route add -net 0.0.0.0 netmask 0.0.0.0 gw 192.168.1.1
```

Quando a configuração das interfaces de rede é feita automaticamente pelo sistema, pode ocorrer a definição de mais de uma rota padrão, em função do recebimento de dois ou mais endereços de gateway por DHCP. Quando isso ocorre, a comunicação em rede fica inconsistente. Ora um pacote é enviado por uma rota, ora é enviado por outra. Uma rota padrão erroneamente configurada pode ser removida com a instrução *del* do comando route:

```
route del -net 0.0.0.0 dev eth1
```

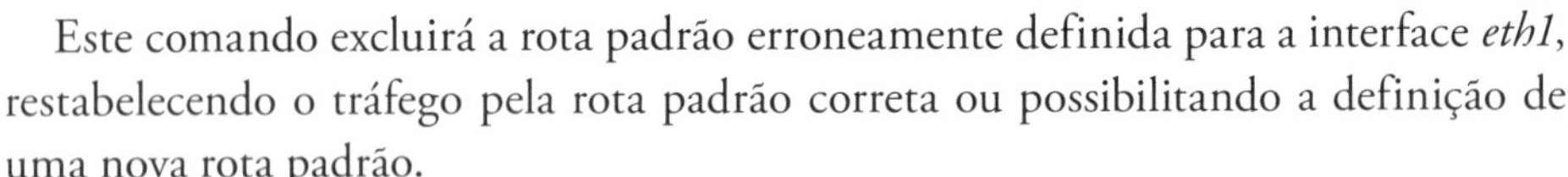

Este comando excluirá a rota padrão erroneamente definida para a interface *eth1*, restabelecendo o tráfego pela rota padrão correta ou possibilitando a definição de uma nova rota padrão.

## Erros de comunicação

Mesmo depois de definida a rota padrão, ainda podem existir problemas no envio dos dados. Na coluna *Opções* (ou *Flags*) da tabela de rotas, podem ser identificados outras características ou erros na tabela de rotas. As letras exibidas nessa coluna representam:

- **U**: Rota configurada corretamente;
- **H**: O alvo é um host tradicional;
- **G**: Gateway padrão;
- **R**: Restabelecer rota por roteamento dinâmico;
- **D**: Rota estabelecida dinamicamente por daemon ou redirecionamento;
- **M**: Modificada por daemon ou redirecionada;
- **!**: Rota rejeitada.

Caso todas as configurações de rotas estejam corretas e o tráfego de dados pelo computador gateway não esteja acontecendo, a provável causa é que este esteja deliberadamente deixando de retransmitir os pacotes ou simplesmente os está bloqueando.

Em boa parte dos casos, acontece de pacotes não serem retransmitidos porque o recurso não está liberado no gateway. Para que o redirecionamento funcione, é preciso alterar o valor da opção *ip_forward* nas configurações do kernel no gateway. Isso é feito no sistema de arquivos /proc:

```
echo 1 > /proc/sys/net/ipv4/ip_forward
```

Também é possível utilizar o comando sysctl para essa tarefa:

```
sysctl -w net.ipv4.ip_forward=1
```

É importante que essa opção seja definida automaticamente na inicialização do gateway, para evitar que a rede fique indisponível num eventual reinício da máquina.

## Verificando disponibilidade

O diagnóstico de funcionamento pode ser realizado com o comando `ping` em redes IPv4 ou ping6 em redes IPv6. Por exemplo, para verificar a partir da máquina 192.168.4.2 se o endereço 192.168.4.1 está respondendo:

```
# ping 192.168.4.1
PING 192.168.4.1 (192.168.4.1) 56(84) bytes of data.
64 bytes from 192.168.4.1: icmp_seq=1 ttl=64 time=0.177 ms
64 bytes from 192.168.4.1: icmp_seq=2 ttl=64 time=0.146 ms
64 bytes from 192.168.4.1: icmp_seq=3 ttl=64 time=0.118 ms

--- 192.168.4.1 ping statistics ---
3 packets transmitted, 3 received, 0% packet loss, time 2005ms
rtt min/avg/max/mdev = 0.118/0.147/0.177/0.024 ms
```

O comando ping usa o protocolo **ICMP** para enviar um datagrama *ECHO_REQUEST* e espera uma resposta ECHO_REPLY para identificar a disponibilidade da rede. Da mesma forma, pode ser verificado se pacotes podem alcançar máquinas fora da rede local:

```
# ping 216.239.51.104
PING 216.239.51.104 (216.239.51.104) 56(84) bytes of data.
64 bytes from 216.239.51.104: icmp_seq=1 ttl=245 time=160 ms
64 bytes from 216.239.51.104: icmp_seq=2 ttl=245 time=146 ms
64 bytes from 216.239.51.104: icmp_seq=3 ttl=245 time=147 ms

--- 216.239.51.104 ping statistics ---
3 packets transmitted, 3 received, 0% packet loss, time 2018ms
rtt min/avg/max/mdev = 146.459/151.411/160.403/6.384 ms
```

É importante lembrar que algumas máquinas possuem firewall configurado para não responder a pedidos ECHO_REQUEST. Por isso, podem sugerir que há um problema na conexão mesmo se estiver funcionando normalmente.

Caso a rede esteja funcionando e sejam percebidos problemas de instabilidade ou lentidão, outras ferramentas podem ser utilizadas para investigar as possíveis causas.

## Análise de conexões

O comando `netstat` é capaz de mostrar conexões de rede, tabelas de roteamento, estatísticas de interface e conexões mascaradas. Entre essas suas várias funções, o netstat pode mostrar quais portas no computador estão abertas. A opção `-l` exibe as portas abertas na máquina local e a opção `--inet` restringe os protocolos de comunicação mais tradicionais, como tcp e udp:

```
# netstat -l --inet
Conexões Internet Ativas (sem os servidores)
Proto Recv-Q Send-Q Local Address               Foreign Address         State
tcp        0      0 localhost.localdomain:2208  *:*                     OUÇA
tcp        0      0 *:sunrpc                    *:*                     OUÇA
tcp        0      0 *:917                       *:*                     OUÇA
tcp        0      0 localhost.localdomain:ipp   *:*                     OUÇA
tcp        0      0 localhost.localdomain:smtp  *:*                     OUÇA
tcp        0      0 localhost.localdomain:2207  *:*                     OUÇA
udp        0      0 *:1024                      *:*
udp        0      0 *:xact-backup               *:*
udp        0      0 *:914                       *:*
udp        0      0 *:mdns                      *:*
udp        0      0 *:sunrpc                    *:*
udp        0      0 *:ipp                       *:*
netstat: no support for `AF INET (sctp)' on this system.
```

O netstat também pode mostrar a tabela de rotas do sistema, com a opção -r:

```
# netstat -r
Tabela de Roteamento IP do Kernel
Destino         Roteador        MáscaraGen.     Opções   MSS Janela  irtt Iface
192.168.4.0     *               255.255.255.0   U          0 0          0 eth0
default         192.168.4.1     0.0.0.0         UG         0 0          0 eth0
```

Opções importantes do netstat podem ser consultadas na tabela **Opções do netstat**.

Sem argumentos, o netstat mostra a situação das conexões de todas as famílias, produzindo uma listagem bastante longa, mesmo se não houver conexões de rede ativas.

## Recursos associados à conexão

Em ambientes Unix, praticamente todos os recursos podem ser acessados por meio de arquivos ou proto-arquivos. O comando `lsof` é capaz de listar todos os arquivos e recursos relacionados em utilização no sistema.

O lsof também pode ser utilizado para inspecionar processos associados a recursos de rede na máquina local. Neste caso, a opção `-i` é especialmente importante, pois seleciona todas as conexões baseadas no protocolo IP que estejam abertas. Por exemplo, é possível mostrar todas as conexões do tipo TCP com o comando `lsof -i tcp`:

```
# lsof -i tcp
COMMAND    PID   USER  FD  TYPE DEVICE SIZE NODE NAME
portmap   1554   rpc   4u  IPv4  4358      TCP *:sunrpc (LISTEN)
rpc.statd 1583   root  7u  IPv4  4421      TCP *:917 (LISTEN)
hpiod     1775   root  0u  IPv4  4877      TCP localhost.localdomain:2208
 (LISTEN)
python    1780   root  4u  IPv4  4893      TCP localhost.localdomain:2207
 (LISTEN)
cupsd     1792   root  3u  IPv6  4938      TCP localhost6.localdomain6:ipp
 (LISTEN)
cupsd     1792   root  4u  IPv4  4939      TCP localhost.localdomain:ipp
 (LISTEN)
sshd      1806   root  3u  IPv6  4981      TCP *:ssh (LISTEN)
(...)
```

Como se pode ver, o lsof é capaz de mostrar informações bastante úteis, como o programa e o usuário utilizando a conexão. A opção -i também pode especificar as conexões envolvendo um endereço ou porta específicos. Por exemplo, para listar detalhes das conexões envolvendo o IP *192.168.1.55*:

```
lsof -i @192.168.1.55
```

## Opções do netstat

| Opção | Finalidade |
|---|---|
| -i | Exibe as interfaces de rede presentes na máquina |
| -a | Informações referentes a todos os sockets |
| -t | Apenas conexões TCP |
| -u | Apenas conexões UDP |
| -e | Mostra mais detalhes sobre as conexões |
| -A | Restringe a uma família de endereços: inet (conexões por IP), unix, ipx, ax25, netrom e ddp. As famílias também podem ser especificadas diretamente, como --inet ou --ipx |
| -n | Não traduz nomes de máquina, mostra apenas o endereço IP |
| -p | Mostra o PID e o nome do programa utilizando o socket |
| -r | Mostra a tabela de rotas, como o comando route sem argumentos |
| -l | Mostra apenas as portas abertas às conexões |
| -c | Atualiza e mostra as informações na tela a cada segundo |

Para especificar uma porta específica, basta informá-la após o sinal de dois-pontos. Por exemplo, para identificar conexões envolvendo a porta 25 (SMTP):

```
lsof -i :25
```

Essas opções também podem ser combinadas, permitindo especificar tanto o endereço quanto a porta, ao utilizar a sintaxe:

```
lsof -i @192.168.1.55:25
```

As informações fornecidas pelo comando lsof são muito detalhadas, mas dizem respeito somente às conexões estabelecidas com a máquina local. Em alguma situações, as conexões não podem ser estabelecidas. Por isso, é conveniente utilizar uma forma prática para avaliar a possibilidade de estabelecer uma conexão com uma máquina remota.

## Conexões de teste com Netcat

O comando netcat, ou simplesmente `nc`, funciona de maneira bastante semelhante ao clássico comando telnet. Como ferramenta de diagnóstico de conexão, o netcat pode ser utilizado para tentar conectar-se a portas abertas em máquinas remotas ou mesmo na máquina local, exatamente como um procedimento antes feito com o telnet.

A vantagem do comando nc sobre o telnet é que o nc é capaz de lidar com dados brutos, evitando erros de interpretação que podem acontecer com o telnet.

Verificando se uma máquina remota 192.168.0.2 aceita conexão na porta 22 (SSH):

```
# nc 192.168.0.2 22
SSH-2.0-OpenSSH_4.3
```

No exemplo, a máquina de endereço192.168.0.2 aceitou uma tentativa de conexão na porta 22. Como pode ser visto, o netcat é útil para verificar a disponibilidade de um serviço, pois não haverá resposta no caso de a porta estar bloqueada ou se o serviço não estiver ativo.

Também é possível verificar a conectividade em uma faixa de portas:

```
# nc -vz 192.168.4.2 20-500
192.168.4.2: inverse host lookup failed: Unknown host
(UNKNOWN) [192.168.4.2] 113 (auth) open
↪
(UNKNOWN) [192.168.4.2] 111 (sunrpc) open
(UNKNOWN) [192.168.4.2] 22 (ssh) open
```

A opção `-v` aumenta a quantidade de informações mostradas na tela e `-z` indica que a porta deve ser apenas verificada, mas que uma conexão não deve ser mantida.

Outra possibilidade do nc é atuar como um servidor rudimentar atrelado a uma porta específica. Esse recurso é útil para avaliar a viabilidade de conexão entre duas máquinas da rede. Por exemplo, para abrir a porta 1234 na máquina local:

```
nc -l -p 1234
```

A opção -l determina que o comando nc aguarde por conexões e a opção -p especifica a porta em questão. Dessa forma, é possível verificar se há um firewall sem necessidade de ativar algum serviço somente para essa finalidade. Se um firewall não estiver ativo, será possível enviar dados para essa máquina a partir de uma máquina remota. Por exemplo, se a máquina remota onde o netcat está aguardando na porta 1234 possui endereço 192.168.4.1, o comando a seguir pode ser utilizado a partir de uma máquina remota para avaliar a conectividade:

```
echo 'Aceitou a conexão' | nc 192.168.4.1 1234
```

A frase *Aceitou a conexão* será enviada para a porta 1234 na máquina 192.168.4.1. Se não houver problemas na rede ou um firewall bloqueando a conexão, a frase aparecerá na máquina onde o netcat está aguardando a conexão:

```
nc -l -p 1234
Aceitou a conexão
```

Eventualmente, o netcat também pode ser usado para copiar dados entre máquinas. Contudo, por não oferecer uma forma de autenticação, ele fica em desvantagem quando comparado a programas mais apropriados, como o scp ou o rsync.

## Varredura de portas

Apesar de o netcat ser capaz de verificar uma faixa de portas, o recurso é rudimentar e apenas exibe se a porta aceitou ou não a conexão. Para análises dessa natureza, que precisam ser mais detalhadas, existe o comando nmap.

O nmap é capaz de identificar detalhes sobre os serviços presentes na máquina remota. Para sua utilização mais simples, basta fornecer o endereço, local ou remoto, como argumento:

```
# nmap 192.168.1.250

Starting Nmap 4.76 ( http://nmap.org ) at 2009-09-17 11:58 BRT
Interesting ports on remoto (192.168.1.250):
Not shown: 990 closed ports
PORT     STATE SERVICE
22/tcp   open  ssh
53/tcp   open  domain
80/tcp   open  http
111/tcp  open  rpcbind
139/tcp  open  netbios-ssn
389/tcp  open  ldap
445/tcp  open  microsoft-ds
548/tcp  open  afp
631/tcp  open  ipp
2049/tcp open  nfs

Nmap done: 1 IP address (1 host up) scanned in 6.91 seconds
```

Foi possível identificar diversas portas e serviços ativos no endereço especificado. Uma porta específica pode ser informada com a opção -p. Para identificar qual versão do serviço está respondendo na porta indicada, basta fornecer a opção -sV. Por exemplo, para tentar identificar a versão do servidor SSH *(porta 22)* na máquina *192.168.1.140*, pode-se fazer:

```
# nmap -sV -p 22 192.168.1.140

Starting Nmap 4.76 ( http://nmap.org ) at 2009-09-17 12:03 BRT
Interesting ports on remoto (192.168.1.140):
PORT   STATE SERVICE VERSION
22/tcp open  ssh     OpenSSH 5.2 (protocol 2.0)
MAC Address: 00:12:3F:FD:7F:E1 (Dell)

Service detection performed. Please report any incorrect results at
http://nmap.org/submit/ .
Nmap done: 1 IP address (1 host up) scanned in 7.11 seconds
```

Foi possível identificar a versão do OpenSSH – versão 5.2 – que está em funcionamento na máquina em questão. Essa informação é útil para localizar versões de serviços que eventualmente apresentam falhas de segurança e devem ser atualizados ou desativados.

Em muitos casos é possível identificar até mesmo o sistema operacional da máquina remota, com a opção -O:

```
# nmap -O 192.168.1.145

Starting Nmap 4.76 ( http://nmap.org ) at 2009-09-17 12:13 BRT
Interesting ports on 192.168.1.145:
Not shown: 998 closed ports
PORT    STATE SERVICE
22/tcp  open  ssh
631/tcp open  ipp
MAC Address: 00:13:90:01:55:1B (Termtek Computer Co.)
Device type: general purpose
Running: Linux 2.6.X
OS details: Linux 2.6.13 - 2.6.20
Network Distance: 1 hop

OS detection performed. Please report any incorrect results at http://nmap.org
↪/submit/ .
Nmap done: 1 IP address (1 host up) scanned in 10.13 seconds
```

A partir do padrão de resposta recebido pelo nmap, é possível supor qual é o sistema operacional que o produziu. Mesmo que os dados sejam insuficientes para identificá-lo com exatidão, na maioria dos casos será possível identificá-lo genericamente. Como mostrado no exemplo, foi possível identificar genericamente o sistema operacional em execução – *Linux 2.6.X*.

## Inspeção de dados

Mesmo quando é possível estabelecer uma conexão, não é possível garantir que o fluxo de dados transcorra de maneira correta, a menos que seja feita uma inspeção dos dados que são enviados pela conexão. O comando `tcpdump` é capaz de fazer análises muito profundas sobre o tráfego de dados no computador, tanto no fluxo de entrada quanto no fluxo de saída.

As informações exibidas pelo tcpdump – quando usado sem opções de filtragem – são muito extensas, sendo recomendado utilizá-lo com opções que limitem o conteúdo somente aos dados desejados.

O tcpdump pode ser utilizado com opções simples ou com expressões específicas. Algumas opções importantes do tcpdump são:

- `-c 10`: Limita o número máximo para 10 capturas de pacotes;
- `-D`: Lista as interfaces ativas no sistema;
- `-i eth0`: Limita a captura para a interface eth0 apenas;
- `-q`: Mostra informações mais sucintas;
- `-t`: Não mostra informações de hora;
- `-v`, `-vv`, `-vvv`: Aumenta gradativamente o nível de detalhamento das informações;
- `-w arquivo`: Grava toda saída para o arquivo especificado, que poderá ser analisado posteriormente com a opção `-r arquivo`.

As expressões do tcpdump podem ser utilizadas para limitar a saída do comando, que pode conter informações em demasia. As expressões referem-se basicamente a restrições de endereços e portas, para facilitar o rastreamento de possíveis problemas. Expressões comuns do tcpdump podem ser consultadas na tabela **Expressões do tcpdump**.

As expressões podem ser combinadas utilizando operadores lógicos. Dessa forma, se obtém exatamente os dados desejados. Os operadores mais utilizados são:

- `!` ou `not`: Mostra pacotes que não correspondam à expressão;
- `&&` ou `and`: Mostra pacotes que correspondam às duas expressões especificadas;
- `|` ou `or`: Mostra pacotes que correspondam a qualquer uma das expressões especificadas.

Por exemplo, duas expressões podem ser combinadas da seguinte forma:

```
tcpdump port ssh and not host 192.168.4.1
```

Este comando mostrará pacotes cuja porta de origem ou destino seja a porta ssh (22) e cujo host de origem ou destino não seja o host 192.168.4.1.

## Expressões do tcpdump

| Expressão | Finalidade |
| --- | --- |
| `dst host nome` | Mostra pacotes cujo destino seja o host especificado pelo termo *nome*. Pode ser um nome ou IP. |
| `src host nome` | Mostra pacotes cuja origem seja o host especificado pelo termo *nome*. Pode ser um nome ou IP. |
| `host nome` | Mostra pacotes cuja origem ou destino sejam o host especificado pelo termo *nome*. Pode ser um nome ou IP. |
| `dst net rede` | Mostra pacotes cujo destino seja a rede especificada pelo termo *rede*. Pode ser no formato numérico ou um nome em /etc/networks. |
| `src net rede` | Mostra pacotes cuja origem seja a rede especificada. Pode ser no formato numérico ou um nome em /etc/networks. |
| `net rede` | Mostra pacotes cuja rede de origem ou destino seja a rede especificada. Pode ser no formato numérico ou um nome em /etc/networks. |
| `dst port porta` | Mostra pacotes ip/tcp, ip/udp, ip6/tcp ou ip6/udp cuja porta de destino seja a especificada. A porta pode ser no formato numérico ou um nome que conste em /etc/services. |
| `src port porta` | Mostra os pacotes cuja porta de origem seja a especificada. |
| `port porta` | Mostra pacotes cuja porta de origem ou destino seja a porta especificada. |
| `dst portrange porta1-porta2` | Mostra pacotes cuja porta de destino esteja entre as portas especificadas. |
| `src portrange porta1-porta2` | Mostra pacotes cuja porta de origem esteja entre as portas especificadas. |
| `portrange porta1-porta2` | Mostra pacotes cuja porta de origem ou destino esteja entre as portas especificadas. |

# 205.3 Soluções de problemas de rede

**Peso 4**

Quando toda a infraestrutura de rede está funcional e ainda assim algumas conexões apresentam problemas, é provável que o problema encontra-se num nível mais alto, na esfera da configuração dos serviços de comunicação.

Problemas de tradução de nomes DNS costumam ser a principal origem dos problemas de conectividade. Se a comunicação feita diretamente por número IP é possível, mas tentar acessar uma máquina por seu nome não gera resposta, é provável que a máquina local não esteja consultando o servidor DNS ou este não esteja corretamente configurado. Para identificar se um nome pode ser corretamente traduzido para um número IP, usa-se o comando `host`:

```
# host www.lpi.org
www.lpi.org has address 69.90.69.231
```

No caso mostrado, foi possível realizar a tradução do nome para o número IP. Se o nome não pôde ser traduzido, vale verificar se o número IP do servidor DNS está corretamente especificado no arquivo /etc/resolv.conf da máquina local.

Caso apenas alguns nomes não possam ser traduzidos, provavelmente o problema está na configuração do servidor DNS. Se esses nomes referem-se a máquinas na rede local, cabe verificar as configurações no servidor DNS da rede. O comando dig tem a finalidade de verificar a disponibilidade de um nome em um servidor DNS específico, bastando informar o endereço após o sinal de arroba:

```
# dig webmail @192.168.1.250

; <<>> DiG 9.5.1-P2 <<>> webmail @192.168.1.250
;; global options:  printcmd
;; Got answer:
;; ->>HEADER<<- opcode: QUERY, status: NOERROR, id: 20890
;; flags: qr aa rd ra; QUERY: 1, ANSWER: 1, AUTHORITY: 0, ADDITIONAL: 0

;; QUESTION SECTION:
;webmail.                    IN      A

;; ANSWER SECTION:
webmail.            604800   IN      A         192.168.1.251

;; Query time: 1 msec
;; SERVER: 192.168.1.250#53(192.168.1.250)
;; WHEN: Thu Sep 17 16:45:58 2009
;; MSG SIZE  rcvd: 41
```

No trecho *ANSWER SECTION* deve aparecer o endereço correspondente ao nome pesquisado. Caso não apareça, a configuração do servidor deve ser corrigida para informar corretamente as informações solicitadas.

## Disponibilidade de serviços

Antes de qualquer verificação de configurações, o serviço em questão deve estar instalado no computador de destino. Caso ele já esteja instalado e ainda assim a utilização apresenta problema, arquivos de log como /var/log/syslog e /var/log/messages devem ser consultados para verificar se a inicialização do serviço aconteceu sem problemas. Alguns serviços possuem seu próprios arquivos de log, que também devem ser consultados para localizar possíveis falhas de operação.

Também convém verificar se há algum tipo de proteção que impede conexões legítimas de serem estabelecidas. Configurações inapropriadas do TCP Wrappers podem estar bloqueando as conexões. Para fins de diagnóstico, é recomendável fazer uma cópia, apagar o conteúdo dos arquivos /etc/hosts.allow e /etc/hosts.deny e efetuar nova tentativa de conexão. Firewalls também podem ser os responsáveis por bloquear conexões legítimas.

## Verificação do percurso dos dados

Se o servidor estiver fora da rede local, algum roteador ao longo do caminho pode estar apresentando problemas. A maneira mais simples de identificar em qual máquina o tráfego de dados está falhando é utilizar o comando `traceroute` em redes IPv4 ou `traceroute6` em redes IPv6. Por exemplo, para verificar se há perda de dados até uma máquina situada fora da rede local:

```
traceroute 208.67.222.222
```

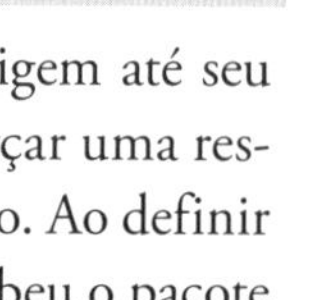

O comando traceroute rastreia o percurso de um pacote desde a origem até seu destino. Ele utiliza o campo *time to live* (TTL) do protocolo IP para forçar uma resposta ICMP TIME_EXCEEDED de cada gateway ao longo do caminho. Ao definir um tempo limite de resposta muito pequeno, o último gateway que recebeu o pacote devolve a informação falha; dessa forma, poderá ser identificado. Essa é a técnica utilizada para descobrir cada máquina por onde o pacote trafegou e, por consequência, identificar aquela que eventualmente não pôde retransmitir um pacote.

# Exercícios

## Questões Tópico 205

1. Qual argumento do comando ifconfig altera o endereço MAC de uma interface ethernet?
   a. mac
   b. hw
   c. arp
   d. eth

2. Como pode ser atribuído o segundo endereço IP 192.168.1.2 para a interface ethernet eth0 que já possui um endereço? Marque todas as opções corretas.
   a. ifconfig eth0 +192.168.1.2
   b. ifconfig eth0 add 192.168.1.2
   c. ifconfig eth0 192.168.1.2 up
   d. ifconfig eth0:0 192.168.1.2

3. O comando _______ exibe a tabela de correspondência do kernel para endereços MAC conhecidos e números IP.

4. O comando ________ wlan0 essid rede_abc associa a interface wireless wlan0 à rede aberta chamada rede_abc.

5. Qual solicitação é enviada pelo comando ping para determinar a disponibilidade na rede?
   a. ICMP_REQUEST
   b. ICMP_RESPONSE
   c. ECHO_REQUEST
   d. ECHO_ANSWER

6. Quais comandos podem ser utilizados para exibir as rotas de rede da máquina local? Marque todas as opções corretas.
   a. route
   b. ip
   c. netstat
   d. traceroute

7. Quais comandos podem ser utilizados para exibir as portas de rede abertas na máquina local? Marque todas as opções corretas.
   a. netstat
   b. lsof
   c. nc
   d. nmap

8. Qual arquivo deve conter o número IP dos servidores DNS? Informe o caminho completo.

9. Quais programas podem interceptar e analisar os conteúdo de pacotes trafegados na interface? Marque todas as opções corretas.
   a. nmap
   b. cat
   c. tcpdump
   d. nc

10. O comando _________ é utilizado para listar redes sem fio detectadas.

# Tópico 206:

# Manutenção do sistema

Principais temas abordados:

- Compilar e instalar programas;
- Operações de backup;
- Notificar usuários.

# 206.1 Compilar e instalar programas a partir do código-fonte

**Peso 2**

Em algumas situações, os programas disponíveis em uma distribuição podem não ser os mais adequados para uma finalidade específica. Isso acontece quando a versão do programa disponível não é aquela necessária a uma tarefa ou o programa é raro e simplesmente não está disponível.

Quando necessário, é possível copiar o programa diretamente do site do desenvolvedor ou de portais especializados em hospedar projetos de código aberto, como o *github.com*. Contudo, pacotes pré-compilados podem não ser compatíveis com alguma distribuição específica ou sequer estão disponíveis.

Além do opcional pacote pré-compilado, programas de código aberto são distribuídos em seu *código-fonte*, que são os arquivos em linguagem de programação escritos pelos desenvolvedores do projeto em questão.

## Compressão e descompressão de arquivos

É comum que o código-fonte de programas esteja organizado em centenas – por vezes milhares – de arquivos de texto separados. Para simplificar a distribuição, a maioria dos programas distribuídos em código-fonte apresenta-se na forma de arquivos *tar* comprimidos. Arquivos *tar* podem conter toda uma árvore de diretórios e arquivos aglutinados dentro dele, o que facilita sua distribuição. Além disso, como são comprimidos, reduzem drasticamente a quantidade de dados que necessita ser copiada.

Existem dois padrões de compressão muito utilizados para distribuição de arquivos *tar* de código-fonte: o *Gzip* e o *Bzip2*. O Gzip oferece maior agilidade na compressão e descompressão, enquanto o Bzip2 costuma oferecer arquivos comprimidos ligeiramente menores.

Os comandos para compressão são, respectivamente, `gzip` e `bzip2`. Para descompressão, são usados `gunzip` e `bunzip2`. Esses comandos podem trabalhar diretamente sobre o arquivo informado como argumento ou trabalhar com os dados recebidos via entrada padrão.

Por exemplo, para descomprimir o arquivo `resynthesizer-0.16.tar.gz`:

```
gunzip resynthesizer-0.16.tar.gz
```

Usado dessa forma, o comando gunzip substituirá o arquivo original pelo arquivo `resynthesizer-0.16.tar`. Para evitar que o arquivo original seja substituído, podem ser usadas a entrada e saída padrão:

```
cat resynthesizer-0.16.tar.gz | gunzip > resynthesizer-0.16.tar
```

O mesmo procedimento é simplificado utilizando os comandos especializados zcat e bzcat. Eles simplesmente tomam o arquivo informado e o descomprimem para a saída padrão:

```
zcat resynthesizer-0.16.tar.gz > resynthesizer-0.16.tar
```

Outro formato de compactação bastante utilizado é o *xz*, compatível com o *lzma*. Sua utilização é muito semelhante à do gzip e bzip2. Os principais comandos são xz, para compactar, e unxz, para descompactar. Para o formato *lzma*, utiliza-se o lzma e unlzma.

Essas ferramentas de compressão são incapazes de aglutinar arquivos, por isso são utilizadas em conjunto com o comando tar, que é o responsável por essa função.

Para facilitar o procedimento de aglutinação e extração dos arquivos, tanto a compressão quanto a descompressão podem ser efetuadas diretamente pelo comando tar, ao utilizar os argumentos:

- **z** para compressão gzip;
- **j** para compressão bzip2.
- **J** para compressão xz.

Para criar um arquivo *tar.bz2* com o conteúdo de um diretório, o seguinte comando pode ser utilizado:

```
tar cjf nome_do_arquivo.tar.bz2 nome_do_diretório/
```

A opção c determina a criação de um arquivo, a opção j determina a utilização de compressão bzip2 e a opção f determina o nome do arquivo que vem a seguir. O arquivo ou diretório a ser incluído é colocado por último.

A extração do conteúdo de um arquivo *tar* compactado é ainda mais simples. Por exemplo, para extrair o arquivo resynthesizer-0.16.tar.gz:

```
tar xzf resynthesizer-0.16.tar.gz
```

A opção x determina a extração do conteúdo, a opção z determina a descompressão por gzip e a opção f indica o arquivo a ser extraído, que é colocado na sequência. O conteúdo do arquivo será extraído no diretório atual.

## Compilar e instalar programas

Depois de copiado o arquivo *tar* com o código-fonte de um programa, o primeiro passo é extraí-lo para o local apropriado. Após a instalação do programa, o código-fonte pode ser apagado. Contudo, se o código ainda for utilizado posteriormente – para estudo ou correções – ele deve ser mantido no diretório /usr/src, que é o local padrão para os arquivos de código-fonte no Linux. Ali, é conveniente deixar um diretório para cada programa.

Praticamente todos os arquivos *tar* de código-fonte criam automaticamente esse diretório com o nome do programa, bastando que a extração seja feita de dentro do diretório /usr/src. Por exemplo, extrair o arquivo de código-fonte do programa *Qtractor*:

```
cd /usr/src
tar xjvf qtractor-0.4.2.tar.gz
```

Esse comando criará o diretório `qtractor-0.4.2` dentro do diretório `/usr/src`, contendo o código-fonte do programa e outros arquivos relacionados. Caso o arquivo `qtractor-0.4.2.tar.gz` não esteja no diretório `/usr/src`, o caminho completo para ele deve ser informado para que o comando `tar` o localize. É a partir de dentro do diretório recém criado pela extração que o trabalho de instalação prossegue.

Antes de compilar o programa, é necessário configurar o processo de compilação. Isso é feito por um script chamado `configure`, localizado na raiz do diretório contendo os arquivos de código. O script coleta informações sobre a arquitetura do sistema, caminhos de comandos, bibliotecas compartilhadas, características de funcionamento do programa, etc. Em geral, o configure pode ser invocado sem argumentos, simplesmente executando `./configure`.

Uma opção bastante utilizada é `--prefix`, que informa qual diretório do sistema de arquivos o programa deverá usar como base para a instalação. Por padrão, os programas compilados a partir do código-fonte são instalados no diretório `/usr/local`. Para definir outro diretório de destino, o configure é invocado na forma:

```
./configure --prefix=/opt
```

Esse comando determina que o programa e seus demais arquivos serão instalados no diretório `/opt`. Após a instalação, os arquivos do programa serão colocados nos diretórios apropriados dentro do diretório informado pela opção --prefix, como o diretório `bin` (comandos), `man` (manual) e `lib` (bibliotecas compartilhadas).

### Requisitos para compilação

Para compilar um programa a partir de seu código-fonte, é necessário possuir alguns programas de desenvolvimento no sistema, sobretudo um compilador. Além disso, programas podem ter necessidades específicas, como bibliotecas adicionais e diferentes tipos de compiladores. Consulte os arquivo `README` e `INSTALL` presentes no pacote do código-fonte do programa para saber quais são os requisitos mínimos para compilação.

A lista completa das opções pode ser consultada ao invocar o comando `./configure --help`. As informações coletadas pelo script configure são armazenadas em um arquivo no mesmo diretório, chamado `Makefile`.

O arquivo Makefile pode ser editado para alterar as opções de instalação, como a variável `PREFIX`, que desempenha a mesma função do argumento `--prefix` do script configure e outras variáveis que indicam a localização de bibliotecas, comandos, características do programa, etc.

Terminada a configuração, o programa pode ser compilado. Isso é feito simplesmente executando o comando `make`, que cria as bibliotecas e arquivos executáveis conforme as instruções e as opções especificadas no arquivo Makefile.

Finalizada a compilação, o programa estará pronto para ser instalado no diretório de destino. Mais uma vez, o comando make é usado, dessa vez na forma `make install`. Se os procedimentos de configuração e compilação foram realizados por um usuário comum e o destino da instalação não estiver no diretório pessoal deste usuário, a instalação deverá ser feita pelo usuário root, que tem permissão para escrever nos diretório do sistema.

## 206.2 Operações de backup

**Peso 3**

Uma das atividades mais importantes de um administrador de redes e sistemas é manter uma estratégia eficiente de backup de dados. A solução para esse problema pode ser a utilização de um sistema de backup comercial completo ou simplesmente um agendamento de script para cópia remota.

Em um sistema Linux, nem todos os diretórios precisam ou devem possuir backup. Diretórios como `/proc`, `/dev` e `/tmp` devem ser ignorados nesse caso.

Diretórios que devem possuir backup são aqueles que armazenam os arquivos pessoais dos usuários, configurações dos programas, bancos de dados e outros arquivos sensíveis. Também é interessante manter cópias de diretórios que contêm arquivos de log. Por padrão, os diretórios que armazenam o arquivos mencionados podem ser consultados na tabela **Diretórios para backup**.

Nem sempre é necessário fazer a cópia de todos os arquivos dentro desses diretórios. Quando se pretende realizar o backup de algum serviço específico, é recomendável identificar dentro desses diretórios aqueles que são diretamente relacionados a tal serviço.

## Diretórios para backup

| Diretório | Descrição |
|---|---|
| /home | Diretórios pessoais dos usuários. Deve ter alta prioridade de backup. |
| /etc | Configurações gerais do sistema e dos programas. |
| /var | Muitas informações importantes são armazenadas no diretório /var. Em /var/log ficam a maioria dos logs de sistema. Bancos de dados podem estar em /var/db ou /var/lib, dependendo das configurações e do servidor de banco de dados utilizado. Os emails locais, por padrão, ficam em /var/spool/mail. Sites Web controlados pelo apache ficam em /var/www. |
| /usr e /opt | Opcionais, apenas necessários para evitar a reinstalação de algum programa durante a recuperação total do sistema. |

## Ferramentas de backup

A escolha da melhor solução de backup depende muito do contexto em que ele será utilizado. Em grandes redes é mais apropriado adotar soluções específicas e estáveis, como o Amanda, Bacula, BackupPC ou BareOS. Com eles é possível configurar o backup de forma centralizada e monitorar o andamento de backups atuais e antigos, facilitando a localização e solução de eventuais falhas.

Ainda hoje, é possível utilizar dispositivos de fita para armazenar backups. Apesar de alguns inconvenientes, como a baixa velocidade de gravação e leitura, o baixo custo e o bom espaço de armazenamento podem ser atrativos.

O comando para manipulação de dispositivos de fita – acessíveis pelos arquivos /dev/st* ou /dev/nst* – é o comando `mt`, disponível pelo pacote *cpio*. A operação de um dispositivo de fita é muito semelhante à operação com fitas de áudio ou vídeo, em que marcas no início e no final do arquivo gravado são utilizadas para localizar e posicionar o leitor, e permitir a gravação e leitura corretas.

## Comandos de aglutinação de arquivos

Além dos sistemas complexos de backup, comandos simples podem ser usados para criar eficientes esquemas de cópias de segurança. Principalmente em redes pequenas, onde um único servidor concentra a maioria dos serviços oferecidos, scripts simples e agendamentos são capazes de atender à necessidade.

A ferramenta universal de criação de backups em ambientes Unix é o comando `tar`. Sua principal característica é gerar um único arquivo que aglutina todos os arquivos e diretórios de origem, preservando ainda todas as permissões e propriedades dos arquivos copiados.

Mesmo quando as cópias de segurança forem passadas para mídias como CDs ou DVDs, é recomendável primeiro gerar um arquivo *tar* contendo os arquivos e somente depois copiar este arquivo para a mídia final, a fim de preservar todas as características dos arquivos originais.

O comando cpio é semelhante ao *tar* em muitos aspectos. A finalidade básica de ambos é aglutinar arquivos, mas a forma de utilização difere entre eles.

O cpio trabalha diretamente com a entrada e saída padrão. Para criar um arquivo, utiliza-se a opção -o :

```
find /home | cpio -ov > usuarios.cpio
```

Todos os arquivos recebidos – aqueles informados pelo comando find – serão utilizados para gerar o arquivo usuarios.cpio. A opção -v exibe detalhes do processo, como os nomes dos arquivos sendo processados.

Extrair um arquivo é um processo semelhante, mas é determinado pela opção -i. Para extrair todo o conteúdo de um arquivo:

```
cpio -ivd < usuarios.cpio
```

A opção -d preserva a hierarquia de diretórios original. Para extrair apenas algum arquivo específico, basta informar o nome completo ou um padrão de nome para extração:

```
cpio -ivd < usuarios.cpio '*pdf'
```

Dessa forma, apenas os arquivos com sufixo *pdf* serão extraídos.

Além de gerar cópias de diretórios e arquivos, até mesmo dispositivos inteiros podem ser espelhados para recuperação futura. Com o comando dd, um disco rígido inteiro pode ser espelhado e armazenado para recuperação futura.

Por exemplo, para fazer uma cópia do dispositivo */dev/sda* para o arquivo *sda.img*:

```
dd if=/dev/sda of=sda.img
```

Por tratar-se de uma cópia completa do dispositivo, inclusive dos trechos sem dados gravados, pode ser um procedimento muito demorado. Contudo, gerar uma cópia exata do disco é especialmente útil para replicar todo o sistema operacional em máquinas com a mesma configuração de hardware.

## Cópia via rede

Além da possibilidade de manter cópias de segurança em mídias e discos externos, pode-se transmitir arquivos de backup pela rede, utilizando o *tar* em conjunto com o ssh. O meio mais simples para realizar essa tarefa é utilizar o comando scp, que é parte das ferramentas do pacote OpenSSH:

```
scp 18-09-2009.tar.gz admin@backup.srv:/var/backup
```

Este comando copiará o arquivo 18-09-2009.tar.gz para o diretório /var/backup no computador remoto backup.srv, utilizando a conta do usuário admin. Para unificar as etapas de criação do arquivo tar.gz e envio para o computador remoto, o comando a seguir pode ser utilizado:

```
tar czvf - . | ssh admin@backup.srv 'cat > /var/backup/18-09-2009.tar.gz'
```

Dessa forma, o arquivo não será criado no computador local, mas direcionado e criado diretamente no servidor remoto backup.srv.

Outro comando importante para efetuar cópias por meio da rede é o comando rsync. Semelhante em utilização ao scp, o rsync oferece algumas vantagens. Por exemplo, o rsync compara os dados na origem com os dados eventualmente presentes no destino e copia apenas os arquivos que tenham sido modificados.

A utilização básica do rsync exige poucas opções:

```
rsync -r /var/spool/mail admin@backup.srv:/var/backup/mail
```

Com esse comando, o rsync se comunicará com o rsync "servidor" instalado na máquina backup.srv e copiará recursivamente – em função da opção -r – todo o conteúdo do diretório local /var/spool/mail para o diretório remoto /var/backup/mail.

Mesmo que o rsync servidor não esteja disponível, é possível utilizá-lo em conjunto com o servidor SSH. Para isso, basta informar de que forma o rsync deve proceder o login, com a opção -e:

```
rsync -e ssh -r /var/spool/mail admin@backup.srv:/var/backup/mail
```

Outra vantagem dessa abordagem é que todo o tráfego estará protegido por criptografia. Caso o arquivo a ser copiado seja muito grande, pode ser conveniente realizar a cópia parcial, a partir da última interrupção. Isso permite reiniciar uma transferência de um arquivo, como pode ser feito com servidores HTTP ou FTP.:

```
rsync -P -e ssh -r /var/spool/mail admin@backup.srv:/var/backup/mail
```

A opção -P (de *partial*, ou parcial) determina que os arquivos incompletos no destino não serão reiniciados, mas que será feita apenas a transferência dos dados faltantes. Além disso, a opção -P (*progress*, ou progresso) também determina a exibição do progresso da cópia.

## 206.3 Informar usuários sobre questões relativas ao sistema

**Peso 1**

Durante procedimentos de manutenção na rede, é importante deixar os usuários informados para evitar novas chamadas de problemas ou mesmo o asseveramento de algum problema já instalado.

No contexto do terminal, diversas abordagens permitem transmitir essas informações. Para aqueles usuários utilizando por terminal um servidor onde será feita a manutenção, o comando `wall` pode ser utilizado para lhes passar informações relevantes.

O comando wall simplesmente mostra uma mensagem específica para todos os usuários utilizando a máquina em questão via terminal. O único argumento para o comando é o caminho para um arquivo contendo a mensagem de texto. Sem argumentos, o comando simplesmente exibirá o conteúdo da entrada padrão.

```
# echo 'O servico de email estara novamente disponivel em 15 minutos.' | wall

Mensagem de broadcast de root@server
        (/dev/pts/2) at 17:22 ...

O servico de email estara novamente disponivel em 15 minutos.
```

Também é importante informar aos usuários que entrem no sistema posteriormente, enquanto a manutenção ainda estiver se desenrolando.

Caso o reinício do sistema seja necessário, o próprio comando `shutdown` pode ser usado para enviar a mensagem para os usuários e, após um tempo pré-definido, realizar o reinício. Por exemplo, para enviar uma mensagem e realizar o reinício após 5 minutos:

```
shutdown -r +5 'Sistema reiniciando em 5 minutos...'
```

A opção `-r` determina o reinício do sistema, a opção `+5` define em 5 minutos a espera antes de realizar o reinício, e por último é definida a mensagem avisando sobre o desligamento para todos os usuários conectados. Para cancelar um procedimento de reinício ou desligamento, deve ser utilizado o comando `shutdown -c`.

Em ambientes que utilizam *systemd*, o comando `systemctl` exerce funções semelhantes ao comando `shutdown`. Para enviar uma mensagem para todos os usuários logados no terminal antes de reiniciar o sistema, o comando `systemctl` é invocado com o subcomando `reboot` e o parâmetro `--message` indicando a mensagem:

```
# systemctl reboot --message="O sistema será reiniciado"
```

Outros subcomandos do `systemctl` com finalidade semelhante são `halt`, `poweroff` e `rescue`, este último para entrar no modo de recuperação do sistema.

O programa de controle login via terminal mostra o conteúdo do arquivo `/etc/issue` tão logo o prompt aparece. Portanto, basta inserir a mensagem dentro desse arquivo e esvaziá-lo ao término da manutenção.

Para sessões iniciadas via telnet, o arquivo `/etc/issue.net` desempenha a mesma função. Opcionalmente, ele pode ser utilizado para sessões iniciadas via ssh, bastando definir a entrada `Banner /etc/issue.net` no arquivo de configuração `/etc/ssh/sshd_config`.

Caso a manutenção não comprometa a utilização do sistema, mas seja conveniente manter os usuários informados, poderá ser mais conveniente utilizar o arquivo `/etc/motd`. O conteúdo deste arquivo, cuja sigla representa *message of the day* (mensagem do dia), é exibido após um login bem-sucedido, podendo ser utilizado para transmitir informações mais amenas.

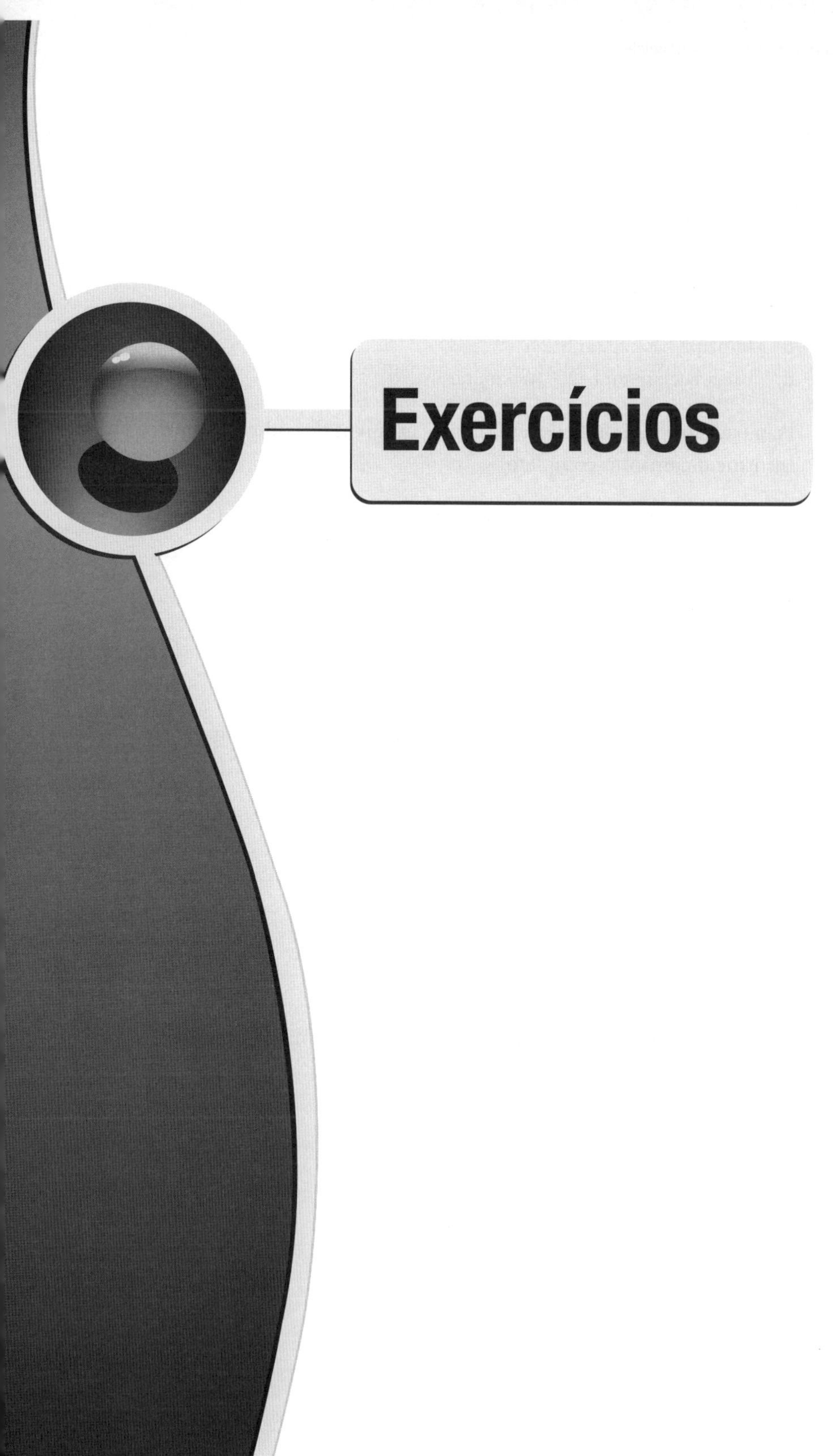

# Exercícios

## Questões Tópico 206

1. De que forma o arquivo backup.tar.bz2 pode ser descompactado? Marque todas as respostas corretas.
   a. tar xzvf backup.tar.bz2
   b. gunzip backup.tar.bz2
   c. bunzip2 backup.tar.bz2
   d. bzcat backup.tar.bz2 > backup.tar

2. Pelo padrão FHS, onde devem ficar os arquivos de código-fonte dos programas? Informe o caminho completo.

3. Qual opção do script `configure` determina o diretório base da instalação do programa?
   a. --dest
   b. --destdir
   c. --pref
   d. --prefix

4. A maneira padrão de compilar um programa após a configuração com o script configure é utilizar o comando ________.

5. Qual é a sequência padrão correta para configuração, compilação e instalação de um programa a partir de seu código-fonte?
   a. make config; make; make install
   b. make install; make; ./configure
   c. make; make install; ./configure
   d. ./configure; make; make install

6. Qual desses diretório não deve entrar num esquema de backup?
   a. /usr
   b. /proc
   c. /home
   d. /var

7. Quais desses comandos podem ser utilizados para aglutinar arquivos? Marque todas as respostas corretas.
   a. tar
   b. cpio
   c. gzip
   d. bzip2

8. O comando GNU/Linux padrão para manipulação de dispositivos de fita é o ______.

9. Quais comandos podem ser utilizados para realizar a cópia exata (imagem) de uma mídia ou dispositivo? Marque todas as respostas corretas.
   a. cp
   b. scp
   c. dd
   d. rsync

10. Quais comandos podem ser utilizados para fazer cópias de dados pela rede? Marque todas as respostas corretas.
    a. cp
    b. scp
    c. dd
    d. rsync

Peso total do tópico na prova: 8

# Tópico 207:

# Servidor de Nomes de Domínio

Principais temas abordados:

- Configuração do servidor BIND;
- Criação e manutenção de arquivos de zonas;
- Segurança de DNS.

## 207.1 Configuração básica de um servidor DNS

**Peso 3**

Um serviço DNS – *Domain Name System* – é o responsável por traduzir os nomes de máquinas (conhecidos simplesmente como *domínios*) para seus respectivos números IP e vice-versa. A correspondência entre o nome e o número IP é chamada mapeamento, que é organizado de forma hierárquica.

Em outras palavras, um domínio como *wiki.tldp.org* será quebrado e resolvido começando pelo termo *org*, depois *tldp* e finalmente *wiki* – itens chamados respectivamente *top-level domain*, *second-level domain* e *third-level domain*. É nessa ordem que o endereço IP para *wiki.tldp.org* será obtido. Os top-level domains mais comuns são *.com.br*, *.com*, *.org* e *.net*, mas existem vários outros.

O servidor de resolução de nomes mais usado no mundo é o Bind, mas existem outros, como o dnsmasq, djbdns e o PowerDNS. O principal programa do Bind é o `named`, o responsável por responder às solicitações de tradução de nomes. As especificações para resolução de nomes são definidas pelo *Internet Systems Consortium*.

O principal arquivo de configuração do Bind é o `named.conf`*, que pode ser encontrado no diretório `/etc/` ou `/etc/bind/`.

Em função de sua arquitetura descentralizada, um servidor DNS Bind pode funcionar de maneiras muito diferentes. Alguns servidores simplesmente espelham outros servidores DNS e outros sequer possuem as informações de tradução. Cada configuração serve a um propósito, dependendo da necessidade local.

### Servidor caching-only

Um servidor DNS *caching-only* é a mais simples implementação de um servidor DNS. O servidor apenas requisita a resolução do nome junto a um servidor externo e armazena a resposta para agilizar futuras requisições. Exemplo de conteúdo do arquivo de configuração `named.conf` para um servidor de DNS caching-only:

```
options {
        directory "/var/named";
};

zone "." IN {
        type hint;
        file "root.hints";
};
```

* As informações citadas dizem respeito à versão 9 ou superior do servidor Bind. Alguns nomes e configurações de versões do Bind anteriores a essa podem ser diferentes.

Zonas convencionais têm seções definidas de forma semelhante (por exemplo, zone "localhost IN {..."), e é importante que para cada uma delas seja especificada uma zona para DNS reverso (por exemplo, zone "0.0.127.in-addr.arpa IN {..."). O DNS reverso é importante pois é responsável por converter números IP para seus respectivos nomes.

Voltando ao exemplo, na seção options é indicado onde estão os arquivos de zonas (directory "/var/named";). Está definido apenas o mapeamento para ".", que será consultado caso nenhum outro mapeamento seja encontrado. É este o caso do exemplo, que também determina o tipo do arquivo de zona para apenas cache (type hint;).

O comando named-checkconf pode ser utilizado para verificar se existem erros de sintaxe na configuração do named.

No arquivo /var/named/root.hints está uma lista com os servidores de nomes principais da Internet. Este arquivo é gerado a partir do comando dig @e.root-servers.net.ns. Como os endereços de alguns servidores podem mudar, é aconselhável atualizar o arquivo regularmente.

Trecho de /var/named/root.hints:

```
(...)
D.ROOT-SERVERS.NET.    3600000 IN    A     128.8.10.90
A.ROOT-SERVERS.NET.    3600000 IN    A     198.41.0.4
H.ROOT-SERVERS.NET.    3600000 IN    A     128.63.2.53
C.ROOT-SERVERS.NET.    3600000 IN    A     192.33.4.12
(...)
```

Após alterar os arquivos de configuração, será necessário reiniciar o daemon named, responsável por responder às requisições de DNS. Para que as configurações tenham efeito sem interromper o serviço em execução, basta enviar o sinal HUP para o processo, o que pode ser feito com o comando kill:

```
kill -HUP `pidof named`
```

Apesar de o comando kill poder ser utilizado, existe um comando específico para controlar o daemon named em execução. É o comando rndc, utilizado principalmente para forçar a leitura de novas configurações de zone:

```
rndc reload
```

Esse comando fará com que as configurações e arquivos de zona seja recarregados, sem que o named seja interrompido. Além de controlar um servidor Bind local, o comando rndc também pode ser utilizado para exibir o status do servidor, transferir zonas e interromper o serviço etc em um servidor remoto. Usado sem argumentos, o rndc exibe as instruções que podem ser utilizadas.

## 207.2 Criação e manutenção de zonas de DNS

**Peso 3**

A principal diferença entre um servidor DNS tradicional e um servidor DNS *caching-only* acontece principalmente nos arquivos de zona. Num servidor tradicional, os arquivos de zona contêm a correspondência de IPs e nomes para os domínios especificados em `named.conf`.

### Criando um domínio

Para cada domínio sob responsabilidade do servidor, deve ser criada uma entrada no arquivo `named.conf`. Essa entrada é muito parecida com aquela do exemplo de DNS caching-only:

```
options {
        directory "/var/named";
};

zone "." IN {
        type hint;
        file "root.hints";
};

zone "gink.go" IN {
        type master;
        file "gink.go.zone";
};
```

A última entrada indica opções e o arquivo de zona para solicitações de nome para o domínio *gink.go*. Este é um domínio fictício, utilizado como exemplo para uma rede interna. A opção `type` determina a prioridade da zona para o domínio: pode ser *master* ou *slave*. O arquivo definido na opção `file` deve ser criado no mesmo diretório definido na opção `directory` da seção `options`. Pode ser escolhido qualquer nome para o arquivo de zona, mas geralmente é escolhido o nome do domínio com os prefixos/sufixos *zone* ou *db*.

### Registros da zona

O arquivo de zona contém várias informações dos nomes do domínio em questão. Um arquivo de zona para o exemplo pode ser escrito da seguinte forma:

```
$TTL 3D
@       IN      SOA     floyd.gink.go. hostmaster.gink.go. (
        2007060401         ; serial
        28800              ; refresh (8 horas)
        7200               ; retry (2 horas)
        2419200            ; expire (4 semanas)
        86400              ; minimum (1 dia)
        )
                NS      floyd
                MX   5  mail
floyd           A       192.168.0.1
hamilton        A       192.168.0.2
www             CNAME   hamilton
felix           A       192.168.0.4
mail            CNAME   felix
emily           A       192.168.0.11
```

Cada item do arquivo de zona deve respeitar a uma sintaxe muito particular; caso contrário, erros serão informados e o servidor não será capaz de traduzir os nomes. A seguir, o exemplo é analisado item a item:

```
$TTL 3D
```

Indica a validade padrão dos dados ou por quanto tempo os dados conseguidos a partir deste servidor devem ser mantidos em um cache de DNS.

```
@       IN      SOA     floyd.gink.go. hostmaster.gink.go. (
```

Essa linha corresponde à principal entrada: SOA (*Start Of Authority*). Ela determina qual o servidor e o email do administrador do DNS. O sinal @ é apenas um atalho para a origem, que corresponde ao domínio da zona. Caso o domínio seja mencionado, deve ser especificado com um ponto no final: `ginko.go.` .

O `IN` significa Internet e determina a classe do registro. Na grande maioria dos servidores DNS, será a única classe utilizada. O termo *SOA* indica tratar-se do registro da autoridade para o domínio, seguido do nome do servidor DNS e do email do administrador. Perceba que ambos, nome do servidor e email, são terminados com um ponto. O email também tem um ponto no lugar do @. O parêntese no fim da linha indica o início das propriedades do registro.

```
2009090401         ; serial
28800              ; refresh (8 horas)
7200               ; retry (2 horas)
2419200            ; expire (4 semanas)
86400              ; minimum (1 dia)
)
```

Essa seção especifica algumas propriedades para a zona. O primeiro número, 2009090401, determina um número serial de identificação para a zona. Pode ser qualquer número, mas via de regra segue o formato de data mais um número decimal. Os demais valores determinam respectivamente: intervalo de atualização, intervalo para novas tentativas, prazo de validade das informações e intervalo mínimo de permanência no cache. Estes valores serão informados aos clientes e a outros servidores DNS que utilizam este mapa. Todo texto que vier depois do caractere ";", que especifica um comentário, será ignorado pelo programa. O fim das propriedades do registro é determinado com o fechamento do parêntese. Continuando o exame:

```
                NS      floyd
                MX   5  mail
floyd           A       192.168.0.1
hamilton        A       192.168.0.2
www             CNAME   hamilton
felix           A       192.168.0.4
mail            CNAME   felix
emily           A       192.168.0.11
```

Os demais registros correspondem às entradas de nomes da zona. Se não for informado no começo da linha, é assumida a mesma origem (especificada pelo caractere @) e a classe (IN). Tipos de registro comuns são:

- **NS**: Especifica qual dos registros é o servidor de nomes do domínio, também citado no registro SOA;
- **MX**: O servidor de email para o domínio. Pode haver mais de um servidor de email para o domínio, sendo suas prioridades determinadas pelo número à esquerda do nome do servidor. Valores menores indicam maior prioridade;
- **A**: Mapeia o nome especificado à esquerda para o IP especificado à direita. A origem (domínio) é automaticamente adicionada ao nome, pois está implícita na entrada (ex. *floyd = floyd.gink.go*);
- **CNAME**: Cria um alias, especificado à esquerda, para um nome já definido em outro registro. Não pode haver alias para um registro NS;
- **PTR**: Mapeia um número IP para um nome. Utilizado para DNS reverso, que veremos a seguir.

## DNS reverso

Além das zonas para traduzir nomes para números IP, é praxe criar zonas para traduzir números IP para nomes, processo chamado *DNS reverso*. Para isso, deve ser criada uma zona específica no arquivo named.conf que aponta para outro arquivo de zona:

```
options {
        directory "/var/named";
};

zone "." IN {
        type hint;
        file "root.hints";
};

zone "gink.go" IN {
        type master;
        file "gink.go.zone";
};
zone "0.168.192.in-addr.arpa" IN {
        type master;
        file "db.192.168.0.in-addr.arpa";
        allow-update { none; };
};
```

O registro em destaque especifica a zona reversa. O nome da zona reversa começa com o trecho do IP referente à rede, escrito de trás para frente, seguido do termo *in-addr.arpa*, que determina tratar-se de um registro de DNS reverso. Portanto, o registro mostrado converterá em nomes IPs que comecem por 192.168.0. As demais opções, como tipo, nome de arquivo etc., obedecem às mesmas regras do DNS.

O arquivo de zona para o DNS reverso é praticamente idêntico ao do DNS convencional:

```
$TTL 3D
@       IN      SOA     floyd.gink.go. hostmaster.gink.go. (
                                2007060402      ; serial
                                28800           ; refresh (8 horas)
                                7200            ; retry (2 horas)
                                2419200         ; expire (4 semanas)
                                86400           ; minimum (1 dia)
                                )
                NS      floyd.gink.go.
1               PTR     floyd.gink.go.
2               PTR     hamilton.gink.go.
4               PTR     felix.gink.go.
11              PTR     emily.gink.go.
```

A única diferença encontra-se nos registros de nomes. Aqui, a origem também está implícita, sendo necessário apenas especificar o trecho do IP específico do host. Por se tratar de uma resolução reversa, é usado um registro do tipo PTR, seguido do nome para o IP especificado.

Um detalhe importante é que o nome dos hosts precisam ser completos, incluindo o domínio e o ponto no final. Isso evita que o DNS reverso interprete a origem (que aqui é *0.168.192.in-addr.arpa*) como sendo o domínio.

Para que as novas configurações tenham efeito, é necessário reiniciar o servidor de nomes. O procedimento pode ser feito via script de inicialização ou simplesmente enviando o sinal HUP para o processo:

```
killall -HUP named
```

Conforme já foi colocado, o comando rndc tem a finalidade específica de controlar o daemon *named* em execução. Para recarregar as novas configurações e arquivos de zona, utiliza-se `rndc reload`.

## Servidores escravos

Para aumentar a disponibilidade do serviço, é recomendável criar um servidor DNS escravo, de preferência numa localização física distante do servidor primário, para evitar que panes elétricas, por exemplo, afetem ambos.

A entrada em `named.conf` para definir um servidor escravo pode ser escrita da seguinte forma:

```
zone "gink.go" {
        type slave;
        file "db.gink.go";
        masters { 192.168.0.1; };
};
```

O servidor escravo armazenará os registros da zona *gink.go* a partir de um processo chamado transferência de zona. O arquivo de zona no servidor escravo possui apenas o registro SOA:

```
@       IN      SOA     floyd.gink.go. hostmaster.gink.go. (
                                        2007060401      ; serial
                                        28800           ; refresh (8 horas)
                                        7200            ; retry (2 horas)
                                        2419200         ; expire (4 semanas)
                                        86400           ; minimum (1 dia)
)
```

A zona só é transferida se o número serial do servidor escravo for menor que o número serial do servidor primário. O valor `refresh` especifica o intervalo em que o servidor escravo verificará atualizações de registro no servidor primário. Se o servidor não puder ser contactado, serão feitas novas tentativas a cada intervalo especificado no valor de `retry`. A zona deixará de existir no servidor escravo se o servidor não puder ser contactado até o final do período limite especificado no valor `expire`. O último valor, `minimum`, determina o período mínimo que a zona deve permanecer no servidor escravo. Por padrão, todos os valores são expressos em segundos. Para alterar a unidade de tempo, basta utilizar um sufixo como **H** (hora), **D** (dia) ou **W** (semana). Por exemplo, *2H* (duas horas).

## Redirecionamento de servidor

Um redirecionamento simplesmente transfere todas as solicitações feitas ao servidor para outro servidor DNS, armazenando os resultados temporariamente para agilizar futuras solicitações, semelhante a um servidor caching-only. Para redirecionar qualquer solicitação, basta criar a seção `options` em `named.conf` da seguinte forma:

```
options {
        directory "/var/named/";
        forwarders {
                200.192.140.21;
                200.192.143.5;
        }
};
```

Serão utilizados os servidores especificados na opção `forwarders`. Para que apenas solicitações para uma zona específica sejam redirecionadas, o tipo da zona deve ser especificado como `forward`:

```
zone "gink.go" IN {
        type forward;
        forwarders {
                200.192.140.21;
                200.192.143.5;
        }
};
```

Os servidores de destino das solicitações devem ser especificados da mesma forma, na opção `forwarders`.

É recomendável verificar se existem erros no arquivo de configuração antes de reiniciar o named. O comando `named-checkconf /etc/named.conf` informa sobre eventuais falhas.

A partir da versão 9.9, arquivos de zonas escravas são por padrão armazenados no formato *raw*. A conversão entre o formato de texto e o formato raw pode ser feito com o comando named-compilezone.

Por exemplo, para converter o arquivo de zona *lcnsqr.com.raw* do formato raw para o formato de texto:

```
named-compilezone -f raw -F text -o lcnsqr.com.text lcnsqr.com lcnsqr.com.raw
```

O processo inverso é realizado com o comando:

```
named-compilezone -f text -F raw -o lcnsqr.com.raw lcnsqr.com lcnsqr.com.text
```

O formato raw pode ser indicado de zona no arquivo named.conf, porém o comando `named-compilezone` é mais utilizado para inspecionar arquivos de zona nos diferentes formatos.

## Diagnóstico do servidor

Agora o servidor DNS já pode ser testado para encontrar possíveis problemas. Para uma checagem simples, pode ser usado o comando `host`. Mas antes, não se esqueça de alterar os dados do servidor de nomes em `/etc/resolv.conf` para o servidor que você acabou de configurar. Feito isso, utilize o comando host para um dos nomes registrados na zona criada:

```
# host felix
felix.gink.go has address 192.168.0.4
```

Testando o DNS reverso:

```
# host 192.168.0.4
4.0.168.192.in-addr.arpa domain name pointer felix.gink.go
```

Pôde ser verificado que tanto o DNS convencional quanto o DNS reverso estão funcionando, ao menos para o nome e IP do host *felix*.

Para evitar alterar o arquivo /etc/resolv.conf e obter informações um pouco mais detalhadas, basta fornecer também o nome do servidor DNS ao comando host:

```
# host www floyd.gink.go
Using domain server:
Name: floyd.gink.go
Address: 192.168.0.1#53
Aliases:

www.gink.go is an alias for hamilton.gink.go.
hamilton.gink.go has address 192.168.0.2
Using domain server:
Name: floyd.gink.go
Address: 192.168.0.1#53
Aliases:

www.gink.go is an alias for hamilton.gink.go.
Using domain server:
Name: floyd.gink.go
Address: 192.168.0.1#53
Aliases:

www.gink.go is an alias for hamilton.gink.go.
```

Pela saída podemos verificar, entre as informações mostradas, que o host *www.gink.go* trata-se de um alias para o host *hamilton.gink.go*.

Uma ferramenta específica para diagnóstico de servidores DNS é o comando dig (*Domain Information Groper*). Apesar de possuir várias opções, que podem ser consultadas na página manual do comando, a forma mais usual de invocá-lo é *dig @ servidor domínio tipo*. O servidor DNS, especificado pelo caractere @, será consultado pelo domínio e tipo de registro. Exemplo de utilização do dig:

# dig @floyd gink.go ANY

```
# dig @floyd gink.go ANY

; <<>> DiG 9.3.2-P1 <<>> @floyd gink.go ANY
; (1 server found)
;; global options:  printcmd
;; Got answer:
;; ->>HEADER<<- opcode: QUERY, status: NOERROR, id: 28285
;; flags: qr aa rd ra; QUERY: 1, ANSWER: 3, AUTHORITY: 0, ADDITIONAL: 2

;; QUESTION SECTION:
;gink.go.                       IN      ANY

;; ANSWER SECTION:
gink.go.                259200  IN      SOA     floyd.gink.go. hostmaster.gink.go.
 2007060402 28800 7200 2419200 86400
gink.go.                259200  IN      NS      floyd.gink.go.
gink.go.                259200  IN      MX      10 felix.gink.go.
;; ADDITIONAL SECTION:
floyd.gink.go.          259200  IN      A       192.168.0.1
felix.gink.go.          259200  IN      A       192.168.0.4

;; Query time: 0 msec
;; SERVER: 192.168.0.1#53(192.168.0.1)
;; WHEN: Mon Jun  4 15:44:09 2007
;; MSG SIZE  rcvd: 146
```

A saída é dividida em seções. O campo status da seção HEADER nos permite verificar se foram encontrados erros no servidor DNS. A seção QUESTION mostra que tipo de requisição foi feita ao servidor. A resposta é mostrada na seção ANSWER. A seção ADDITIONAL mostra os endereços dos nomes exibidos em ANSWER.

Outra ferramenta é o comando nslookup. O nslookup trabalha de duas formas: interativo e não-interativo. Usado sem argumentos, o nslookup entra em modo interativo:

```
# nslookup
>
```

Dessa forma, será utilizado o servidor de nomes especificado em /etc/resolv.conf. Outro servidor pode ser especificado da seguinte forma:

```
# nslookup - floyd
>
```

Note que há um espaço entre o traço e o nome do servidor. A maneira mais simples de utilizar o modo interativo é simplesmente fornecer um nome a verificar e pressionar [enter]:

```
> hamilton
Server:         192.168.0.1
Address:        192.168.0.1#53

Name:   hamilton.gink.go
Address: 192.168.0.2
>
```

Para pesquisar um nome no modo não interativo, podem ser fornecidos o nome e o servidor como argumentos para o nslookup:

```
# nslookup felix floyd
Server:         floyd
Address:        192.168.0.1#53

Name:   felix.gink.go
Address: 192.168.0.4
```

No caso de os diagnósticos não poderem ser realizados corretamente, é conveniente verificar se configurações indiretas estão corretas, como as configurações de rede e bloqueios por firewall.

## 207.3 Segurança de DNS

### Peso 2

Uma quantidade muito grande de perigos vêm à tona quando um servidor DNS é comprometido. Além das consequências mais óbvias, como a impossibilidade de acessar a máquina diretamente por seu nome, o mais grave é acessar uma máquina que tenha maliciosamente tomado o nome de uma máquina autêntica. Essa técnica, conhecida como *DNS poisoning* ou envenenamento de DNS, permite clonar um site e conseguir informações pessoais, como os dados bancários do usuário.

Isso acontece porque o usuário acredita tratar-se de uma máquina conhecida, dado que o endereço utilizado para acessá-la é o endereço correto, mas que está apontando para um IP incorreto.

## Enjaular o servidor

Além da possibilidade de alterar o IP de um domínio, os servidores DNS tradicionais podem abrir brechas para que invasor obtenha acesso ao servidor. Para evitar esse tipo de problema, o servidor DNS pode ser executado num ambiente isolado, onde só existam os componentes necessários à sua execução. Esse ambiente é denominado *jaula chroot*.

Esse processo ajuda a garantir a segurança do servidor BIND, colocando-o numa "gaiola" que limitará o estrago caso o servidor seja comprometido. Junto com a restrição a arquivos e diretórios, o servidor deve ser executado por um usuário sem privilégios de root.

Por exemplo, o daemon *named* pode ser iniciado como processo do usuário não--privilegiado *bind*, tendo como diretório raiz /var/named:

```
named -u bind -t /var/named
```

Para que a jaula chroot funcione, é necessário adaptar algumas variáveis na configuração do BIND. O diretório raiz enxergado pelo daemon named será /var/named, portanto, é necessário indicar corretamente a localização de arquivos e diretórios, como o diretório dos arquivos de zona e do arquivo de PID.

## DNSSEC

As transferências de informações entre servidores DNS podem ser autenticadas por meio de uma chave criptográfica do **DNSSEC**, um complemento do BIND.

A chave é gerada com o comando dnssec-keygen. Diferentes algoritmos podem ser escolhidos. No exemplo, as chaves serão geradas no diretório /var/named:

```
# cd /var/named
# dnssec-keygen -a DSA -b 768 -r /dev/uramdom -n ZONE gink.go
```

A opção -a especifica a criptografia utilizada, a opção -b o tamanho da chave, e -r a fonte de dados aleatórios para gerar a chave (se -r não for fornecido, o teclado será usado como fonte de dados aleatórios). A opção -n especifica qual o tipo do dono da chave (*ZONE*). Por fim, é especificado um nome para a chave (*gink.go*).

Terminada execução, será emitida uma resposta no formato *Knnnn.+aaa+iiiii*. Os elementos significam:

- **nnnn**: Nome da chave;
- **aaa**: Representação numérica do algoritmo;
- **iiiii**: Identificação da chave (ou impressão digital).

Neste exemplo, foram gerados dois arquivos: Kgink.go.+003+47654.key e Kgink.go.+003+47654.private. O arquivo *.key* deve ser mencionado no arquivo da respectiva zona, por meio de uma instrução $include no final do arquivo:

```
$include Kgink.go.+003+47654.key
```

Feito isso, a zona deve ser assinada com o comando `dnssec-signzone`:

```
dnssec-signzone -r /dev/urandom -o gink.go db.gink.go Kgink.go.+003+47654
```

A opção `-o` define a origem do arquivo de zona. Se não for especificada a chave, serão utilizadas as chaves mencionadas no arquivo de zona. O arquivo de saída `db.gink.go.signed` será criado. Este arquivo deverá ser especificado no registro da zona em `named.conf`:

```
zone "gink.go" IN {
        type master;
        file "db.gink.go.signed";
        allow-update { none; };
};
```

Também serão criados arquivos dsset e keyset, utilizados para o administrador da zona superior saber quais chaves são o ponto de entrada seguro para a zona.

Os servidores DNS que buscam dados no servidor onde o DNSSEC foi utilizado poderão agora validar os dados por meio da chave pública contida no arquivo `Kgink.go.+003+47654.key`. Essa chave deve estar presente na entrada `trusted-keys` do arquivo named.conf. A entrada trusted-keys obedece à seguinte sintaxe:

```
trusted-keys {
        string number number number string ;
        string number number number string ;
        ...
};
```

A entrada trusted-keys pode conter várias entradas de chaves. Cada campo da entrada de chave corresponde ao nome do domínio, opções, protocolo, algoritmo utilizado e o código da chave gerada. Todos esses dados estão contidos no arquivo .key.

No caso do exemplo, o registro trusted-keys ficaria da seguinte forma:

```
trusted-keys {
        "gink.go." 256 3 3 "BPDC8hyXf5G8TrgNikGbTVRTlpzpo5ldQtOROv3viRFBlj7Je2NKI
 AoJ GyEO/hmmGHRw4LsOuHLeQasRAFqz3IKIFh3/UpH3b8KYoebkPaDk68zo Fph/MknxTAr3aUxPmzM
 KfkDzfHnfe2izxLhz/Zp52MefdeVbuMhusD5B mS4RMK5hsQmjpd8ew3L17RD6WxHxb5KBhr91qVEakL
 DcPnBG7fCDKgJ/ bG6ynKd8iZKjZHgn5VelvQh4az72SCEnkOhljc6mkvUZmg+63PXtedw9 IJa/
 XULeq5iMydmZkR/TvZtXlQnxObOOACSHwzO3WQSWvruOz6R9mjGY oSyhsAbnEx3HEETwn89GyJMKtYA
 sBHsTgAJyKgOMPx3OYOvSPCQ/ThOX DuIoLzYEL3HnUqx5P5PX";
};
```

O DNS também pode ser utilizado para melhorar a segurança de outros serviços, como HTTP. É possível inserir um registro no DNS atestando o vínculo extra entre o certificado e o domínio, que pode ser verificado pelo cliente, como o navegador. Para esse fim é utilizado o padrão **DANE** — *DNS-based Authentication of Named Entities* — que opera em conjunto com o DNSSEC.

## Restringir acesso

É possível restringir totalmente o acesso ao servidor de nomes a uma rede ou a um host específico por meio da opção `allow-query`:

```
allow-query {
        192.168.0.0/24;
};
```

Essa opção pode ser definida tanto na seção `options` quanto numa entrada de zona. Se definida em ambos, prevalecerá para a zona as regras nela especificadas. Podem ser especificados mais de um endereço de rede ou host.

Para restringir transferências de zona entre servidores – além dos comandos como `dig` e `nslookup` —, pode ser utilizada a opção `allow-transfer`, na seção `options`:

```
allow-transfer {
        192.168.0.2;
};
```

Como mais de um endereço pode ser especificado para a opção allow-query, basta separá-los por ponto-e-vírgula ";".

# Exercícios

## Questões Tópico 207

1. O principal arquivo de configuração do servidor DNS bind é o:
   a. bind.conf
   b. named.conf
   c. bind.cf
   d. named.cf

2. A entrada que determina uma zona caching-only é:
   a. type cache;
   b. type name;
   c. type root;
   d. type hint;

3. Em qual seção do arquivo named.conf é definido o diretório dos arquivos de zonas?
   a. files
   b. zones
   c. options
   d. include

4. O comando ________ tem a finalidade de controlar a operação de um daemon named em execução.

5. Qual entrada num mapeamento de zona identifica o servidor de email para o domínio em questão?
   a. MAIL
   b. CNAME
   c. MX
   d. INBOX

6. Num arquivo de zona, a entrada ________ mapeia um número IP para um nome.

7. O termo in-addr.arpa no arquivo named.conf determina que a zona em questão:
   a. é válida na Internet.
   b. é válida na rede interna.
   c. é para resolução de DNS reverso.
   d. está em outro servidor.

8. Quais comandos permitem o diagnóstico detalhados de um servidor DNS? Marque todas as opções corretas.
   a. nslookup
   b. ping
   c. dig
   d. nmap

9. Um DNS Jail (chroot) ou Jaula DNS é o modelo no qual
   a. o servidor DNS fica numa máquina remota.
   b. o servidor DNS fica inacessível.
   c. o servidor DNS identifica o invasor e informa a polícia.
   d. o servidor DNS opera num ambiente isolado do restante do sistema.

10. O comando ______________ tem a finalidade de gerar chaves criptográficas para troca segura de zonas entre servidores DNS.

Peso total do tópico na prova: 11

# Tópico 208:

# Serviços Web

Principais temas abordados:

- O servidor HTTP Apache;
- Utilização de um certificado de segurança;
- Conhecimento básico de proxy.
- Servidor Nginx

# 208.1 Configuração básica do Apache

**Peso 3**

O Apache, o servidor HTTP mais utilizado no mundo, acompanha todas as distribuições voltadas para servidores. A instalação a partir do código-fonte é rara, pois os pacotes pré-compilados disponíveis atendem à grande maioria das necessidades.

Na versão 1.x do Apache, o funcionamento padrão estava atrelado a um processo por requisição, o que provocava mal uso dos recursos. O programa servidor replicava várias cópias de si mesmo quando iniciado. Isso significa que o programa servidor iniciado, chamado processo "pai", cria várias cópias de si mesmo, chamadas processos "filhos". Cada um dos processos filhos atua como um servidor independente. Dessa forma, se um dos processos se tornar instável, pode ser terminado sem prejudicar os demais, e o servidor continuará operando. No entanto, a estratégia de utilizar vários processos filhos como servidores afeta a performance do serviço. Processos independentes não podem compartilhar funções e dados diretamente, o que aumenta o consumo de recursos do sistema.

## Apache 2.x

Na versão 2.x do Apache, a arquitetura de processamento das requisições foi abstraída para módulos servidores especiais, chamados *Multi Processing Modules* (MPMs). Isso significa que o Apache pode ser configurado para operar como servidor baseado em processos, com chamadas internas (*threads*) ou uma mistura dos dois. Chamadas internas que acontecem dentro de um único processo trabalham mais eficientemente que processos isolados. Diferentemente destes, chamadas internas podem compartilhar funções e dados, por isso todo o processo consome menos recursos, tornando-se mais ágil. Porém, se uma chamada interna provocar uma falha, todo o processo em questão pode ficar comprometido.

## Configuração

A localização padrão para os arquivos de configuração pode ser `/etc/apache`, `/etc/httpd` ou `/etc/apache2`. No Apache 2.x, o principal arquivo é `httpd.conf`, `apache.conf` ou `apache2.conf`. Na maioria dos casos, a configuração é segmentada em arquivos externos, principalmente quando mais de um site é hospedado no mesmo servidor.

Via de regra, os arquivos de configuração de módulos e sites individuais ficam em arquivos separados, nos diretórios `mods-available` e `sites-available`, dentro do diretório de configuração do Apache. Esses diretórios apenas abrigam as configurações. Para ativá-las, basta que se crie um link simbólico para elas nos diretórios `mods-enabled` e `sites-enabled`.

Algumas configurações fundamentais para um site simples do Apache:

- *ServerType valor*: Define se o httpd deve rodar separado ou invocado pelo daemon *inetd*. O valor pode ser *standalone* ou *inetd*. Por padrão, o apache opera no modo *standalone*;
- *ServerRoot caminho*: Define o diretório onde estão os arquivos de configuração do Apache;
- *PidFile caminho*: Define o arquivo que armazenará o valor do PID para o processo httpd pai. O padrão é /var/run/httpd.pid;
- *ServerAdmin email*: Endereço de email do administrador do servidor, para onde deverão ser encaminhadas as informações de erro;
- *DocumentRoot caminho*: Caminho do diretório que armazena os documentos disponibilizados no site. Geralmente /var/www ou /var/www/htdoc;
- *Servername www.nome.com*: Nome do site, o domínio registrado por onde o site poderá ser acessado;
- *LoadModule nome caminho*: Carrega um módulo DSO (*Dynamic Shared Object*). Módulos adicionam novas funcionalidades ao Apache, como suporte a CGI, autenticação, scripts etc. O caminho é escrito a partir do caminho definido em *ServerRoot*;
- *AddModule modulo.c*: Ativação dos módulos estáticos e externos. Utilizado para definir a ordem correta de carregamento dos módulos;
- *Port porta*: Define a porta onde o servidor escutará. Dificilmente será diferente de 80;
- *User usuário*: Usuário dono do processo servidor;
- *Group grupo*: Grupo dono do processo servidor.

Essas são as opções básicas de um arquivo de configuração do Apache, que podem estar presentes no arquivo de configuração principal ou no arquivo de um domínio virtual. Exemplo de um arquivo de configuração simples:

```
ServerType standalone
ServerRoot "/etc/apache2"
PidFile /var/run/httpd.pid
ScoreBoardFile /var/run/httpd.scoreboard
Timeout 300
KeepAlive On
MaxKeepAliveRequests 100
KeepAliveTimeout 15
MinSpareServers 5
MaxSpareServers 10
```

```
StartServers 5
MaxClients 150
MaxRequestsPerChild 0
LoadModule vhost_alias_module libexec/apache/mod_vhost_alias.so
LoadModule env_module         libexec/apache/mod_env.so
LoadModule define_module      libexec/apache/mod_define.so
(...)
ClearModuleList
AddModule mod_vhost_alias.c
AddModule mod_env.c
AddModule mod_define.c
AddModule mod_log_config.c
AddModule mod_mime_magic.c
AddModule mod_mime.c
AddModule mod_negotiation.c
AddModule mod_status.c
Port 80
User nobody
Group nobody
ServerAdmin lsiqueira@linuxnewmedia.com.br
Servername zyon
DocumentRoot "/var/www/htdocs"
<Directory />
    Options FollowSymLinks
    AllowOverride None
</Directory>
<Directory "/var/www/htdocs">
    Options Indexes FollowSymLinks MultiViews
    AllowOverride All
    Order allow,deny
    Allow from all
</Directory>
AccessFileName .htaccess
<Files ~ "^\.ht">
    Order allow,deny
    Deny from all
    Satisfy All
</Files>
```

Neste exemplo de arquivo de configuração são utilizadas algumas opções que influenciam na performance do servidor e ajudam a manter a acessibilidade do serviço oferecido. Normalmente, essas opções não precisam ser alteradas de seus valores originais. A seguir, a descrição das principais opções citadas.

- *Timeout* : Tempo limite de espera para receber uma requisição GET, dados via POST ou PUT e intervalo entre ACKs em transmissões de pacotes TCP em respostas;
- *KeepAlive*: Permite que mais de uma requisição seja realizada em uma única conexão;
- *MaxKeepAliveRequests*: Número máximo de requisições numa mesma conexão. 0, não estabelece limite;
- *KeepAliveTimeout*: Intervalo, em segundos, da última requisição até o fechamento da conexão. Um valor alto manterá o processo servidor ocupado e poderá causar pouca responsividade num servidor muito acessado;
- *MinSpareServers*: Número mínimo de processos servidores inativos, aguardando conexão;
- *MaxSpareServers*: Número máximo de processos servidores inativos. Se este número for ultrapassado, processos inativos excedentes serão finalizados;
- *MinSpareThreads*: Número mínimo de *threads* servidores inativos, aguardando conexão;
- *MaxSpareThreads:* Número máximo de *threads* servidores inativos. Se este número for ultrapassado, threads inativos excedentes serão finalizados;
- *StartServers*: Número de processos filhos disparados inicialmente mais o servidor principal;
- *MaxClients*: Total máximo de processos servidores;
- *MaxRequestsPerChild*: Número máximo de requisições que um processo servidor filho poderá receber. Se o número for atingido, o processo filho será finalizado. O valor 0 torna ilimitado.

Na versão 2.x, o Apache pode operar baseado tanto em processos quanto baseado em threads. Portanto, é possível definir diversos processos servidores e cada um deles operando com diversos threads servidores.

## Ativação de módulos

A estrutura do Apache é modular, ou seja, cada recurso extra do servidor pode ser ativado por meio de um elemento externo. É o caso do suporte às linguagens de script como PHP e Python.

Da mesma forma que a configuração de cada domínio virtual é fragmentada em arquivos individuais, os arquivos de inclusão e configuração dos módulos também são feitos à parte do arquivo de configuração principal. É importante lembrar que a separação da configuração em diversos arquivos é opcional. Toda configuração pode ser feita num único arquivo ou feita em vários arquivos anexados à configuração principal, por meio da instrução `include`.

Um módulo extra deve ser instalado com as ferramentas tradicionais da distribuição ou, caso necessário, compilado a partir do código-fonte. É importante verificar se os links simbólicos para os respectivos arquivos do módulo – por exemplo, php5.conf e php5.load – estão presentes no diretório /etc/apache2/mods-enabled.

Qualquer módulo adicionado no diretório mods-enabled só será ativado após reiniciar o Apache, o que pode ser feito com o comando apache2ctl restart.

## Restrição de acesso

O Apache pode criar restrições de acesso simples, exigindo autenticação por login e senha para determinados arquivos e diretórios fornecidos pelo servidor. Uma configuração típica é:

```
<Directory / >
    Options FollowSymLinks
    AllowOverride None
</Directory>
```

O diretório em questão é especificado na abertura da seção. No exemplo, trata-se do diretório raiz (<Directory / >). A opção FollowSymLinks orienta o Apache a obedecer os links simbólicos no diretório. AllowOverride especifica se pode ser utilizado um arquivo .htaccess no diretório (bloqueado no exemplo mostrado).

Criado na base do diretório em questão, o arquivo .htaccess define quais serão as restrições de acesso a esse diretório. Para utilizá-lo, deverá haver uma entrada liberando essa facilidade no arquivo de configuração do Apache:

```
<Directory "/var/www/htdocs">
  Options Indexes FollowSymLinks MultiViews
  AllowOverride All
  Order allow,deny
   Allow from all
</Directory>
```

A opção AllowOverride All permite a utilização do arquivo .htaccess. As opções vinculadas à entrada Directory no arquivo de configuração agora podem ser definidas para um diretório a partir do arquivo .htaccess nele contido. Por exemplo, por meio da autenticação simples oferecida pelo módulo mod_auth é possível exigir uma senha para que o usuário acesse o conteúdo de determinado diretório.

Semelhante à criação de uma conta de usuário no sistema, é utilizado o comando htpasswd para criar contas de acesso ao diretório restrito:

```
htpasswd -s -c /var/www/htdocs/restrito/.htpasswd lsiqueira
```

A opção -s determina a utilização do algoritmo SHA1 no armazenamento da senha. A opção -c indica a localização do arquivo que armazenará as senhas. Se o arquivo existir, a conta será incluída. Por fim, é indicado o nome do usuário. A senha pode ser indicada em seguida ou inserida interativamente, exatamente como no comando passwd. Por ser um arquivo de senha, precauções quanto às permissões de acesso devem ser tomadas.

Em seguida, é criado o arquivo .htaccess no diretório a ser protegido. Exemplo de conteúdo básico deste arquivo:

```
AuthType Basic
AuthName "Restricted Area"
AuthUserFile "/var/www/htdocs/restrito/.htpasswd"
Require valid-user
```

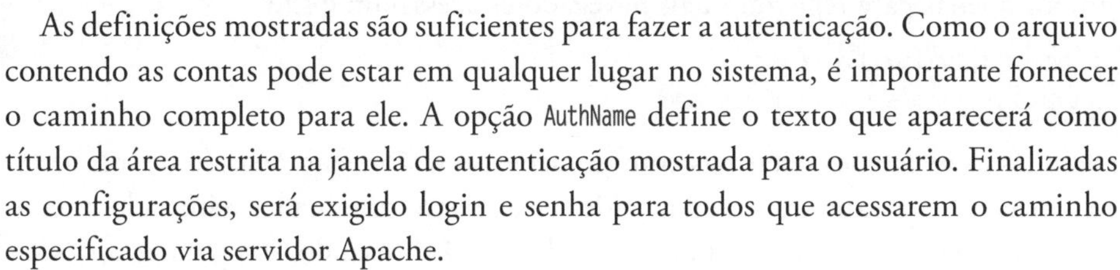

As definições mostradas são suficientes para fazer a autenticação. Como o arquivo contendo as contas pode estar em qualquer lugar no sistema, é importante fornecer o caminho completo para ele. A opção AuthName define o texto que aparecerá como título da área restrita na janela de autenticação mostrada para o usuário. Finalizadas as configurações, será exigido login e senha para todos que acessarem o caminho especificado via servidor Apache.

## Arquivos de log

Os arquivos de log registram todas as transações realizadas pelo Apache e possíveis falhas relacionadas ocorridas no servidor. O log de erros é definido pelo parâmetro ErrorLog. Além de um arquivo, pode ser especificado um comando para receber os dados sobre o erro, ou utilizado o daemon syslog.

Para definir um comando, um sinal pipe "|" é utilizado:

```
ErrorLog "| /usr/bin/main -s Erro webmaster@finlandia.org"
```

Para utilizar o serviço syslog do sistema, utiliza-se o termo syslog seguido da *facilidade* que será informada ao syslog. A facilidade padrão é *local7*. Por exemplo, para utilizar o syslog e a facilidade user:

```
ErrorLog syslog:user
```

Todas as transações (inclusive imagens em páginas HTML, por exemplo) também podem ser registradas num arquivo de log. Primeiro deve ser criado o formato e definido um termo de referência, chamado *nickname*, por meio da opção LogFormat:

```
LogFormat "%h %l %u %t \"%r\" %>s %b" common
```

Cada caractere precedido de % especifica um campo da transação:

- %h: Host remoto;
- %l: Log remoto, se houver;
- %u: Usuário remoto, se disponível pelo auth;

- %t: Data e hora, no formato padrão americano;
- %r: Primeira linha da requisição;
- %s: Status da requisição;
- %b: Bytes enviados, excluídos os cabeçalhos.

Definido o formato personalizado, a opção CustomLog define o arquivo e o nickname pré-definido:

```
CustomLog /var/log/apache/access_log common
```

Existem muitas possibilidades de criação de logs personalizados. Pode ser criado um log apenas para registrar quais navegadores acessaram o site:

```
LogFormat "%{User-agent}i" agent
CustomLog /var/log/apache/agent_log agent
```

Todas as alterações feitas nas configurações só terão efeito quando o Apache for reiniciado. No entanto, o servidor pode ser iniciado, terminado, reiniciado e ter as configurações recarregadas com o comando apache2ctl, usando as seguintes opções:

- apache2ctl start: Inicia o servidor;
- apache2ctl stop: Termina o servidor;
- apache2ctl restart: Reinicia ou inicia o servidor;
- apache2ctl graceful: Inicia ou reinicia o servidor, mas aguarda as conexões ativas terminarem;
- apache2ctl configtest: Verifica se há erros de sintaxe nas configurações.

Para evitar que conexões ativas, como a cópia de um arquivo via Internet, sejam interrompidas para ativar novas configurações, deve ser utilizado o comando apache2ctl graceful. Dessa forma, a transferência não será interrompida e todas as novas conexões já serão estabelecidas usando as novas configurações.

O servidor Apache é o servidor HTTP com maior oferta de recursos, desde alterações no comportamento de entrega dos arquivos até o suporte a inúmeras linguagens de script. Um desses recursos é a possibilidade de hospedar diversos sites diferentes, utilizando o mesmo servidor.

## Hosts virtuais

Dada a grande capacidade dos servidores modernos, é comum que o mesmo servidor abrigue mais de um site. O site solicitado pode ser identificado tanto pelo IP quanto pelo nome do mesmo. Portanto, o host virtual pode ser baseado em IP ou em nome de domínio. Um host virtual baseado em IP extrai este número da conexão e envia o site adequado. Um outro, baseado em consulta de nomes, verifica o nome solicitado a partir dos cabeçalhos HTTP e envia o site adequado. Com a técnica de sites baseados em nome, vários sites diferentes podem utilizar o mesmo endereço IP.

A principal diretiva para definir um host virtual no arquivo de configuração é <VirtualHost>. Para utilizar hosts virtuais baseados em nome, é necessário informar ao Apache que o servidor deve trabalhar com Hosts virtuais baseados em nome por meio da opção NameVirtualHost:

```
NameVirtualHost *
```

Usando o *, hosts virtuais baseados em nome poderão ser utilizados neste servidor a partir de qualquer interface nele configurada. Pode também ser especificada uma porta específica, dispensável se o servidor não escutar numa porta diferente de 80. Em seguida podem ser configurados os hosts virtuais:

```
<VirtualHost *>
        ServerName www.guglio.com
        DocumentRoot /var/www/guglio
</VirtualHost>

<VirtualHost *>
        ServerName www.iarru.com
        DocumentRoot /var/www/iarru
</VirtualHost>
```

Também em <VirtualHost> pode ser especificado o IP e a porta. Na maioria dos casos, apenas o * será suficiente. Os únicos parâmetros necessários para cada host virtual baseado em nome são ServerName e DocumentRoot, respectivamente o nome do site e o diretório com conteúdo fornecido. Outras opções podem ser incluídas na diretiva <VirtualHost>, como ServerAlias, que indica outros nomes por meio dos quais o site será acessível:

```
<VirtualHost *>
        ServerName www.iarru.com
        ServerAlias iarru.com *.iarru.com
        DocumentRoot /var/www/iarru
</VirtualHost>
```

Dessa forma, requisições para qualquer host do domínio *iarru.com* serão servidas pelo host virtual *www.iarru.com*. Como visto no exemplo, são aceitos caracteres curinga nos nomes, como * e *?*.

Hosts virtuais baseados em IP são semelhantes. Basta indicar em <VirtualHost> o nome ou, preferencialmente, o IP do site:

```
<VirtualHost 192.168.02>
        DocumentRoot /var/www/orcute
        ServerName www.orcute.com
</VirtualHost>
```

É recomendável definir também outros parâmetros para cada host virtual, como ServerAdmin, ErrorLog e TransferLog. A maioria das definições feitas para um site único pode também ser feita para um host virtual.

## 208.2 Configuração do Apache para HTTPS

**Peso 3**

O servidor Web Apache é capaz de trabalhar com conexões seguras SSL (Secure Socket Layers), assegurando a segurança e a autenticidade da comunicação com determinado servidor. Nas versões do Apache anteriores a 2.0, era necessário obter o suporte a SSL (*mod_ssl*) separadamente. A versão 2.x do Apache já inclui o *mod_ssl*, eliminando a necessidade de instalá-lo separadamente.

Quando um navegador solicita uma conexão segura – via protocolo *HTTPS*, que determina utilização da porta 443 –, o navegador envia de volta um certificado.

Para garantir a autenticidade do servidor, o navegador verifica este certificado junto a uma terceira instância, chamada *Certificate Authority* (Autoridade Certificadora, ou simplesmente CA). Algumas das Autoridades Certificadoras populares são *VeriSign* (*Thawte*), *GeoTrust* e *GoDaddy*. Se o certificado fornecido pelo site for comprovado pela Autoridade Certificadora, o navegador aceitará a conexão criptografada como confiável.

O primeiro passo é gerar uma chave privada, que será mantida no servidor Web. O comando utilizado para gerar a chave é o openssl:

```
openssl genrsa -des3 -out www.guglio.com.br.key 1024
```

Este comando gerará uma chave usando criptografia Triple DES e a gravará no arquivo www.guglio.com.key. Será solicitada uma frase de acesso para criar a chave, da qual é importante manter uma cópia de segurança.

Em seguida, é necessário criar um *Certificate Signing Request* (Pedido de Assinatura de Certificado). O CSR também é criado com o uso do comando openssl:

```
# openssl req -new -key www.guglio.com.br.key -out www.guglio.com.br.csr
Enter pass phrase for www.guglio.com.br.key:
You are about to be asked to enter information that will be incorporated
into your certificate request.
What you are about to enter is what is called a Distinguished Name or a DN.
There are quite a few fields but you can leave some blank
For some fields there will be a default value,
If you enter '.', the field will be left blank.
-----
Country Name (2 letter code) [AU]:BR
State or Province Name (full name) [Some-State]:São Paulo
```

```
Locality Name (eg, city) []:São Paulo
Organization Name (eg, company) [Internet Widgits Pty Ltd]:Linux New Media do
 Brasil
Organizational Unit Name (eg, section) []:.
Common Name (eg, YOUR name) []:www.linuxnewmedia.com.br
Email Address []:.

Please enter the following 'extra' attributes
to be sent with your certificate request
A challenge password []:
An optional company name []:
```

Alguns dados serão requisitados. Preencha-os cuidadosamente para não gerar alertas de segurança. Em *Common Name*, forneça o nome que deseja que apareça como a origem do certificado. Se for o endereço do site, não escreva o http://. A chave gerada dentro do conteúdo do arquivo CSR, www.guglio.com.br.csr, será utilizada para requisitar o certificado junto à autoridade certificadora.

Como os certificados são pagos, só será possível prosseguir na criação do certificado depois de efetuado o pagamento. Um certificado de teste é fornecido gratuitamente pela CA Thawte e pode ser utilizado por 21 dias. O CSR deve ser enviado para a CA, que criará a chave de certificado, ao passo que o arquivo CRT – www.guglio.com.br.crt –, deve ser criado contendo a chave gerada pela autoridade certificadora.

Criados os três arquivos, o Apache já pode ser configurado para utilizar conexões seguras. Copie os arquivos para seu local definitivo, por exemplo /etc/ssl/. Os itens fundamentais no arquivo de configuração do Apache para lidar com conexões seguras são:

- Listen 443: O servidor deverá escutar na porta 443 (HTTPS);
- SSLEngine on ou SSLEnable: Ativa o suporte a conexões seguras;
- SSLCertificateKeyFile caminho: Indica o arquivo de chave privada (.key);
- SSLCertificateFile caminho: O arquivo do certificado, cujo conteúdo foi gerado pela autoridade certificadora.

Assim que o Apache for iniciado, será necessário fornecer a frase de acesso, como informada na criação do arquivo de chave privada. Os sites configurados poderão ser acessados via HTTPS. Um site com conexão segura pode ser identificado pela designação *https://* e pelo ícone do cadeado (**figura 1**).

Checando as propriedades da página (**figura 2**) podemos obter mais informações sobre o certificado.

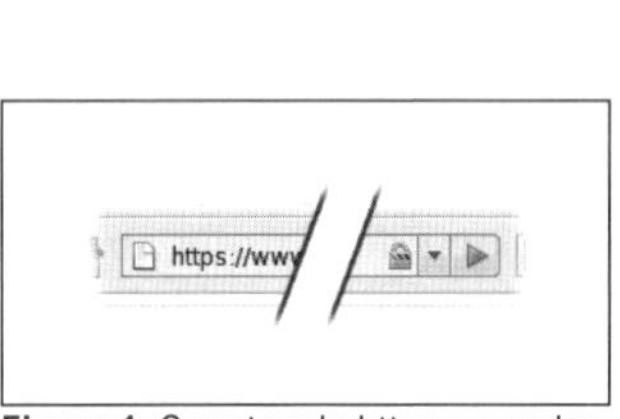


**Figura 1**. O protocolo https e o cadeado demonstram tratar-se de um site seguro.

Propriedades da página

Geral | Formulários | Links | Mídia | Segurança

**Identidade do site comprovada**

O site www.linuxnewmedia.com.br suporta autenticação para a página exibida. A identidade do site foi comprovada por Thawte Consulting cc, uma autoridade certificadora confiada para esta finalidade.

Exibir — Exibir o certificado de segurança que comprova a identidade deste site.

**Conexão criptografada: Criptografia de nível alto (AES-256 256 bits)**

A página exibida foi criptografada antes ser transmitida pela internet.

A criptografia torna muito difícil que pessoas não autorizadas compreendam informações transmitidas entre dois computadores. Portanto é muito improvável que alguém tenha interceptado esta página quando ela foi transmitida pela rede.

**Figura 2**. Verificando as informações do certificado de segurança para o domínio.

## 208.3 Implementação do Squid como servidor Proxy

**Peso 2**

Um servidor proxy atua como um filtro para Web. Instalado no servidor gateway, pode agir como um cache de conteúdo, bloqueador de conteúdo e autenticador de acesso. O principal servidor cache proxy para GNU/Linux é o Squid.

Várias distribuições Linux possuem um pacote Squid, facilitando a instalação. Mesmo a instalação a partir do código-fonte é corriqueira.

### Cache proxy

A configuração do proxy de cache é muito simples. Basta editar o arquivo de configuração squid.conf e alterar poucas opções. Opções importantes no squid.conf para um proxy de cache podem ser observadas na tabela **Opções fundamentais Cache Squid**.

O squid não pode rodar sob usuário root. É aconselhável criar um usuário e grupo de sistema exclusivamente para este serviço.

### ACL

Uma ACL (*Access Control List*) é a definição de uma regra de acesso. No caso do proxy Squid, determina permissões e limites aos usuários do proxy.

As ACL também são definidas no arquivo squid.conf. Exemplos de ACL simples:

```
acl lan src 192.168.1.0/24
```

Essa linha define uma ACL de nome *lan*, que se refere a todas as requisições para a rede 192.168.1.0/24.

Para liberar o acesso para esse grupo, também deve-se incluir a linha a seguir:

### Opções fundamentais Cache Squid

| Opção | Descrição |
|---|---|
| http_port | Define a(s) porta(s) utilizadas pelo Squid. A porta normalmente utilizada é a 3128 |
| cache_mgr | O email do administrador do proxy |
| cache_effective_use | O usuário sob o qual o daemon squid será executado |
| cache_effective_group | O grupo sob o qual o daemon squid será executado |

```
http_access allow lan
```

Diversos outros tipos de restrição de acesso podem ser criadas dessa forma. É possível inclusive autorizar apenas usuários identificados por login e senha, a partir de uma base de dados local ou um diretório LDAP.

## 208.4 Implementação do Nginx como um servidor web e proxy reverso

**Peso 2**

Apesar de jovem se comparado aos principais concorrentes, o Nginx (pronunciado *engine x*) já é um dos servidores HTTP mais utilizados no mundo. Sua excelente performance o fez ser o preferido para servir sites extremamente requisitados, mas pode ser utilizado para todo tipo e volume de carga HTTP. A exemplo da maioria dos servidores HTTP modernos, o Nginx oferece suporte a domínios virtuais.

O Nginx está disponível nos repositórios das principais distribuições. Se necessário compilar, seu código-fonte pode ser baixado do endereço http://wiki.nginx.org.

### Configuração

A configuração do Nginx não foge aos conceitos comuns a todos os servidores HTTP. Por exemplo, é possível definir a quantidade de processos ativos, quantas conexões um processo controla, reescrita de URLs, etc. O principal arquivo de configuração do Nginx é /etc/nginx/nginx.conf.

As diretivas no arquivo de configuração podem ser globais ou estar num bloco, entre chaves, de modo a valer apenas para o módulo do bloco. A seguir, um arquivo de configuração simples do Nginx mostra algumas configurações globais e configurações em bloco para os módulos *events* e *http*:

```
user www-data;
worker_processes 4;
pid /var/run/nginx.pid;
events {
    worker_connections 768;
}
http {
    sendfile on;
    tcp_nopush on;
    tcp_nodelay on;
    keepalive_timeout 65;
    types_hash_max_size 2048;
    include /etc/nginx/mime.types;
    default_type application/octet-stream;
    access_log /var/log/nginx/access.log;
    error_log /var/log/nginx/error.log;
    gzip on;
    include /etc/nginx/conf.d/*.conf;
    include /etc/nginx/sites-enabled/*;
}
```

Podem existir sub-blocos dentro de blocos de configuração, formando uma hierarquia para cada aspecto específico do servidor. Não é necessário escrever toda a configuração no arquivo `nginx.conf`, a diretiva include incorpora outros arquivos à configuração. Cada domínio virtual tem seu próprio arquivo de configuração no diretório `/etc/nginx/sites-enabled/`, como é o caso do domínio padrão da instalação `default`:

```
server {
        root /usr/share/nginx/www;
        index index.html index.htm;
        server_name localhost;
        location / {
                try_files $uri $uri/ /index.html;
        }
        location /doc/ {
                alias /usr/share/doc/;
                autoindex on;
                allow 127.0.0.1;
                allow ::1;
                deny all;
        }
}
```

Este arquivo pode ser utilizado como ponto de partida para a criação de novos domínios virtuais. Após realizar alterações na configuração, é necessário reiniciar o daemon nginx para que tenham efeito. Isso pode ser feito com a ferramenta apropriada da distribuição ou diretamente com o comando `nginx -s` reload, que recarrega as configurações sem reiniciar o daemon. Para apenas testar a configuração e detectar erros, utiliza-se `nginx -t`. Outras opções para enviar sinais ao daemon `nginx`:

- `nginx -s stop`: Interrompe o daemon imediatamente com o sinal *TERM*.
- `nginx -s quit`: Interrompe o daemon sem quebrar conexões ativas, com o sinal *QUIT*.
- `nginx -s reload`: Reinicia os arquivos de log.

## Proxy reverso

Administradores de servidores HTTP que querem usufruir dos benefícios do Nginx mas não querem ou não podem abrir mão do Apache têm a alternativa de implementar o Nginx como proxy reverso. Nessa modalidade, o Nginx responde a todas as solicitações HTTP do cliente. Quando é solicitado algum conteúdo dinâmico, o Nginx encaminha a solicitação HTTP para o Apache, recebe o conteúdo da resposta e envia para o cliente.

Se estiverem ativos no mesmo sistema, o Apache deverá estar ouvindo numa porta diferente da 80, para não conflitar com o Nginx. Além desse detalhe, nenhuma outra modificação será necessária num servidor Apache já implementado.

É necessário que seja possível identificar quais requisições são de conteúdo dinâmico e quais são de conteúdo estático. Isso pode variar, de acordo com o site em questão. Num site onde o Apache gera conteúdo dinâmico a partir de páginas PHP, uma possível diretiva location seria:

```
location ~ \.php$ {
        proxy_set_header X-Real-IP  $remote_addr;
        proxy_set_header X-Forwarded-For $remote_addr;
        proxy_set_header Host $host;
        proxy_pass http://127.0.0.1:8080;
}
```

Dessa forma, todas URLs terminadas com *.php* serão encaminhadas para o Apache na máquina local, ativo na porta 8080 (`proxy_pass http://127.0.0.1:8080`). Alguns cabeçalhos são redefinidos antes de encaminhar a requisição, mas essas diretivas são opcionais.

Outras abordagens devem ser analisadas se o conteúdo dinâmico não é gerado a partir de uma URL característica. Talvez seja necessário transferir, do Apache para o Nginx, a tarefa de reescrever URLs amigáveis, de forma que seja possível diferenciar quais conteúdos são gerados dinamicamente e quais conteúdos são arquivos estáticos no sistema de arquivos.

# Exercícios

## Questões Tópico 208

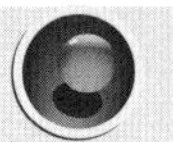

1. Qual diretiva define o caminho dos arquivos de configuração do Apache?
   a. ConfigDir
   b. ServerType
   c. ServerRoot
   d. DocumentRoot

2. A opção MinSpareServers define
   a. o número mínimo de processos ociosos disparados pelo Apache.
   b. o número mínimo de threads ociosos disparados pelo Apache.
   c. o número mínimo de domínios virtuais.
   d. o número de servidores virtuais.

3. O comando __________ tem a finalidade de controlar o servidor Apache 2.x em execução.

4. Qual comando do Apache é utilizado para criar uma conta de autenticação HTTP?
   a. passwd
   b. htpasswd
   c. htaccess
   d. apache2ctl

5. Um registro personalizado de log pode ser criado no arquivo de configuração do Apache com as instruções:
   a. Syslog e LogFormat
   b. Log e Access
   c. LogError e Directory
   d. LogFormat e CustomLog

6. Qual seção de configuração do Apache define um domínio virtual?
   a. ServerHost
   b. RootServer
   c. VirtualHost
   d. NameHost

7. O comando __________ é utilizado para gerar as chaves de um certificado SSL.

8. A porta de comunicação padrão do protocolo HTTPS é:
   a. 80
   b. 8080
   c. 143
   d. 443

9. Um certificado de segurança é considerado válido quando
   a. for emitido por uma CA – Autoridade Certificadora – reconhecida pelo navegador
   b. o certificado possui mais de 128 bits de criptografia
   c. a conexão for estabelecida com um site conhecido
   d. o navegador informa sobre a segurança do site

10. Na configuração do proxy Squid, a entrada http_access tem a finalidade de
    a. informar qual é o servidor de acesso HTTP.
    b. definir a porta de acesso do proxy.
    c. controlar o acesso por http de uma ACL.
    d. liberar o acesso de usuários.

Peso total do tópico na prova: 8

# Tópico 209:

# Compartilhamento de arquivos

Principais temas abordados:

- Configuração e operação do Samba;
- Compartilhamento de arquivos e espaço em disco com NFS.

## 209.1 Configurar um servidor Samba

**Peso 5**

Com o Samba é possível compartilhar recursos de servidores Linux para estações Windows e vice-versa, por meio dos protocolos SMB e CIFS. Arquivos, espaço em disco e impressoras podem ser compartilhados com o Samba.

Os dois daemons responsáveis pelo funcionamento do Samba são o `smbd` (o servidor de arquivos e impressoras) e o `nmbd` (servidor de nomes *NetBIOS*).

A configuração do Samba é feita basicamente no arquivo `/etc/samba/smb.conf`. Um arquivo de configuração mínimo, para compartilhar os diretórios pessoais e impressoras, necessita apenas de algumas linhas:

```
[global]
        server string = Slackware Samba Server
[homes]
        comment = Home Directories
        read only = No
        browseable = No
[printers]
        comment = All Printers
        path = /var/spool/samba
        printable = Yes
        browseable = No
```

Um servidor Samba configurado dessa forma disponibilizará todas as impressoras e diretórios de usuário na máquina. Diretórios pessoais poderão ser acessados apenas por seus respectivos donos, mediante fornecimento de senha.

Novas configurações podem ser testadas antes de o servidor utilizá-las. Executando o comando `testparm`, toda a sintaxe do arquivo `/etc/samba/smb.conf` será verificada e possíveis erros serão informados. Caso nenhum erro seja informado, o servidor Samba pode ser reiniciado para utilizar as novas configurações.

Antes que um usuário possa acessar os serviços disponíveis, será necessário criar uma conta específica para ele no Samba, apesar da conta de usuário existente no sistema. Como o sistema armazena as senhas locais num formato criptográfico diferente do que os sistemas Windows utilizam e enviam pela rede, não é possível fazer a autenticação diretamente, exigindo a criação da conta também no Samba.

A criação da conta no Samba é feita com o comando `smbpasswd`. Por exemplo, para criar uma conta para o usuário *bill*:

```
smbpasswd -a bill
```

O procedimento deve ser realizado para cada usuário que acessará o servidor pelo Samba. Outras opções importantes do `smbpasswd`:

- `-x nome`: Exclui o usuário indicado;
- `-d nome`: Bloqueia o usuário indicado;
- `-e nome`: Desbloqueia o usuário indicado;
- `-n nome`: A senha do usuário indicado será nula. Somente será possível abrir o compartilhamento se existir o parâmetro *null passwords = yes* na seção *[global]* do arquivo `smb.conf`.
- `-m`: Indica que a conta em questão é uma conta de máquina, não de usuário.

Com as contas criadas, os usuários poderão acessar os recursos disponíveis no servidor. Caso um usuário possua na estação um nome diferente daquele utilizado no servidor, bastará utilizar a opção `username map` no arquivo de configuração do Samba. Essa entrada determina o arquivo onde os nomes serão relacionados:

```
username map = /var/lib/samba/users.map
```

Assim, a equivalência de nomes de usuário pode ser definida no arquivo `/var/lib/samba/users.map`, no formato *usuário servidor = usuário estação*. Por exemplo:

```
root = admin administrator
```

Essa linha mapeará os usuários *admin* e *administrator* da estação para o usuário *root* no servidor Samba.

Para que o servidor Samba também concentre a função de controlador de domínio, será necessário configura-lo como PDC.

## Samba como servidor PDC

O Samba é capaz de funcionar como um servidor PDC (*Primary Domain Controller*). Dessa forma, os usuários em estações Windows que fizerem parte do domínio fornecido pelo servidor Samba poderão realizar logon utilizando as informações de autenticação centralizadas no servidor.

É necessário incluir alguns parâmetros mínimos na seção *[global]* do arquivo `smb.conf` para que o Samba funcione como um PDC:

- *workgroup*: Define o nome do domínio. Neste caso, *"HOME"*;
- *logon script*: Script que será executado quando o usuário se logar;
- *domain logons*: Determina a ativação do login remoto para o domínio especificado acima.

Outras configurações também são úteis ao usar o Samba como PDC:

- *netbios name*: Define o nome deste computador na rede Windows;
- *preferred master*: Essa opção determina se o servidor nmbd deverá ter prioridade frente a outros servidores do mesmo grupo;
- *os level*: Prioridade do servidor. 100 é o número máximo, garantindo que este será o primeiro servidor solicitado (para o caso de existirem outros servidores na rede);
- *logon path*: Diretório onde serão armazenados as configurações do Windows para o usuário (Perfil, Desktop, menu Iniciar etc.);
- *logon drive*: Determina a letra de drive que o Windows usará para o diretório Home;
- *logon home*: Determina a localização do diretório *Home* quando a estação logar no PDC do Samba.

Além destes parâmetros, é necessário incluir a seção *[netlogon]*. Esta seção é um compartilhamento padrão para que estações Windows identifiquem o servidor como PDC. O único parâmetro necessário é o *path*, que determina onde se encontram os scripts de logon. Para ambas as seções podem ser utilizados termos chave de substituição nas definições de caminho, como **%N** e **%U**, que representam respectivamente nome do servidor e usuário requisitando o serviço.

As configurações de seções *[global]* e *[netlogon]* para um servidor PDC Samba podem ser colocadas da seguinte forma:

```
[global]
        netbios name = lcnsqr
        workgroup = HOME
        server string = Servidor Slackware/Samba
        domain master = Yes
        preferred master = Yes
        domain logons = Yes
        os level = 100
        logon path = \\%N\%U\profile
        logon drive = H:
        logon home = \\%N\%U \profile
        logon script = logon.cmd
[netlogon]
        comment = Login
        path = /var/lib/samba/netlogon
        read only = yes
```

Alguns ajustes na configuração precisarão ser feitos, dependendo da versão do Windows instalado nas estações. Contudo, o formato geral das configurações permanecerá o mesmo.

## Contas de máquina

Além de o usuário possuir uma conta no servidor (tanto uma conta Unix padrão quanto uma conta no Samba) e o arquivo smb.conf estar corretamente configurado, para o Samba agir como PDC o usuário root e as estações deverão possuir contas no servidor.

Será necessário incluir o usuário root no Samba para quando a estação for ingressar no domínio, o que requer permissões extras. Incluir o root no Samba é tão simples quanto incluir qualquer outro usuário:

```
smbpasswd -a root
```

A conta para a estação é chamada conta de máquina. É um procedimento necessário apenas quando o Samba age como PDC. Primeiro, deve ser criada a conta Unix para a máquina:

```
passwd -s /bin/false -d /dev/null winxp-01$
```

Obrigatoriamente, contas de máquina devem terminar com o caractere $ para diferenciá-las de contas de usuário. Por não se tratar de uma conta de usuário, o login de uma conta de máquina pode ser desabilitado. Inclusive, o shell padrão para a conta de máquina pode ser direcionado para `/bin/false` e o diretório para `/dev/null`. Outra precaução é bloquear a conta com a opção `-l`:

```
passwd -l winxp-01$
```

O próximo passo é incluir a conta de máquina no Samba com o uso do seguinte comando:

```
smbpasswd -m -a winxp-01
```

Neste caso, não deve ser incluído o caractere $ ao nome da estação, pois a conta de máquina é especificada pela opção `-m`.

## Scripts de logon

Os scripts de logon podem ser utilizados para fazer ajustes no ambiente das estações. Eles devem ser criados no caminho indicado pelo parâmetro *path* da seção *[netlogon]* em `smb.conf` (no caso do exemplo, `/var/lib/samba/netlogon`). Um script de logon simples e comumente usado contém o comando:

```
NET USE H: /HOME
```

Este arquivo mapeará o home do usuário para a unidade h: na estação Windows. O arquivo de script deve ser salvo com o nome indicado pelo parâmetro logon script da seção [global] em smb.conf (no exemplo, logon.cmd). Por se tratar de um script Windows (.cmd ou .bat) que será executado na estação, é importante que obedeça às quebras de linha. Para isso, uma opção é criar o arquivo no próprio Windows, num editor como o Bloco de notas. Em seguida, o Samba deve ser reiniciado para desempenhar suas novas funções e assim que a estação for configurada para ingressar no domínio controlado pelo Samba, a conta de usuário remota poderá ser utilizada para logar na estação.

## Samba como servidor Wins

O Samba também pode atuar como um servidor de nomes NetBIOS, serviço conhecido como servidor *Wins*, por meio do daemon `nmbd`. Apesar de compartilharem o mesmo propósito, um servidor de nomes NetBIOS não é o mesmo que um servidor de nomes DNS. O servidor Wins atua apenas em redes Windows e não é indicado para redes grandes. Para ativar o Samba como um servidor Wins, o parâmetro *wins support* deve estar presente na seção *[global]* na seguinte forma:

```
wins support = yes
```

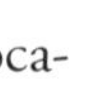

O mapeamento de IP e nomes é feito a partir do arquivo `lmhosts`, por padrão localizado em `/etc/samba`. Este arquivo é muito parecido com o `/etc/hosts` do GNU/Linux, no qual o IP é seguido do nome da máquina. Exemplo de `lmhosts`:

```
192.168.1.1    lcnsqr
192.168.1.2    winxp-01
```

O serviço Wins pode ser investigado com o comando `nmblookup`:

```
# nmblookup -B 192.168.1.255 'lcnsqr'
querying lcnsqr on 192.168.1.255
192.168.1.1 lcnsqr<00>
```

A opção `-B` especifica para qual endereço de *broadcast* a solicitação deve ser enviada. A opção `-W domínio` especifica um domínio de grupo diferente do indicado em `smb.conf`.

Outro comando do Samba com propósito de inspeção é o `smbstatus`. Este comando é utilizado para listar a utilização atual dos compartilhamentos do Samba. Parâmetros comuns para o `smbstatus`:

- `-p`: Lista os processos ativos do Samba;
- `-S`: Lista os compartilhamentos sendo utilizados;
- `-u usuário`: Mostra apenas informações referentes ao usuário especificado.

O smbstatus pode ser útil em checagens periódicas e em identificação de situações críticas. Com ele, é possível identificar se o servidor pode ser reiniciado sem prejudicar um usuário utilizando o recurso.

## Cliente Samba

Além de atuar como um servidor, o Linux também pode utilizar compartilhamentos de outro servidor Samba ou de um servidor Windows. Para verificar os compartilhamentos disponíveis, o principal comando é o `smbclient`:

```
# smbclient -L \\lcnsqr -U bill
Password: *********
Domain=[HOME] OS=[Unix] Server=[Samba 3.0.23c]

Sharename       Type      Comment
---------       ----      -------
netlogon        Disk      Login
IPC$            IPC       IPC Service (Servidor Slackware/Samba)
bill            Disk      Home directory of bill
Domain=[HOME] OS=[Unix] Server=[Samba 3.0.23c]

Server               Comment
---------            -------
LCNSQR               Servidor Slackware/Samba
WINXP-01             Estacao Windows

Workgroup            Master
---------            -------
HOME                 LCNSQR
```

O comando smbclient também funciona como um cliente genérico para serviço SMB/CIFS, como um cliente FTP. Já a identificação das impressoras compartilhadas por Samba ou por um servidor Windows é feita automaticamente pelo sistema de impressão CUPS, que é padrão na maioria das distribuições Linux atuais.

Para montar diretórios compartilhados no Linux, é utilizado o próprio comando `mount`. Ele é empregado na sua forma mais usual, sendo necessário apenas fornecer o tipo de sistema de arquivos (*smbfs* ou *cifs*, sendo este último o mais indicado em sistemas mais recentes), o nome do usuário e a senha:

```
mount -t smbfs -o username=bill,password=fuba //lcnsqr/bill lab/
```

O compartilhamento também pode figurar no arquivo `/etc/fstab`, a fim de que seja montado automaticamente. Para evitar que outros usuários tenham acesso à senha (o arquivo /etc/fstab é legível a todos os usuários), pode-se utilizar a opção `credentials=nome_do_arquivo`, que indica um arquivo com conteúdo no formato:

```
username = bill
password = fuba
```

O arquivo em questão deverá ser legível apenas ao root, evitando que outros usuários possam ver o conteúdo do arquivo.

## Samba como membro de domínio AD

Um servidor Samba pode ser integrado ao domínio Active Directory da rede, do modo que o controle de acesso aos recursos compartilhados pelo Samba – arquivos e impressoras – seja realizado pelo controlador do domínio. O controlador do domínio pode tanto ser um servidor Windows quanto outro servidor Samba, já operacional e responsável por autorizar os acessos na rede.

Além do próprio Samba, o pacote *winbind* é necessário para associar as permissões locais aos usuários do Active Directory. O nome do pacote varia de uma distribuição a outra, mas deverá estar disponível para instalação com o nome *winbind* ou *samba-winbind*. O winbind fornece o daemon `winbindd`, responsável por associar o servidor Samba local com o controlador do domínio da rede. Além de ter o Samba e o winbind ativos, é necessário que o sistema de arquivos contendo os compartilhamentos tenha ativado o suporte a *acl* e *xattr*. As opções do comando `mount` que ativam essas opções são `user_xattr` e `acl`. É conveniente incluir as opções `user_xattr`, `acl` na linha do arquivo `/etc/fstab` correspondente ao sistema de arquivos contendo os compartilhamentos.

A configuração da integração do Samba com o controlador do domínio é realizada na seção `[global]` do arquivo de configuração `/etc/samba/smb.conf`:

```
[global]
  netbios name = ServidorSamba
  workgroup = Domínio
  security = ADS
  realm = RealmKerberos
  encrypt passwords = yes

  idmap config *:backend = tdb
  idmap config *:range = 70001-80000
  idmap config Domínio:backend = ad
  idmap config Domínio:schema_mode = rfc2307
  idmap config Domínio:range = 3000000-4000000

  winbind nss info = rfc2307
  winbind trusted domains only = no
  winbind use default domain = yes
  winbind enum users = yes
  winbind enum groups = yes

  vfs objects = acl_xattr
  map acl inherit = Yes
  store dos attributes = Yes
```

A opção netbios name define qual o nome utilizado para identificar o servidor Samba local na rede. A opção `realm` deve ser definida com o mesmo realm do controlador do domínio. O nome do domínio AD deve constar na opção `workgroup` e opções `idmap` relacionadas.

Os compartilhamentos são definidos da maneira tradicional, bastando incluir a opção admin users com o domínio do servidor AD:

```
[Compartilhado]
  path = /srv/fs/compartilhado
  read only = no
  admin users = @"Domínio\Domain Admins"
```

Os daemons do Samba e Winbind devem ser reiniciados para que as alterações tenham efeito.

O controlador do domínio AD deve constar como o servidor de nomes em `/etc/resolv.conf` para que seja possível ingressar no domínio. O ingresso no domínio é feito com o comando `net`:

```
# net ads join -Uadministrator
```

O comando net é fornecido pelo Samba e lê as configurações necessárias diretamente do arquivo `/etc/samba/smb.conf`.

Para que a autenticação local de usuários seja direcionada para o controlador do domínio, é incluída a opção winbind no arquivo `/etc/nsswitch.conf`:

```
passwd: compat winbind
group:  compat winbind
```

O termo winbind deve ser incluído nas linhas passwd e group, que definem a ordem do serviços de autenticação local de usuários.

## 209.2 Configurar um servidor NFS

### Peso 3

Com o sistema de compartilhamento de arquivos **NFS** – *Network File System* – é possível montar diretórios compartilhados remotos como se fossem dispositivos locais. O NFS precisa estar habilitado no kernel, seja nativo ou carregado como módulo, tanto no servidor quanto no cliente.

Para montar dispositivos remotos, é necessário que o daemon **portmap** (`rpc.portmap`) esteja ativo no cliente e no servidor. Em geral, sua execução é controlada por meio do script `/etc/init.d/portmap start|stop|restart` ou `/etc/rc.d/rc.portmap start|stop|restart`.

Outros daemons são comumente necessários para servir compartilhamentos por meio do NFS:

- rpc.nfsd: Dispara os eventos controlados pelo módulo NFS do kernel;
- rpc.mountd: Responde às solicitações de montagem;
- rpc.rquotad: Controla as cotas (se houver) dos compartilhamentos;
- rpc.lockd: Controle de trava para o NFS;
- rpc.statd: Notificação de reinício para o NFS.

A execução de todos esses daemons é unificada por meio do script /etc/rc.d/init.d/nfs start|stop|restart ou /etc/rc.d/rc.nfsd start|stop|restart.

## Definindo compartilhamentos

Os compartilhamentos são configurados no servidor editando o arquivo /etc/exports, que age como uma lista de controle de acesso para clientes que tentem montar os compartilhamentos ali definidos.

Cada compartilhamento corresponde a uma linha em /etc/exports. Um compartilhamento é constituído de dois elementos básicos: o diretório a ser compartilhado e um ou mais clientes que poderão montá-lo remotamente. Para cada definição de cliente, podem ser especificadas uma ou mais opções entre parênteses. Não deve haver espaço entre as opções em parênteses e o cliente ao qual se referem.

Exemplo de compartilhamento em /etc/exports:

```
/mnt/lvm    192.168.1.0/24(ro) 192.168.1.12(rw,no_root_squash)
```

De acordo com o exemplo, o diretório local /mnt/lvm poderá ser montado por todos os clientes da sub-rede local 192.168.1.0/24 apenas para leitura e, para o host 192.168.1.12, será permitida escrita no compartilhamento. Também pode ser utilizado o caractere curinga "*" em nomes e domínios de clientes. Uma opção de acesso importante é o no_root_squash, que permite que o usuário remoto de ID 0 (*root*) monte o compartilhamento. Essa opção é especialmente útil quando o diretório local compartilhado é o diretório raiz no cliente remoto.

As alterações feitas ao arquivo /etc/exports só serão utilizadas pelo servidor NFS ativo após a execução do comando exportfs -a. Para desativar os compartilhamentos em /etc/exports, deve-se executar exportfs -ua.

## Acesso ao compartilhamento

No cliente, o próprio comando mount é usado para montar o diretório remoto. Por exemplo, para montar o diretório compartilhado no exemplo anterior num host da sub-rede local 192.168.1.0/24:

```
mount -t nfs 192.168.1.2:/mnt/lvm /mnt/remoto
```

Este exemplo presume que 192.168.1.2 seja o IP do servidor do compartilhamento e que exista no cliente o diretório ponto de montagem /mnt/remoto. Da mesma forma que montagens de partições, os compartilhamentos NFS podem ser incluídos no /etc/fstab ou utilizados pelo automount, do pacote *autofs*.

Para verificar quais são os compartilhamentos disponibilizados pelo servidor, é utilizado o comando showmount:

```
# showmount -e 192.168.11.2
Export list for 192.168.11.2:
/mnt/lvm 192.168.11.1
```

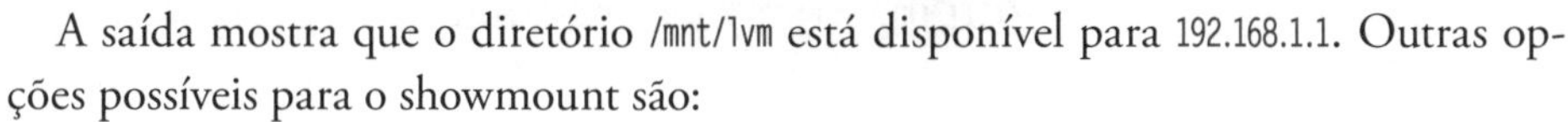

A saída mostra que o diretório /mnt/lvm está disponível para 192.168.1.1. Outras opções possíveis para o showmount são:

- -a: Mostra o host e o diretório montado por ele;
- -d: Mostra os diretórios montados por clientes.

O comando nfsstat mostra estatísticas de uso dos compartilhamentos NFS no servidor. No cliente, pode mostrar detalhes do compartilhamento montado, com a opção -m:

```
# nfsstat -m
/mnt/remoto from 192.168.11.2:/mnt/lvm
Flags: rw,vers=2,rsize=8192,wsize=8192,hard,proto=udp,timeo=7,retrans=3,sec=sys,ad
 dr=192.168.11.2
```

O NFS é conhecido por ser um sistema de compartilhamento de arquivos inseguro, haja vista a autenticação feita apenas pelo endereçamento da origem. Portanto, é relevante tomar todo cuidado nesse aspecto.

## tcpwrappers

Assim como a maioria dos serviços no Linux, o NFS está suscetível ao controle via *tcpwrappers*. Dessa forma, é possível obter um controle mais preciso sobre quem poderá acessar os recursos no servidor. Esse controle é estabelecido a partir de regras criadas nos arquivos /etc/hosts.allow e /etc/hosts.deny.

O arquivo /etc/hosts.allow contém as regras para os hosts que poderão acessar a máquina local. Se um host corresponder a uma regra em /etc/hosts.allow, ele será liberado e o arquivo /etc/hosts.deny não será consultado.

O arquivo /etc/hosts.deny contém as regras para os hosts que não poderão acessar a máquina local. Se não constar em /etc/hosts.allow nem em /etc/hosts.deny, o host será liberado.

Cada regra é escrita em uma linha e o formato é o mesmo tanto para /etc/hosts.allow quanto para /etc/hosts.deny:

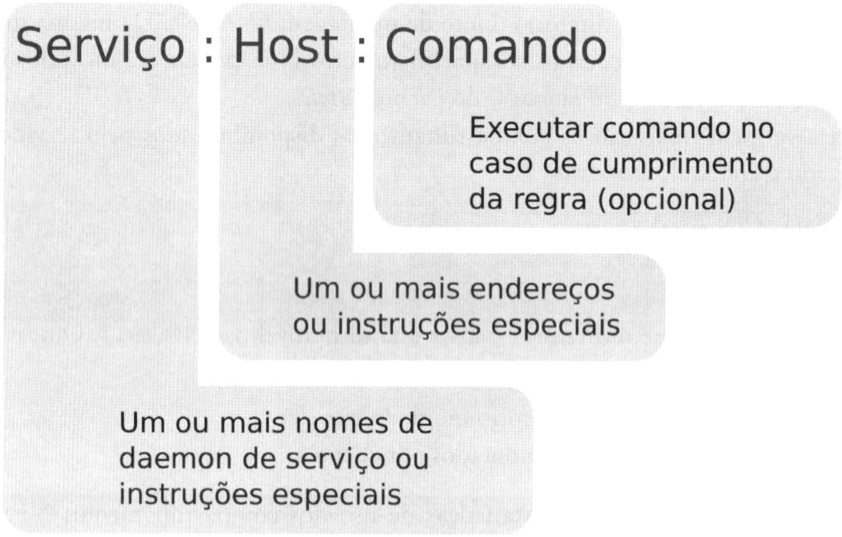

Serviço : Host : Comando

Executar comando no caso de cumprimento da regra (opcional)

Um ou mais endereços ou instruções especiais

Um ou mais nomes de daemon de serviço ou instruções especiais

Hosts podem vir na forma de domínios, IPs de rede ou IPs incompletos. Caracteres coringa "**?**" e "*" podem ser utilizados. Instruções especiais são **ALL**, **LOCAL**, **KNOW**, **UNKNOW** e **PARANOID**. O operador **EXCEPT** exclui um host ou grupo hosts de uma determinada regra.

Em /etc/hosts.allow, por exemplo, para liberar todos os serviços a todos os hosts da rede *192.168.1.0* com exceção do *192.168.1.20:*

```
ALL: 192.168.1.* EXCEPT 192.168.1.20
```

Para bloquear todos os serviços a todo host que não constar em regra de /etc/hosts.allow, bastará incluir no arquivo /etc/hosts.deny a linha `ALL: ALL`, determinando todo serviço e toda origem.

Exercícios

## Questões Tópico 209

1. O compartilhamento genérico que permite um usuário acessar diretamente seu diretório pessoal via Samba é o:
   a. [users]
   b. [global]
   c. [personal]
   d. [homes]

2. Quais são os principais daemons de serviço do Samba? Marque todas as opções corretas.
   a. sambad
   b. smbd
   c. cifs
   d. nmbd

3. O comando __________ permite testar as configurações do Samba e informa sobre possíveis falhas no arquivo de configuração.

4. O comando que cria uma conta de usuário do Samba é o:
   a. useradd
   b. adduser
   c. smbuser
   d. smbpasswd

5. No Samba, como o arquivo `/var/lib/samba/users.map` pode ser definido como arquivo de correspondência entre nomes de usuários remotos e locais?
   a. `users map = /var/lib/samba/users.map`
   b. `username map = /var/lib/samba/users.map`
   c. `names map = /var/lib/samba/users.map`
   d. `homes = /var/lib/samba/users.map`

6. O comando ____________ -L \\ 192.168.1.77 exibirá os compartilhamentos Samba disponíveis no servidor 192.168.1.77.

7. Quais serviços ou daemons são necessários para que o serviço NFS funcione corretamente?
   a. portmap
   b. nfsd
   c. inetd
   d. tcpwrapper

8. Em qual arquivo são definidos os compartilhamentos NFS? Informe o caminho completo.

9. Após definir um compartilhamento NFS, o comando __________ -a deve ser executado para torná-lo ativo.

10. Com qual comando é possível listar os compartilhamentos NFS da máquina 192.168.1.5?
    a. showmount
    b. mount
    c. nmap
    d. exportfs

Peso total do tópico na prova: 11

# Tópico 210:

## Administração dos clientes de rede

Principais temas abordados:

- Obtenção automática de IP a partir do DHCP;
- Autenticação por PAM;
- Cliente e servidor LDAP.

## 210.1 Configuração DHCP

**Peso 2**

Um servidor DHCP (*Dynamic Host Configuration Protocol*) distribui endereços IP para as estações mediante regras preestabelecidas. Na maioria das redes, principalmente redes cabeadas, basta conectar o cabo ao computador para que ele automaticamente obtenha um endereço IP. Essa abordagem torna muito mais simples a configuração de redes, principalmente aquelas com muitas estações.

### Configuração do servidor

O servidor DHCP padrão do Linux é o dhcpd e seu arquivo de configuração principal é o /etc/dhcpd.conf. Além disso, esse servidor pode estar em qualquer máquina já ingressada na rede, mas o recomendável é utilizar o mesmo servidor que agrega os demais serviços da rede. Uma configuração simples pode ser escrita da seguinte forma:

```
default-lease-time 600;
max-lease-time 7200;

option domain-name “gink.go”;
option domain-name-servers 192.168.0.1, 201.6.0.102;

subnet 192.168.0.0 netmask 255.255.255.0 {
    range 192.168.0.1 192.168.0.254;
    option routers 192.168.0.1;
    }
host hamilton {
    hardware ethernet 08:00:27:0D:A5:3C;
    fixed-address 192.168.0.2;
}
host felix {
    hardware ethernet 08:00:27:1A:B4:EB;
    fixed-address 192.168.0.4;
}
```

Todas as opções definidas fora de chaves são opções globais. Uma opção pode ser específica para uma rede ou host se definida dentro da respectiva chave. A seguir, a análise de cada uma das entradas exibidas no arquivo de exemplo:

```
default-lease-time 600;
```

A entrada default-lease-time determina, em segundos, o intervalo de checagem de IP. Ao fim de cada intervalo, o dhcpd verificará se o(s) IP(s) alocado(s) ainda estão sendo utilizados.

```
max-lease-time 7200;
```

Período máximo, em segundos, de alocação de um IP. Após este período, o dhcpd liberará o IP, que deverá ser requisitado novamente pelo cliente ou por outra máquina autorizada.

As informações de lease para cada interface geralmente são mantidas no arquivo /etc/dhcpd.leases.

```
option domain-name "gink.go";
```

A opção domain-name indica qual é domínio transmitido para os clientes.

```
option domain-name-servers 192.168.0.1, 201.6.0.102;
```

A opção domain-name-servers indica quais os servidores de nome que o cliente poderá utilizar em /etc/resolv.conf.

```
subnet 192.168.0.0 netmask 255.255.255.0 {
    range 192.168.0.1 192.168.0.254;
    option routers 192.168.0.1;
}
```

Definição da faixa disponível para a rede *192.168.0.0/24*. Dentro dessa chave foram especificados o intervalo de IPs disponíveis para a rede e a rota padrão fornecida para o cliente. Se não forem especificadas chaves para cada interface conectada a essa rede, serão fornecidos quaisquer IPs do intervalo determinado que estejam disponíveis.

```
host hamilton {
    hardware ethernet 08:00:27:0D:A5:3C;
    fixed-address 192.168.0.2;
}

host felix {
    hardware ethernet 08:00:27:1A:B4:EB;
    fixed-address 192.168.0.4;
}
```

Em relação às chaves de opção para hosts em particular, sua utilização mais comum é determinar um IP fixo para um terminal específico, identificado por meio do MAC address de sua interface de rede.

## Boot via rede

O dhcpd oferece compatibilidade para estações *diskless* que utilizam o sistema *bootp* (*Bootstrap*) para carregamento remoto do sistema operacional. Neste caso, devem ser fornecidas as opções com o nome do arquivo que será enviado para a estação e o nome de servidor:

```
host felix {
    hardware ethernet 08:00:27:1A:B4:EB;
    fixed-address 192.168.0.4;
        filename "vmlinuz.felix";
        server-name "floyd.gink.go";
}
```

O daemon dhcpd deve ser reiniciado para utilizar as novas configurações. Uma forma comum de iniciar o dhcpd é:

```
dhcpd -lf /etc/dhcpd.leases eth0
```

A opção -lf determina qual é o arquivo de *leases*. Se não for especificada uma interface de rede, o dhcpd será ativado para todas as interfaces ativas.

Para utilizar um servidor DHCP centralizado, fora da rede do cliente, existe a opção relay agent, que define o *dhcrelay*. Ativado num servidor da rede local, ele redireciona todos os pedidos DHCP para o servidor centralizado fora da rede local. O comando dhcrelay pode ser invocado da seguinte forma:

```
dhcrelay -i eth0 floyd.gink.go
```

A opção -i determina em qual interface o dhcrelay aguardará por requisições de IP. No comando dhcpd, se a interface não for especificada, serão utilizadas todas as interfaces ativas. Ao final, deve ser especificado pelo menos um servidor para onde serão encaminhadas as requisições DHCP.

Os endereços IP distribuídos para as estações podem ser conferidos em tempo real no servidor, observando o conteúdo do arquivo /var/log/daemon.log.

```
Sep 23 11:12:53 192.168.1.250 dhcpd: DHCPDISCOVER from 00:24:03:9e:e3:12 via eth0
Sep 23 11:12:54 192.168.1.250 dhcpd: DHCPOFFER on 192.168.1.144 to
↪ 00:24:03:9e:e3:12 via eth0
Sep 23 11:12:54 192.168.1.250 dhcpd: DHCPREQUEST for 192.168.1.144 (192.168.1.250)
↪from 00:24:03:9e:e3:12 via eth0
Sep 23 11:12:54 192.168.1.250 dhcpd: DHCPACK on 192.168.1.144 to 00:24:03:9e:e3:12
↪via eth0
Sep 23 13:53:45 192.168.1.250 dhcpd: DHCPDISCOVER from 00:1c:d4:4e:7a:55 via eth0
Sep 23 13:53:45 192.168.1.250 dhcpd: DHCPOFFER on 192.168.1.70 to
↪ 00:1c:d4:4e:7a:55 via eth0
Sep 23 13:53:45 192.168.1.250 dhcpd: DHCPREQUEST for 192.168.1.70 (192.168.1.250)
↪ from 00:1c:d4:4e:7a:55 via eth0
Sep 23 13:53:45 192.168.1.250 dhcpd: DHCPACK on 192.168.1.70 to 00:1c:d4:4e:7a:55
↪ via eth0
```

Podem ser identificados os endereços IP atribuídos a cada endereço MAC solicitante, exatamente da maneira como são vinculados na tabela ARP no kernel do servidor.

Em redes IPv6, o daemon *radvd* — *Router Advertisement Daemon* — pode ser utilizado para permitir a configuração automática dos clientes. O radvd permite definir aspectos como o prefixo, validade e frequência dos anúncios na rede a partir do roteador, que serão utilizados pelos clientes para se identificarem na rede.

O arquivo de configuração do radvd é `/etc/radvd.conf`. Uma configuração mínima para a interface *eth0* pode ser escrita como:

```
interface eth0 {
    AdvSendAdvert on;
    MinRtrAdvInterval 3;
    MaxRtrAdvInterval 10;
    prefix 2001:0db8:0100:f101::/64 {
        AdvOnLink on;
        AdvAutonomous on;
        AdvRouterAddr on;
    };
};
```

Como não foi definido um tempo de validade para os endereços, com essa configuração os clientes poderão ficar com o endereço obtido por tempo indeterminado.

## 210.2 Autenticação por PAM

**Peso 3**

PAM, ou *Pluggable Authentication Modules*, pode ser entendido como uma camada de abstração de autenticação de usuários. Dessa forma, diferentes programas e serviços podem autenticar usuários por meio de diferentes modelos de senhas e criptografias, sem necessidade de lidar com os meandros de funcionamento interno de cada um deles. O procedimento de autenticação é delegado ao PAM, que se encarregará de fazer os procedimentos necessários.

Grande parte das distribuições possui suporte a PAM. A instalação do PAM em uma distribuição que não possua suporte nativo é um processo pouco utilizado, pois envolve inúmeras adaptações no sistema, o que a torna pouco aconselhável.

## Configuração

Cada programa ou serviço que utiliza autenticação possui uma configuração individual no PAM, e para a localização destes arquivos de configuração existem duas possibilidades. Toda a configuração pode ser feita no arquivo /etc/pam.conf ou em arquivos individuais, no diretório /etc/pam.d.

O mais comum é que a configuração seja feita em arquivos individuais no diretório /etc/pam.d. Para cada serviço ou programa que utiliza autenticação via PAM, existe um arquivo que leva o nome do programa ou serviço e é responsável por sua configuração. O conteúdo de /etc/pam.d varia conforme os serviços e programas instalados no sistema e quais deles utilizam PAM.

Conteúdo típico de /etc/pam.d:

```
# ls -ll /etc/pam.d/
total 27
-rw-r--r-- 1 root root  182 2006-01-03 05:15 atd
-rw-r--r-- 1 root root  384 2007-02-27 04:27 chfn
-rw-r--r-- 1 root root  581 2007-02-27 04:27 chsh
-rw-r--r-- 1 root root  392 2007-05-10 18:48 common-account
-rw-r--r-- 1 root root  436 2007-05-10 18:48 common-auth
-rw-r--r-- 1 root root 1097 2007-05-10 18:48 common-password
-rw-r--r-- 1 root root  372 2007-05-10 18:48 common-session
-rw-r--r-- 1 root root  289 2005-10-14 09:00 cron
-rw-r--r-- 1 root root   69 2007-02-02 11:18 cupsys
-rw-r--r-- 1 root root  263 2006-12-15 06:16 gdm
-rw-r--r-- 1 root root  270 2006-12-16 09:24 gdm-autologin
-rw-r--r-- 1 root root   21 2006-11-24 18:43 gnome-screensaver
-rw-r--r-- 1 root root 2843 2007-02-27 04:27 login
-rw-r--r-- 1 root root   38 2007-03-07 19:30 newrole
-rw-r--r-- 1 root root  520 2003-08-31 19:21 other
-rw-r--r-- 1 root root   92 2007-02-27 04:27 passwd
-rw-r--r-- 1 root root  168 2007-03-17 19:52 ppp
-rw-r--r-- 1 root root   38 2007-03-07 19:30 run_init
-rw-r--r-- 1 root root 1272 2007-03-05 13:36 ssh
-rw-r--r-- 1 root root 2305 2007-02-27 04:27 su
-rw-r--r-- 1 root root   56 2006-04-15 04:39 sudo
```

A sintaxe interna de cada um dos arquivos obedece à sequência *Tipo Controle Módulo Argumentos*. O *tipo* define o tipo de autenticação usado para o módulo. Módulos do mesmo tipo podem ser interligados, exigindo que a autenticação responda a vários critérios. Os principais tipos podem ser consultados na tabela **Tipos de autenticação PAM**.

## Tipos de autenticação PAM

| Tipo | Descrição |
|---|---|
| account | Verifica se o usuário pode acessar o serviço, se a senha não expirou etc. |
| auth | Determina a autenticidade do usuário, geralmente via senha, mas pode utilizar outros meios, como biometria. |
| password | Mecanismo de alteração da autenticação (provavelmente a senha). |
| session | Procedimentos que devem ser realizados antes e depois que o usuário for autenticado. Por exemplo, podem ser realizadas a montagem/desmontagem do diretório pessoal ou a restrição de serviços ao usuário. |

O *controle* especifica o que fazer dependendo da resposta do módulo, como mostrado na tabela **Controles do PAM**.

## Controles do PAM

| Controle | Descrição |
|---|---|
| requisite | Autenticação é imediatamente negada, no caso de negativa do módulo. |
| required | Autenticação recusada no caso de negativa do módulo, mas consultará os outros módulos para o serviço antes de negar completamente a autenticação. |
| sufficient | Se a autenticação para este módulo for bem-sucedida, a autenticação será confirmada mesmo que módulos anteriores tenham negado. |
| optional | A aprovação ou negação neste módulo só fará diferença se for o único do tipo para o serviço. |

O termo *módulo* indica qual módulo utilizar e opcionalmente onde encontrá-lo. Se não for informada a localização, o PAM procurará no diretório padrão, `/lib/security` ou `/usr/lib/security`.

O termo *argumentos* é opcional. Representa os argumentos passados para o módulo. Cada módulo tem seus próprios argumentos.

Como exemplo, tomemos o conteúdo do arquivo `login`:

```
# Bloqueia login de root, exceto
# em tty's listados em /etc/securetty
auth      requisite  pam_securetty.so

# Bloqueia login de usuários deferentes de root,
# caso o arquivo /etc/nologin exista
auth      requisite  pam_nologin.so

# Lê /etc/environment. Exige o argumento "readenv=1"
session      required  pam_env.so readenv=1

# Opções padrão de autenticação Un*x.
@include common-auth
```

```
# Configura limites de usuário definidos em /etc/security/limits.conf
session    required   pam_limits.so

# Prints the last login info upon succesful login
# (Replaces the `LASTLOG_ENAB' option from login.defs)
session    optional   pam_lastlog.so

# Mostra a motd após um login bem-sucedido
session    optional   pam_motd.so

# Padrões Un*x para contas e sessões
@include common-account
@include common-session
@include common-password
```

Caso as configurações do PAM no sistema sejam feitas inteiramente no arquivo pam.conf, as entradas são um pouco diferentes. O nome do respectivo serviço deve ser incluído como primeiro termo para cada entrada. Por exemplo, entrada em /etc/pam.d/login:

```
auth   requisite   pam_securetty.so
```

No arquivo /etc/pam.conf, é escrita da seguinte forma:

```
login   auth   requisite   pam_securetty.so
```

Contudo, devido ao grande número de tipos e controles de autenticação, é recomendável manter cada configuração em seu respectivo arquivo, facilitando a eventual edição de manutenção.

Alguns módulos não estão diretamente relacionados a questões de autenticação do usuário, mas são utilizados para outros tipos de definições. Por exemplo, o módulo *pam_motd.so* determina a exibição do arquivo /etc/motd após um login bem-sucedido via terminal. Já o módulo *pam_limits.so* determina os limites de utilização de recursos para o usuário, como definidos em /etc/security/limits.conf.

## PAM e LDAP

A configuração do PAM para utilizar autenticação buscando as informações num diretório LDAP requer o módulo específico **pam_ldap.so**.

Para que o login faça autenticação via LDAP, o arquivo /etc/pam.d/login deve ser editado da seguinte forma:

```
auth    sufficient pam_ldap.so
auth    required   pam_unix.so try_first_pass
account sufficient pam_ldap.so
account required   pam_unix.so
```

Também é possível combinar com outros métodos de autenticação, como NIS ou autenticação num servidor Active Directory, a depender das necessidades da rede.

## SSSD

Para aprimorar o sistema de autenticação, algumas distribuições contam com um daemon SSSD (System Security Services Daemon). Trata-se de uma interface entre NSS, PAM e o sistema.

Por ser modular, o SSSD torna possível utilizar diferentes origens para obter informações de identidades. Além disso, fornece a base para auditoria de clientes e politicas de serviço para projetos como o FreeIPA.

# 210.3 Uso de cliente LDAP

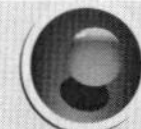

### Peso 2

O LDAP (*Lightweight Directory Access Protocol*) é um protocolo utilizado para pesquisar e modificar serviços de diretório numa rede TCP/IP. Um diretório é um conjunto de informações – *classes de objetos* – com atributos e propriedades, organizadas de forma hierárquica e lógica, como num servidor DNS.

Semelhantemente a um banco de dados, um serviço de diretório remoto fornece informações mediante um critério de solicitação. Porém, diferentemente de um banco de dados, um serviço de diretório é principalmente voltado para alta disponibilidade de leitura. Dados armazenados em um serviço de diretório são criados esporadicamente e pouco modificados.

Uma utilização típica de um serviço de diretório é o armazenamento de contas de usuários. Neste caso, as informações ficam dentro de uma árvore hierárquica, onde dados como departamento e empresa estão em níveis superiores, ao passo que dados pessoais, por exemplo, estão em níveis inferiores. Dessa forma, um serviço de diretório pode substituir com vantagens o sistema clássico de contas de usuário em ambientes Unix.

Para verificar se o servidor está funcionando e respondendo, uma pesquisa simples é realizada com o comando `ldapsearch`, instalado com o pacote *ldapscripts*:

```
# ldapsearch -x -b '' -s base '(objectclass=*)' namingContexts
(...)
dn:
namingContexts: o=lnm-br,c=BR
(...)
```

Dessa forma, foi possível verificar que o servidor LDAP está ativo e respondendo.

## Arquivos LDIF

Outra diferença entre um diretório LDAP e bancos de dados é a maneira como dados são gravados. Um diretório não possui uma interface de inserção como num banco de dados *MySQL* ou *PostgreSQL*. Em vez disso, o procedimento mais comum de inserção de dados num diretório LDAP é utilizar um arquivo **LDIF** (*LDAP Data Interchange Format*).

Basicamente, um arquivo LDIF contém os campos e valores necessários para fazer a inserção no diretório. Um exemplo de arquivo LDIF simples:

```
dn: o=lnm-br, c=BR
objectClass: organization
o: lnm-br
description: Editora Linux New Media do Brasil

dn: cn=Editor, o=lnm-br, c=BR
objectClass: person
cn: Editor
cn: Luciano Siqueira
sn: Siqueira
description: Editor Easy Linux
```

Este arquivo define dois objetos: o primeiro da classe *organization* e outro da classe *person*. As siglas utilizadas representam propriedades dos objetos:

- **dn**: *distinguishedName*
- **o**: *organizationName*
- **c**: *country*
- **cn**: *commonName*
- **sn**: *surname*

Finalizada a edição do arquivo LDIF, os dados são incluídos no diretório com o comando `ldapadd`, no qual `exemplo.ldif` é o nome dado ao arquivo criado:

```
ldapadd -f exemplo.ldif -x -W -D 'cn=admin,o=lnm-br,c=BR'
```

A opção `-f` especifica o arquivo LDIF, `-x` indica autenticação simples (no lugar de autenticação SASL), com `-W` a senha será perguntada na sequência e após `-D` são colocadas as informações do administrador do diretório, como configuradas em `slapd.conf`. Usa-se aspas simples para evitar que o bash interprete algum caractere do trecho do comando.

A inclusão dos dados pode ser verificada com o comando `ldapsearch`:

```
# ldapsearch -x -b 'o=lnm-br,c=BR' '(objectclass=*)'
# extended LDIF
#
# LDAPv3
# base <o=lnm-br,c=BR> with scope subtree
# filter: (objectclass=*)
# requesting: ALL
#

# lnm-br, BR
dn: o=lnm-br,c=BR
objectClass: organization
o: lnm-br
description: Editora Linux New Media do Brasil

# Editor, lnm-br, BR
dn: cn=Editor,o=lnm-br,c=BR
objectClass: person
cn: Editor
cn: Luciano Siqueira
sn: Siqueira
description: Editor

# search result
search: 2
result: 0 Success

# numResponses: 3
# numEntries: 2
```

Normalmente a administração de diretórios LDAP é feita por interfaces mais amigáveis. Contudo, é importante conhecer a operação de nível mais baixo para realizar diagnósticos e correções.

## Grupos e usuários

A administração de usuários e grupos POSIX (padrão Unix) no LDAP é facilitada com as ferramentas do pacote *LDAP scripts*. Os principais comandos são:

## ldapaddgroup

Adiciona um grupo. Sua sintaxe é *ldapaddgroup <nome_do_grupo> [gid]*. Se não for fornecido um gid, este será gerado automaticamente.

### ldapadduser

Adiciona um usuário. Sua sintaxe é *ldapadduser <nome_do_usuário> <nome_do_grupo|gid> [uid]*. O nome do usuário e o nome do grupo/gid são obrigatórios. Se não for fornecido um uid, este será gerado automaticamente.

### ldapaddusertogroup

Inclui um usuário num grupo. Sua sintaxe é *ldapaddusertogroup <nome_do_usuário|uid> <nome_do_grupo|gid>*.

### ldapaddmachine

Cria uma conta de máquina. Sintaxe: *ldapaddmachine <nome$> <nome_do_grupo|gid> [uid]*.

### ldapdeletegroup

Remove um grupo.

### ldapdeleteuser

Remove um usuário.

### ldapdeleteuserfromgroup

Exclui um usuário de um grupo. Sintaxe: *ldapdeleteuserfromgroup <usuário> <nome_do_grupo|gid>*.

### ldappasswd

Altera a senha de um item no diretório LDAP. Sua utilização é semelhante à utilização do comando passwd.

Com esses comandos, toda a parte de administração de usuários pode ser feita diretamente pela linha de comando, possibilitando a manutenção no caso de não existir uma interface administrativa ou se esta estiver inacessível.

## 210.4 Configurar um servidor OpenLDAP

**Peso 4**

A implementação do LDAP no Linux é o **OpenLDAP**. O daemon servidor do OpenLDAP é o `slapd`. A configuração do slapd é feita no arquivo `slapd.conf`, comumente localizado em `/etc/ldap/`.

O arquivo de configuração é dividido em três seções: global, funcionamento interno (backend) e configuração de banco de dados.

## Configuração básica

Para ativar um servidor LDAP simples, poucas modificações precisam ser feitas no arquivo de configuração. O conteúdo do arquivo `slapd.conf` pode ser editado como os conteúdos comentados a seguir:

```
include         /etc/ldap/schema/core.schema
include         /etc/ldap/schema/cosine.schema
include         /etc/ldap/schema/nis.schema
include         /etc/ldap/schema/inetorgperson.schema
```

Incorpora os padrões de esquemas e definições de classes de objetos.

```
pidfile         /var/run/slapd/slapd.pid
```

Arquivo com o PID do processo servidor (slapd).

```
argsfile        /var/run/slapd/slapd.args
```

Arquivo contendo argumentos passados ao daemon.

```
backend         bdb
```

Define qual será o sistema de armazenamento de dados. Pode ser *bdb*, *config*, *dns-srv*, *hdb*, *ldap*, *ldbm*, *ldif*, *meta*, *monitor*, *null*, *passwd*, *perl*, *relay*, *shell* ou *sql*.

```
database        bdb
```

Início da seção de banco de dados. Deve ser correspondente a um valor definido numa entrada backend.

```
suffix          "o=lnm-br,c=BR"
```

O sufixo base para o diretório no banco de dados. A ordem é significante, os níveis são definidos da direita para a esquerda, do mais alto para o mais baixo.

```
rootdn          "cn=admin,o=lnm-br,c=BR"
```

Define o super-usuário (admin) para o banco de dados definido.

```
rootpw          {SSHA}rM7fwXjKoekcaVEKfBzn+ovuGdr46Y3h
```

A senha para o super-usuário. A senha pode ser digitada diretamente, mas é recomendável gerar uma senha criptografada (como no exemplo), através do comando `slappasswd`.

```
directory       "/var/lib/ldap"
```

Diretório onde serão armazenados os arquivos do banco de dados.

```
index           objectClass eq
```

Definição da indexação. Essas são as configurações básicas para um diretório LDAP. A partir disso, é possível testar e começar a utilizar o diretório.

## Conectando ao diretório

Para testar a configuração, pode ser utilizado o comando slaptest:

```
# slaptest
config file testing succeeded
```

Feita a configuração, o daemon pode ser iniciado ou reiniciado. Provavelmente o slapd poderá ser executado por meio de um script de inicialização:

```
/etc/init.d/slapd start
```

# Exercícios

## Questões Tópico 210

1. A entrada `option` ___________________ `208.67.222.222, 208.67.220.220` no arquivo `dhcpd.conf` define os servidores de DNS para os clientes na rede.

2. No arquivo `dhcpd.conf`, quais entradas podem ser utilizadas para atribuir um número IP fixo para uma interface específica?
   a. mac-address e fixed-ip
   b. mac address e ip
   c. hardware-ethernet e fixed address
   d. hardware ethernet e fixed-address

3. O comando _____________ redireciona requisições DHCP para outro servidor.

4. As atribuições de endereços IP para os clientes da rede podem ser consultados no arquivo ___________________ no servidor DHCP. Informe o caminho completo.

5. Quais dos tipos de autenticação PAM citados são válidos? Marque todos os corretos.
   a. getty
   b. math
   c. auth
   d. account

6. Qual controle do PAM nega uma autenticação, independentemente da resposta de outros módulo para o mesmo tipo de autenticação?
   a. requisite
   b. required
   c. sufficient
   d. optional

7. O módulo ______________ determina a configuração de limites como definidos no arquivo `/etc/security/limits.conf`.

8. Qual é a finalidade do comando `ldapsearch`?
   a. Procurar registros num servidor LDAP.
   b. Procurar máquinas que sejam servidores LDAP.
   c. Verificar a configuração de um cliente LDAP.
   d. Localizar um cliente LDAP na rede.

9. O principal arquivo de configuração do daemon servidor LDAP é o:
   a. ldap.conf
   b. ldif.conf
   c. ldaprc
   d. slapd.conf

10. A senha de acesso a um recurso do LDAP é definida ou alterada com o comando ____________.

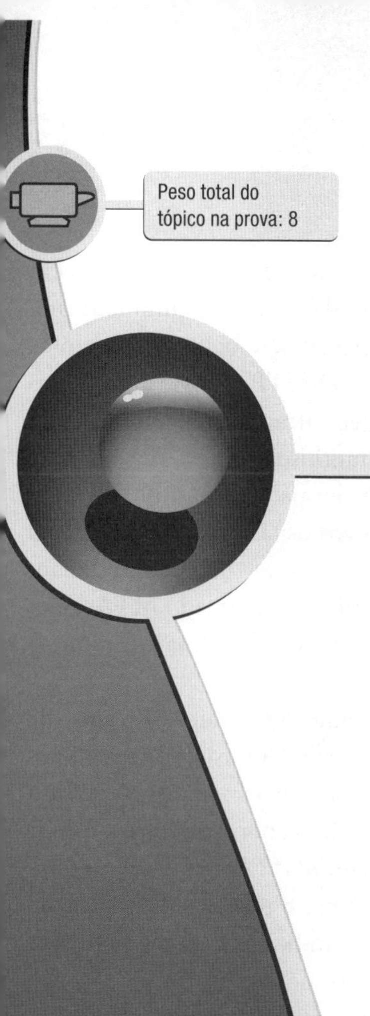

Peso total do tópico na prova: 8

# Tópico 211:

# Serviços de e-mail

Principais temas abordados:

- Configuração básica de servidor de email;
- Filtros Sievel;
- Serviços POP e IMAP.

## 211.1 Utilização de servidores de email

**Peso: 4**

O processo de envio e recebimento de email é constituído de diferentes etapas em que programas diferentes interagem. Cada tarefa realizada — um encaminhamento, uma entrega, etc — depende de um programa específico, que trabalha com o protocolo de comunicação exigido. Dentre esses protocolos, o **SMTP** (*Simple Mail Transfer Protocol*) é o responsável pelo tráfego das mensagens através da rede ou mesmo dentro do sistema, quando se trata de um ambiente multiusuário.

O SMTP foi concebido tendo em mente as contas locais de usuários. A função do *daemon* SMTP é receber as mensagens destinadas aos usuários locais do sistema e encaminhar, via rede, as mensagens destinadas a usuários que não correspondam a contas no sistema local. O programa que tem essa função é chamado **MTA** (*Mail Transfer Agent*) e os mais tradicionais em código aberto são o **Sendmail**, **Exim** e o **Postfix**, sendo este último o mais popular entre eles.

A porta de comunicação padrão do SMTP é a **25**, onde o daemon MTA aguarda a chegada de mensagens enviadas por outro MTA na rede. Um usuário remoto autorizado também pode se conectar ao servidor SMTP para enviar emails. Neste caso a conexão pela porta 25 deve ser substituída pela conexão na porta **587**, para fins de criptografia e autenticação. Ao receber uma mensagem, o MTA identifica o domínio do destinatário, consulta o serviço de DNS para obter o registro **MX** associado ao domínio e encaminha a mensagem para o servidor indicado pelo registro MX. Se o MTA receber uma mensagem para seu(s) próprio(s) domínio(s), a mensagem é armazenada num arquivo ou diretório associado a conta do destinatário, local denominado *Caixa de entrada* ou *Inbox* da conta.

Por exemplo, ao receber uma mensagem para o destinatário *luciano@lcnsqr.com*, o MTA verifica se o domínio *lcnsqr.com* está sob sua responsabilidade. Se sim, a mensagem é armazenada na Caixa de entrada da conta *luciano*. Caso contrário, o MTA consulta o DNS para identificar o registro MX do domínio *lcnsqr.com*. O registro MX também pode ser verificado com o comando `dig`:

```
$ dig +short lcnsqr.com MX
20 trilobit.lcnsqr.com.
```

O MTA se conecta então à porta 25 do endereço *trilobit.lcnsqr.com* e encaminha a mensagem. É comum existirem mais de um registro MX por domínio, situação em que os números associados a cada registro MX são utilizados para estabelecer a prioridade de envio (menor o número, maior a prioridade) e possibilitar o envio mesmo quando um deles não está respondendo.

Apesar das peculiaridades de cada MTA, alguns aspectos da configuração e operação são comuns a todos eles. Além disso, é comum estar presente uma interface de compatibilidade com o Sendmail, que é o MTA mais antigo. Essa interface existe na forma dos comandos `sendmail`, `mailq` e `newaliases`, que implementam funções tradicionais para o MTA instalado.

O comando `mailq` invoca sendmail -bp, que lista o estado atual das filas de email locais. Cada entrada mostra o número ID do arquivo da fila, o tamanho da mensagem, a hora de chegada, remetente e os destinatários que ainda precisam ser entregues. Se uma mensagem não pôde ser entregue na última tentativa, é exibida a razão da falha.

O comando `newaliases` invoca `sendmail -I`, que atualiza a tabela de *aliases*. Os aliases são nomes alternativos para entrega de email em uma conta local. É possível, por exemplo, criar um alias para que todas as mensagens destinadas para *admin* sejam entregues para a conta de usuário *root*. Os aliases são definidos no arquivo `/etc/aliases`:

```
mailer-daemon: postmaster
postmaster: root
nobody: root
hostmaster: root
usenet: root
news: root
webmaster: root
www: root
ftp: root
abuse: root
noc: root
security: root
admin: root
root: luciano
```

Cada alias é definido em uma linha, no formato *destinatário: conta local*. Utiliza-se a vírgula para definir mais de uma conta local para o mesmo destinatário:

```
root: luciano,antonio
```

Após alterar o arquivo `/etc/aliases`, é necessário executar o comando `newaliases` para atualizar a tabela de aliases utilizada pelo MTA. Os destinatários não incorporam o nome de domínio no endereço de email, pois a entrega local está subordinada aos domínios que o MTA trata como locais. Contudo, a entrega de email em contas de sistema tradicionais já não é mais o usual em servidores SMTP modernos, e opções mais versáteis para a associação dos domínios ao servidor, manejo de mensagens e acesso às contas podem ser definidas nas configurações específicas do servidor SMTP.

## Servidor SMTP Postfix

Atualmente, o Postfix é o servidor SMTP padrão na maioria das distribuições voltadas para servidores. Ele é formado por vários comandos independentes, cada um com uma tarefa específica determinada no arquivo `/etc/postfix/master.cf`. Apesar de ser possível alterar a maneira como o Postfix controla essas atividades, isso não costuma ser necessário e as definições padrão podem ser utilizadas.

As configurações que dizem respeito aos domínios e contas de email administradas pelo Postfix ficam armazenadas no arquivo `/etc/postfix/main.cf`. A seguir são listados os principais parâmetros de configuração:

### myorigin

Determina o domínio que aparecerá nos emails enviados a partir do servidor local. O termo `$myhostname` utiliza o nome do servidor e `$mydomain` utilizará o nome do domínio da máquina, que é o mais comum em endereços de email. Padrão: myorigin = $myhostname.

### mydestination

Especifica para quais domínios as mensagens recebidas devem ser entregues localmente e não encaminhadas para outro servidor. Se este servidor for o servidor de email para todo o domínio, o valor para esta opção deve ser `mydestination = $myhostname localhost.$mydomain localhost $mydomain`. O valor padrão é `mydestination = $myhostname localhost.$mydomain localhost`, que não inclui o nome do domínio. Quando utilizando sistema de contas de email virtuais, a opção deve ser `mydestination = localhost`, tendo em vista que demais destinos serão incluídos por outros meios.

### mynetworks

O servidor aceitará emails enviados a partir de clientes dentro da sub-rede aqui especificada. O valor padrão são todas as sub-redes às quais o servidor pertence.

### mynetworks_style

Usada no lugar de `mynetworks`, esta opção define se o padrão é aceitar emails de todas as máquinas na sub-rede local (`mynetworks_style = subnet`), apenas da máquina local (`mynetworks_style = host`) ou para clientes dentro da classe IP do servidor (`mynetworks_style = class`).

### relay_domains

Define para quais domínios será feito *relay* (direcionamento) de emails recebidos de clientes desconhecidos (fora das redes autorizadas). O padrão é aceitar todos emails cujos destinos estejam definidos em `mydestination`.

## relayhost

Por padrão, o servidor Postfix entregará os emails diretamente na Internet. Caso não seja esse o comportamento desejado ou possível, pode ser especificado um caminho indireto. O servidor que servirá como ponte deve ser definido na opção relayhost. Este, por sua vez, se encarregará de direcionar o email para a Internet.

Um exemplo de conteúdo mínimo no arquivo de configuração /etc/postfix/main.cf:

```
myorigin = $mydomain
mydestination = localhost
mynetworks = 127.0.0.0/8 [::ffff:127.0.0.0]/104 [::1]/128
alias_maps = hash:/etc/aliases
```

Essa é uma configuração típica para um servidor de email Postfix com contas virtuais, que não estão diretamente vinculadas a contas do sistema. Parte das configurações adicionais também é feita no arquivo /etc/postfix/main.cf e parte é feita em outros arquivos no diretório /etc/postfix/, como é o caso das configurações das contas de email virtuais.

## Contas de email

As tradicionais contas de usuários no sistema já não são mais o principal modo de administrar contas de email em ambientes de média ou larga escala. Mesmo em ambientes de pequena escala, como uma intranet de poucos usuários, o ônus de administrar contas de usuários Unix tradicionais apenas para oferecer uma conta de email acessada remotamente torna mais atraente outros tipos de gestão de contas, as *contas virtuais*.

Uma conta virtual substitui a conta de usuário Linux tradicional como mecanismo de identificação de usuários no sistema. Além dessas contas e dos aliases para elas, o MTA pode consultar outras fontes que informem quais são os domínios administrados localmente e as contas de email associadas a eles.

As informações de domínios e contas virtuais podem ser armazenadas em arquivos de texto ou em bancos de dados. Para informações armazenadas num banco de dados *MySQL*, as seguintes entradas devem constar no arquivo /etc/postfix/main.cf:

```
virtual_mailbox_domains = mysql:/etc/postfix/vmail-domains.cf
virtual_mailbox_maps = mysql:/etc/postfix/vmail-mailboxes.cf
virtual_alias_maps = mysql:/etc/postfix/vmail-aliases.cf
```

As entradas indicam os arquivos que contém as informações de acesso ao banco de dados. Por exemplo, o arquivo /etc/postfix/vmail-domains.cf deve possuir um conteúdo no formato:

```
user = vmail-user
password = ********
hosts = 127.0.0.1
dbname = vmail-db
query = SELECT 1 FROM virtual_domains WHERE name='%s'
```

A partir deste arquivo, o Postfix vai utilizar as credenciais em user e password para acessar o banco de dados indicado em *dbname*. Os domínios que constarem na tabela *virtual_domains* serão considerados domínios administrados pelo Postfix local.

Os demais arquivos cumprem função semelhante, definindo em quais tabelas do banco de dados são encontrados os endereços de email — que substituem as contas de usuário locais — e a tabela com os aliases de email. Após alterar os arquivos com as definições de acesso, é necessário executar o comando `postmap`:

```
postmap /etc/postfix/vmail-*.cf
```

Serão gerados arquivos binários com o sufixo *.db* para cada arquivo de definições. Nesses arquivos são armazenadas as informações extraídas do banco de dados e que serão utilizadas pelo Postfix.

## Segurança

O Postfix permite implementar criptografia TLS para garantir a identidade do servidor e a criptografia dos dados trafegados. Para isso é necessário que tenha sido gerado o certificado de autenticidade do domínio e a chave privada correspondente. O certificado é fornecido por uma entidade certificadora — é possível conseguir certificados sem custo da autoridade *letsencrypt.org* — e as opções de TLS devem ser incluídas no arquivo `/etc/postfix/main.cf`:

```
smtpd_use_tls=yes
smtpd_tls_auth_only = yes
smtpd_tls_cert_file=/etc/ssl/certs/mailcert.pem
smtpd_tls_key_file=/etc/ssl/private/mail.key
```

As opções `smtpd_tls_cert_file` e `smtpd_tls_key_file` indicam a localização dos arquivos do certificado e da chave privada. É importante que o arquivo da chave privada seja mantido protegido com o mínimo de permissões de acesso possível. Com essas alterações, a comunicação do Postfix local com outros servidores SMTP será criptografada e a identidade do servidor assegurada pelo certificado.

## 211.2 Administração da entrega de email

**Peso: 2**

Além de permitir o tráfego de mensagens via SMTP, servidores de email geralmente oferecem algum mecanismo de entrega e classificação das mensagens. Contudo, esses recursos não estão presentes no MTA, como o Postfix, mas são oferecidos por outros programas. Estes programas são conhecidos como MDA (*Mail Delivery Agent*) ou LDA (*Local Delivery Agent*) e funcionam de maneira integrada ao MTA.

O LDA mais tradicional para administração da entrega em contas locais é o *procmail*, que analisa detalhes do email como a origem, o destinatário, o assunto e o corpo da mensagem a partir de regras nos arquivos `/etc/procmailrc` e ~/.procmailrc. Com essas regras, é possível definir quais mensagens devem ser mantidas, movidas, apagadas ou direcionadas como entrada para um comando.

Em sistemas onde as contas de email não estão vinculadas às contas de sistemas tradicionais, é desejável que os usuários possam acessar suas mensagens remotamente, através dos protocolos **POP3** ou **IMAP**. Dentre os LDA que trabalham com esses protocolos, destacam-se o **Courier** e o **Dovecot**, disponíveis no instalador de pacotes da maioria das distribuições. Além de possibilitar o acesso por POP3 e IMAP, o Dovecot também atua como LDA.

### Dovecot e filtros Sieve

Para que o Dovecot possa atuar como LDA e filtrar as mensagens localmente, é necessário instalar o pacote adicional do Dovecot que oferece suporte ao Sieve. O Sieve é um formato de regras específicas para filtragem, classificação e entrega local de emails. O nome do pacote Dovecot que fornece suporte ao Sieve varia conforme a distribuição, mas costuma ser encontrado como *pigeonhole*, *dovecot-pigeonhole* ou *dovecot-sieve*.

Depois de instalados o Dovecot e o pacote que dá suporte ao Sieve, são necessárias algumas alterações nos arquivos de configuração do Sieve e do Postfix para que ambos trabalhem integradamente. A comunicação entre o Dovecot e o Postfix se dá apenas localmente e, por não envolver filas de envio para outros servidores, recomenda-se a utilização do protocolo *LMTP*, que é uma variação do SMTP voltada para o tráfego local de mensagens de email.

O primeiro passo é ativar o suporte ao LMTP na configuração do Dovecot, cujos arquivos encontram-se no diretório `/etc/dovecot/`. O arquivo de configuração principal é o `/etc/dovecot/dovecot.conf`, mas é comum que diferentes aspectos da configuração estejam discriminados em diferentes arquivos no diretório `/etc/dovecot/conf.d/`.

O protocolo LMTP é ativado na opção protocols do arquivo /etc/dovecot/dovecot.conf:

```
protocols = lmtp
```

Caso a opção protocols não esteja presente, é possível que o Dovecot esteja configurado para ativar automaticamente todos os protocolos que estão instalados no sistema. Neste caso, deve existir uma linha como:

```
!include_try /usr/share/dovecot/protocols.d/*.protocol
```

Essa linha ativa todos os protocolos instalados a partir dos arquivos de configuração correspondentes no diretório indicado.

No lugar de executar um comando do LDA toda vez que uma mensagem é recebida, é possível configurar o Postfix e o Dovecot de modo que o daemon LDA esteja sempre ativo para tratar as mensagens que chegam. Para isso, é necessário configurar um *socket* no arquivo /etc/dovecot/conf.d/10-master.conf:

```
service lmtp {
    unix_listener /var/spool/postfix/private/dovecot-lmtp {
        group = postfix
        mode = 0600
        user = postfix
    }
}
```

Na entrada service lmtp são especificados o arquivo do socket e as permissões de acesso ao mesmo. O usuário e grupo devem ser os mesmos que os utilizados para executar o Postfix. Para que o Postfix encaminhe as mensagens recebidas para o Dovecot, esse socket deve ser indicado na opção virtual_transport do arquivo /etc/postfix/main.cf:

```
virtual_transport = lmtp:unix:private/dovecot-lmtp
```

A opção virtual_transport é utilizada para contas de email virtuais. No caso de contas de email vinculadas a contas de sistema tradicionais, a opção utilizada deve ser mailbox_transport:

```
mailbox_transport = lmtp:unix:private/dovecot-lmtp
```

Por fim, os recursos de filtragem do Sieve são ativados como *plugins* do Dovecot. Isso pode ser feito diretamente na configuração específica do LMTP, mantida no arquivo /etc/dovecot/conf.d/20-lmtp.conf:

```
protocol lmtp {
    postmaster_address = postmaster@lcnsqr.com
    mail_plugins = quota sieve
}
```

Devem constar o endereço de email do administrador do servidor de email na opção `postmaster_address` e quais plugins ativar na opção `mail_plugins`. No exemplo, serão ativados os plugins *quota* e *sieve*. Concluídas as alterações, é necessário reiniciar o Postfix e o Dovecot para que as novas configurações tenham efeito.

Com o plugin Sieve ativo, é possível definir regras de tratamento para os emails recebidos, antes que os mesmos sejam acessados pelo usuário. Por padrão, o plugin lê as regras armazenadas no diretório pessoal de cada usuário, no arquivo `~/.dovecot.sieve`. Caso o arquivo não exista, será consultado o arquivo de regras gerais `/var/lib/dovecot/sieve/default.sieve`.

Uma regra do Sieve consiste em uma ou mais condições às quais a mensagem recebida é submetida e qual ação tomar caso a mensagem se enquadre na condição.

Por exemplo, para criar uma regra de auto-resposta de ausência, é utilizada a extensão *vacation*:

```
require "vacation";

vacation
  # Enviar apenas uma vez por dia para o mesmo destinatário
  :days 1
  :subject "Ausência devido a férias"
  # Endereços que utilizarão a resposta automática
  :addresses ["luciano@lcnsqr.com", "admin@lcnsqr.com"]
"Por motivo de férias, não responderei até a próxima semana.
Atenciosamente,
Luciano";
```

Cada tipo de regra pode exigir uma extensão diferente. Para carregar mais de uma extensão, se pode utilizar o formato require `["vacation", "fileinto"]`. A extensão *fileinto*, por exemplo, é utilizada para guardar a mensagem em uma pasta específica da conta de email:

```
require "fileinto";

if header :contains "from" "Mendonça" {
   redirect "lcnsqr@gmail.com";
} elsif header :contains ["subject"] ["Promoção"] {
   discard;
} else {
   fileinto "INBOX";
}
```

Essa regra utiliza a estrutura de controle *if* para definir qual ação tomar para a mensagem. Outras ações importantes são:

- **keep**: Apenas guardar a mensagem no local padrão. Por exemplo, para descartar todas as mensagens com tamanho superior a 1 megabyte, utiliza-se `if size :under 1M { keep; } else { discard; }`. O mesmo resultado é obtido com a regra `if not size :under 1M { discard; }`.
- **redirect**: Redireciona a mensagem para o endereço indicado na sequência, como em `redirect "lcnsqr@gmail.com";`
- **reject**: Rejeitar o recebimento da mensagem. Se for indicado um texto, como em `reject "Não desejo receber seus emails.";`, este será enviado para o remetente juntamente com a mensagem rejeitada.
- **discard**: Simplesmente ignora o recebimento da mensagem.
- **stop**: Essa ação interrompe o processamento das regras subsequentes que eventualmente constem no arquivo de regras. Se nenhuma outra ação foi aplicada à mensagem, a ação *keep* é tomada.

É possível criar regras bastante elaboradas com o Sieve e inclusive permitir que usuários criem regras próprias remotamente. Mas detalhes sobre o Sieve são encontrados no endereço *http://sieve.info*.

## 211.3 Administração do acesso ao email

**Peso: 2**

Atualmente, a modalidade mais comum de um cliente acessar uma caixa postal de email é através de uma conexão **IMAP** ou **POP3**. Ambos podem ser utilizados juntos, mas é mais comum que apenas uma das modalidades seja escolhida. Quando um *MUA — Mail User Agent* — acessa um servidor de email, o programa que responde é um servidor POP3 ou IMAP. Esse servidor então identifica o usuário e entrega para o MUA as mensagens armazenadas no servidor.

### IMAP

O IMAP — *Internet Message Access Protocol* — é compatível com praticamente todos os clientes de email modernos, como o *Mozilla Thunderbird, Apple Mail* e aplicativos de email em *smartphones*. Os serviços de email mais populares, como o *Gmail*, oferecem suporte a conexões por IMAP, usando protocolos de conexão seguros (SSL).

## POP3

O POP — *Post Office Protocol* — tem finalidade semelhante à do IMAP, mas é uma implementação mais simples. Ao longo do anos, diferentes versões do protocolo foram desenvolvidas. Atualmente, o *POP3* é o padrão mais utilizado.

Em ambientes Linux, é comum encontrar servidores de email trabalhando com a combinação Postfix/Courier ou Postfix/Dovecot para realizar a entrega via SMTP (pelo Postfix) e o acesso pop3/imap (Courier ou Dovecot).

## Courier

Os arquivos de configuração do Courier podem ser encontrados no diretório `/etc/courier`. As definições para o daemon `imapd` são feitas no arquivo `/etc/courier/imapd` e dizem respeito aos acessos via protocolos IMAP. Em geral, não é necessário fazer qualquer alteração nesse arquivo, mas configurações simples como definição de endereço IP para o servidor e a porta de conexão são especificadas logo no início do arquivo. Se não for definido um único endereço IP na opção `ADDRESS`, o servidor IMAP aceitará conexões de todas as interfaces de rede ativas.

Outras preferências podem também ser ativadas, como `IMAP_CHECK_ALL_FOLDERS`, caso novas mensagens de email sejam encaminhadas pelo LDA para pastas diferentes da pasta *Inbox*, de modo que haverá notificações de novas mensagens mesmo quando o MUA não verifica diretamente o conteúdo de cada pasta na conta de email. O recurso POP3 do Courier geralmente vem configurado num arquivo a parte, chamado `/etc/courier/pop3d`.

## Dovecot

Para que o Dovecot fique responsável pelos acessos POP3 e IMAP é necessário que esses protocolos constem na opção `protocols` do arquivo `/etc/dovecot/dovecot.conf`:

```
protocols = lmtp imap pop3
```

É possível que os protocolos sejam ativados pela inclusão de arquivos de configuração externos. Nesse caso, é provável que baste instalar o suporte aos mesmos para que sejam ativados. Os pacotes do Dovecot referentes aos protocolos IMAP e POP3 costumam se chamar *dovecot-imapd* e *dovecot-pop3d*.

O local onde as mensagens são armazenadas precisa ser indicado no arquivo `/etc/dovecot/conf.d/10-mail.conf`. O padrão é armazenar as mensagens nos diretórios da conta de cada usuário. Porém, quando utilizadas a modalidade de contas virtuais, é necessário alterar esse local. Essa definição é feita com a opção `mail_location`:

```
mail_location = maildir:/var/mail/vhosts/%d/%n
```

Nesse exemplo, as mensagens serão armazenadas no diretório /var/mail/vhosts/, onde %d será substituído pelo domínio que constar no email (*lcnsqr.com* para *luciano@lcnsqr.com*) e %n será substituído pelo nome que constar no email (*luciano* para *luciano@lcnsqr.com*). É importante que os diretórios sejam criados antes que o Dovecot passe a utilizá-los. Também deve ser definida a opção mail_privileged_group = mail, onde *mail* indica o grupo que pode com permissão de escrita em /var/mail.

O controle de acesso é definido no arquivo /etc/dovecot/conf.d/10-auth.conf. Uma importante precaução de segurança é definir a opção disable_plaintext_auth = yes, de modo que não seja permitido o acesso com senhas não criptografadas. Além disso, devem ser ativados os mecanismos de autenticação com a opção auth_mechanisms = plain login.

Quando utilizadas contas virtuais armazenadas em banco de dados, é necessário ativar a opção !include auth-sql.conf.ext. O arquivo /etc/dovecot/conf.d/auth-sql.conf.ext será então utilizado pelo Dovecot para acessar a base de dados com as informações de contas virtuais. Se outras modalidades de contas não são utilizadas, a opção !include auth-system.conf.ext pode ser descartada acrescentando o caractere # no início da respectiva linha.

No arquivo /etc/dovecot/conf.d/auth-sql.conf.ext é definido como são identificados os usuários e suas respectivas senhas:

```
passdb {
  driver = sql
  args = /etc/dovecot/dovecot-sql.conf.ext
}
userdb {
  driver = static
  args = uid=mail gid=mail home=/var/mail/vhosts/%d/%n
}
```

É importante verificar se o usuário e o grupo indicados em uid e gid têm acesso liberado ao diretório /var/mail/vhosts/.

No arquivo /etc/dovecot/dovecot-sql.conf.ext são colocadas as informações específicas do banco de dados que guarda as informações das contas de email. Assumindo que é utilizado um banco de dados MySQL, a configuração a seguir deverá ser adotada:

```
driver = mysql
connect = host=127.0.0.1 dbname=vmail-db user=vmail-user password=********
default_pass_scheme = SHA512-CRYPT
password_query = SELECT email as user, password FROM virtual_users WHERE email='%u';
```

As informações de acesso ao banco de dados indicadas na linha connect devem ser ajustadas apropriadamente. Por conveniência, recomenda-se utilizar a mesma tabela de emails virtuais do Postfix, certificando-se de que as senhas ali armazenadas correspondam ao formato indicado na opção `default_pass_scheme`.

As definições do acesso criptografado são inseridas no arquivo `/etc/dovecot/conf.d/10-ssl.conf`:

```
ssl = required
ssl_cert = </etc/ssl/certs/mailcert.pem
ssl_key = </etc/ssl/private/mail.key
```

O certificado e a chave privada são os mesmos utilizados na configuração do Postfix. Terminada a configuração do Dovecot, devem ser incluídas no arquivo de configuração `/etc/postfix/main.cf` do Postfix as definições para que usuários remotos possam se conectar ao SMTP para enviar emails:

```
smtpd_sasl_type = dovecot
smtpd_sasl_path = private/auth
smtpd_sasl_auth_enable = yes
smtpd_recipient_restrictions = \
    permit_sasl_authenticated, \
    permit_mynetworks, \
    reject_unauth_destination
```

Desse modo, além do Dovecot controlar o acesso criptografado via IMAP na porta 993 e POP3 na porta 995, ele é utilizado como um *plugin* pelo Postfix para autorizar os usuários que tentam utilizar o servidor SMTP para enviar mensagens pela porta 587. É necessário reiniciar o Postfix e o Dovecot para que as alterações tenham efeito.

Eventuais problemas de funcionamento do servidor de email podem ser investigados nos arquivos de log `/var/log/mail.info`, `/var/log/mail.warn` e `/var/log/mail.err`. Além disso, os comandos doveconf e doveadm podem ser utilizados para inspecionar as configurações e o funcionamento do servidor. Em sistemas que utilizam o *systemd*, os registros de log podem ser inspecionados com os comandos journalctl `-u postfix.service` e `journalctl -u dovecot.service`.

# Exercícios

## Questões Tópico 211

1. Qual desses servidores é utilizado para envio de mensagens por SMTP? Marque todas as opções corretas.
   a. Exim
   b. Dovecot
   c. Courier
   d. Postfix

2. Qual é o principal arquivo de configuração do Postfix? Informe apenas o nome, sem o caminho.

3. Qual entrada de configuração do Postfix determina para quais domínios será feito relay de email?

4. Em qual arquivo de configuração do Postfix são definidos os domínios virtuais aceitos pelo Postfix?
   a. virtual
   b. domains
   c. remote-domains
   d. local-domains

5. Em qual arquivo o plugin Sieve do Dovecot procura as regras específicas para um usuário local?
   a. `~/.sieve`
   b. `~/.default.sieve`
   c. `~/.dovecot.sieve`
   d. `/etc/dovecot/sieve`

6. O regra de filtro Sieve a seguir:

```
if header :contains "to" "naoresponda" {
   discard;
} else {
   fileinto "INBOX";
}
```

   a. As mensagens de contas locais serão descartadas.
   b. Apenas contas para usuários válidos serão aceitas.
   c. Se o campo to no cabeçalho do email contiver *naoresponda* será descartado.
   d. Se o campo to no cabeçalho do email contiver *naoresponda* será arquivado em *INBOX*.

7. O arquivo ___________________ contém as definições globais para o Procmail. Informe o caminho completo.

8. Qual desses servidores destina-se ao tráfego de mensagens por IMAP?
   a. Exim
   b. Dovecot
   c. Courier
   d. Postfix

9. Qual definição de configuração do Courier determina o carregamento do servidor POP?
   a. POP=YES
   b. POP3=YES
   c. POP3START=YES
   d. POP3DSTART=YES

10. Qual é a entrada correta no arquivo de configuração do Dovecot para indicar a chave privada `/etc/ssl/private/mail.key` do servidor de email?
    a. `imap_tls_key_file = /etc/ssl/private/mail.key`
    b. `smtpd_tls_key_file = /etc/ssl/private/mail.key`
    c. `ssl_key = </etc/ssl/private/mail.key`
    d. `ssl_priv_key = </etc/ssl/private/mail.key`

Peso total do tópico na prova: 14

# Tópico 212:

# Segurança do Sistema

Principais temas abordados:

- Roteadores, firewalls e NAT;
- Proteção de servidores FTP;
- Utilização do OpenSSH;
- OpenVPN.

# 212.1 Configuração de roteador

**Peso 3**

É comum utilizar computadores dotados de GNU/Linux como roteadores. Vantagens como desempenho e segurança tornam o sistema uma alternativa interessante para configurações heterogêneas.

Mesmo equipamentos específicos para essa finalidade – os chamados *appliances* – costumam ser equipados com uma distribuição GNU/Linux personalizada. Isso demonstra a versatilidade e robustez do sistema na administração do tráfego de rede.

Para uma configuração eficiente do roteador, é importante que o administrador possua bons conhecimentos de endereçamento IP e classificação de redes. O uso de padrões é muito importante para que diferentes administradores não encontrem problemas quando eventuais manutenções se façam necessárias.

## Classes de endereços

O primeiro passo para evitar problemas numa rede é assegurar-se da escolha correta dos endereços IP. O IANA (*Internet Assigned Numbers Authority*) define três categorias para endereços IP:

- Categoria 1: Endereços que não precisam ter acesso a outros endereços em redes externas ou na Internet. Os endereços nessa categoria podem utilizar números IP que existem em redes externas, mas devem ser únicos na rede local;
- Categoria 2: Endereços que precisam ter acesso a alguns serviços externos (*email*, *ftp*, *www*) que podem ser mediados via gateway. Para a maioria dos endereços nessa categoria, o acesso direto com um IP único é desnecessário ou mesmo indesejado, visto que pode enfraquecer a segurança. Assim como na primeira categoria, podem ser utilizados números IP que existem em redes externas, mas que devem ser únicos na rede local;
- Categoria 3: Endereços que necessitam de conectividade direta com a Internet. Os números IP nessa categoria devem ser únicos em toda Internet.

Os endereços na primeira e segunda categoria são chamados privados. Os da terceira categoria são chamados públicos. Os número IPs reservados para redes privadas são delimitados dentro das classes mostradas na tabela Classes privadas de endereçamento IP.

Como os endereços privados são de competência exclusiva da rede local onde existem, as regras para criação de classes de rede são flexíveis. A máscara de rede pode ser manipulada para melhor satisfazer as necessidades da rede ou a preferência do administrador.

##  Classes privadas de endereçamento IP

| Faixa | Máscara de rede | Notação abreviada |
|---|---|---|
| 10.0.0.0 até 10.255.255.255 | 255.0.0.0 | 10.0.0.0/8 |
| 172.16.0.0 até 172.31.255.255 | 255.240.0.0 | 172.16.0.0/12 |
| 192.168.0.0 até 192.168.255.255 | 255.255.0.0 | 192.168.0.0/16 |

Existem algumas diferenças conceituais importantes entre o IPv4 e IPv6. No IPv6, cada "octeto" contém 16 bits e são separados pelo caractere :. Caso seja necessário especificar a porta de serviço IP, a porção do endereço precisa estar entre colchetes. Assim, uma solicitação HTTP na porta 8080 do servidor `2001:0db8:85a3:-08d3:1319:8a2e:0370:7334` deve ser feita na forma:

```
http://[2001:0db8:85a3:08d3:1319:8a2e:0370:7334]:8080
```

Endereços IPv6 longos podem ser abreviados simplesmente omitindo os zeros da esquerda em cada grupo de 16 bits. Por exemplo, o endereço

```
2001:0db8:0000:0000:1319:0000:0000:7334
```

Pode ser escrito como

```
2001:db8:0:0:1319:0:0:7334
```

Além disso, sequências de zeros podem ser substituídas por ::, passando a ser escrito na forma:

```
2001:db8::1319:0:0:7334
```

A substituição da sequência só pode ser feita uma vez no endereço, para evitar perda de informação sobre o endereço. Logo, a forma

```
2001:db8:0:0:1319::7334
```

Também pode ser utilizada. Endereços IPv6 também utilizam a notação CIDR para especificar o prefixo de rede. Sua notação é igual à do IPv4:

```
2001:db8:0:0:1319::7334/64
```

O número após o caractere / define a quantidade de bits à esquerda que corresponde ao prefixo da rede.

Os endereços IPv6 são classificados em três tipos: **Unicast**, **Anycast** e **Multicast**:

- **Unicast**: O endereço IPv6 Unicast identifica uma única interface de rede. Os pacotes destinados a um endereço Unicast serão encaminhados exclusivamente à interface em questão. Por padrão, os 64 bits à esquerda de um endereço IPv6 Unicast identificam sua rede e os 64 bits à direita identificam a interface.

- **Anycast**: O endereço IPv6 Anycast identifica um conjunto de interfaces de rede. Os pacotes destinados a um endereço Anycast serão encaminhados apenas à interface mais próxima dentro deste conjunto.
- **Multicast**: Como o endereço IPv6 Anycast, o endereço IPv6 Multicast identifica um conjunto de interfaces de rede. Os pacotes destinados a um endereço Multicast serão encaminhados à todas interfaces de rede do conjunto. Apesar de ser semelhante ao *Broadcast* do IPv4, não pode ser confundido com o mesmo. No IPv6 não existe broadcast.

## Rotas

As redes privadas comunicam-se com a Internet por meio de um roteador, que por sua vez comunica-se tanto com a rede privada interna quanto com a rede externa, por meio de um IP público. A tabela de rotas no roteador determina para onde devem ser encaminhados. O principal comando para manejo de rotas é o route. Utilizando o route para verificar as rotas no roteador:

```
# route -n
Kernel IP routing table
Destination     Gateway         Genmask         Flags Metric Ref    Use Iface
192.168.3.0     0.0.0.0         255.255.255.0   U     0      0        0 eth3
192.168.2.0     0.0.0.0         255.255.255.0   U     0      0        0 eth2
192.168.1.0     0.0.0.0         255.255.255.0   U     0      0        0 eth1
201.52.48.0     0.0.0.0         255.255.240.0   U     0      0        0 eth0
127.0.0.0       0.0.0.0         255.0.0.0       U     0      0        0 lo
0.0.0.0         201.52.48.1     0.0.0.0         UG    0      0        0 eth0
```

Essa é uma tabela de rotas típica de um computador que age como roteador e gateway. Existem quatro interfaces de rede conectadas e configuradas. Três delas conectam-se a redes locais e uma à Internet (endereço público). Também a interface `lo`, interface de comunicação interna que não corresponde a nenhuma rede externa, possui um endereço privado.

Todos os pacotes que chegarem serão direcionados aos respectivos destinos nas redes locais. Se o destino de um pacote não pertence a nenhum host em uma rede local, este será direcionado ao gateway padrão, indicado na última linha da tabela de rotas com as flags *UG*. Apesar de, via de regra, a rota para uma rede ser automaticamente criada quando a interface é configurada, pode ser necessário adicionar uma rota manualmente. Essa tarefa pode ser realizada com o comando `route`:

```
route add -net 192.168.1.0 netmask 255.255.255.0 dev eth1
```

Este comando adiciona a rota para a rede *192.168.1.0*, por meio da interface *eth1*. Para criar uma rota padrão, outra forma é utilizada:

```
route add default gw 192.168.1.1
```

Essa forma é um atalho para a forma extensa:

```
route add -net 0.0.0.0 netmask 0.0.0.0 gw 192.168.1.1
```

De maneira praticamente idêntica, rotas podem ser removidas utilizando `del` no lugar do termo `add`.

## NAT – Network Address Translation

Nessa configuração de exemplo, um pacote com origem na rede 192.168.1.0 e destino na rede 192.168.2.0 atravessará o roteador e a comunicação será estabelecida nas duas pontas através do roteador. Porém, um pacote com origem na rede 192.168.1.0 (ou qualquer outra rede de IPs privadas) com destino à rede de IPs públicos (como um site da Web) não conseguirá estabelecer comunicação, pois um IP privado é ambíguo na rede de IPs públicos.

Para resolver este problema, é utilizado um procedimento chamado NAT (*Network Address Translation*). Com o NAT, é possível que um host na rede privada comunique-se com hosts na rede pública (Internet).

A ativação do NAT é feita no sistema atuando como roteador, utilizando o comando `iptables` ou `ip6tables` em redes configuradas com IPv6. O comando iptables é responsável por definir regras para o trânsito de pacotes IP controlado pelo kernel.

O trânsito dos pacotes é dividido em categorias pelo kernel, chamadas de tabelas, justificando o nome do comando. Cada tabela possui linhas (também chamadas *correntes*, ou *chains*) que podem receber diversas regras, como veremos adiante.

A tabela de atuação é indicada com a opção `-t` do comando `iptables`. Se nenhuma tabela for especificada, a tabela assumida será a *filter*.

É possível que existam outras tabelas além daquelas mostradas em Tabelas do iptables. Kernels modificados podem possuir outras delas.

### Tabelas do iptables

| Tabela | Descrição |
|---|---|
| *filter* | É a tabela padrão. Contém as chains embutidas INPUT (para pacotes que chegam ao host local), FORWARD (para pacotes sendo roteados pelo host local) e OUTPUT (para pacotes gerados no host local e destino externo). Essa é a tabela utilizada para construção de firewalls. |
| *nat* | Para pacotes que criam novas conexões (traduções e redirecionamentos). Contém as chains embutidas PREROUTING, OUTPUT e POSTROUTING. |
| *mangle* | Para alterações especializadas de pacotes. Contém as chains INPUT, OUTPUT, PREROUTING, FORWARD e POSTROUTING. |

As operações dentro de uma chain são determinadas pelo uso de argumentos-comando:

- -A: Adicionar regra na chain;
- -I: Inserir regra numa posição específica dentro da chain;
- -R: Substituir regra na chain;
- -D: Apagar chain;
- -N: Criar chain personalizada;
- -X: Apagar chain vazia;
- -P: Definir política para uma chain embutida;
- -L: Listar a(s) regra(s) em uma chain;
- -F: Apagar todas as regras em uma chain;
- -Z: Zerar os contadores de pacotes em todas as regras de uma chain.

Os pacotes de dados podem ser direcionados para um fim específico com a utilização de regras de filtragem. A seguir, são demonstradas algumas regras de filtragem padrão e destinos para a maioria das *chains*:

- *-s endereço*: Ou --source endereço. Endereço de origem do pacote. Pode ser nome de rede, nome de host, IP de rede/máscara de rede ou simplesmente um endereço IP. Se o endereço for precedido de "!", intercepta os pacotes que não corresponderem à condição;
- *-d endereço*: Ou --destination endereço. Endereço de destino do pacote. Mesmo formato de -s. Se o endereço for precedido de "!", intercepta os pacotes que não corresponderem à condição;
- *-p protocolo*: Ou --protocol protocolo. Define o protocolo. Pode ser tcp, udp, icmp ou all. Se o protocolo for precedido de "!", intercepta os pacotes que não corresponderem à condição;
- *-i interface*: Ou --in-interface interface. Interface através da qual o pacote chegou. Se o nome interface for seguido do sinal "+" (interface+), aplicará a todas as interfaces cujos nomes comecem por "interface". Se interface for precedida de "!", intercepta os pacotes que não corresponderem à condição. Se -i interface não existir, todas as interfaces serão assumidas;
- *-o interface*: Ou --out-interface interface. Interface através da qual o pacote será enviado. Se o nome interface for seguida do sinal "+" (interface+), aplicará a todas interfaces cujos nomes comecem por "interface". Se interface for precedida de "!", intercepta os pacotes que não corresponderem à condição. Se interface for omitido, toda interface será assumida;
- *-j ação*: Ou --jump ação. Targets (ações) para o(s) pacote(s) interceptado(s). Targets comuns para firewall são ACCEPT (permite a passagem normal do pacote) e DROP (descarta o pacote);

- *-m módulo*: Ou *--match módulo*. Usa módulo estendido "módulo". Há muitos tipos de módulos de controle adicionais e opções extras para cada um deles. Um muito usado para firewall é o módulo *state*, cuja opção *--state* estado permite determinar qual a relação de um pacote com as conexões existentes. Possíveis valores para estado são *INVALID* (o estado não pôde ser determinado), *ESTABLISHED* (o pacote pertence a uma conexão ativa), *NEW* (indicando que o pacote inicia nova conexão) e *RELATED* (o pacote inicia outra conexão, porém relacionada a uma conexão existente).

Para criar uma regra de NAT, o `iptables` pode ser utilizado da seguinte forma:

```
iptables -t nat -A POSTROUTING -s 192.168.2.0/24 -o eth0 -j SNAT --to-source
201.52.50.11
```

Nesse exemplo cada argumento representa:

- `-t nat`: Determina que a tabela *nat* será utilizada;
- `-A POSTROUTING`: Inclui a regra na corrente *POSTROUTING*;
- `-s 192.168.2.0/24`: Determina que a regra aplica-se a pacotes originados na rede privada *192.168.2.0/24*;
- `-o eth0`: Determina que a regra aplica-se a pacotes cujo destino seja a interface eth0. No caso do exemplo, trata-se da interface com IP público;
- `-j SNAT --to-source 201.52.50.11`: A opção `-j` determina a ação a ser executada para o pacote que se enquadrar nas regras estabelecidas. *SNAT* (source NAT) determina que o IP de origem do pacote enviado será o informado com a opção `--to-source` (o IP do roteador). A opção *--to-source* pode ser utilizada na forma reduzida *--to*.

Dessa forma, o pacote será enviado para a rede de IPs públicos tendo como origem um IP público válido (o IP da interface eth0 do roteador). O roteador identifica pacotes pertencentes a uma conexão NAT e direciona para o host correspondente na rede privada local.

Caso o IP público do roteador seja dinâmico, deve ser utilizado o argumento *-j MASQUERADE*. Dessa forma, o IP de saída será automaticamente identificado.

Para permitir NAT, além de definir a regra na tabela de tráfego, é necessário alterar o conteúdo do arquivo `/proc/sys/net/ipv4/ip_forward` para *1* (true). Essa opção fica desativada por padrão na maioria das distribuições, haja vista que a maioria dos sistemas não serão utilizados como roteadores.

## Redirecionamentos

A técnica de NAT simples possibilita que interfaces com IPs privados acessem endereços na rede pública (Internet). Contudo, endereços privados não podem receber conexões iniciadas fora de sua própria rede. Ou seja, conexões iniciadas tanto em IPs privados quanto em IPs públicos continuam impossibilitadas de serem estabelecidas junto a um IP privado numa rede externa. Isso porque o único IP visível na rede pública é o IP do roteador.

Porém, é possível criar um filtro de redirecionamento no roteador para que determinados pacotes sejam enviados para um endereço na rede privada. O próprio comando iptables é utilizado para criar tais redirecionamentos.

Por exemplo, é possível fazer com que todas as conexões destinadas à porta 80 (*http*) sejam redirecionadas para um host na rede privada. Dessa forma, o servidor Web pode ser mantido numa máquina dentro da rede privada ou numa máquina virtual dentro de um servidor interno. O comando para criar esse redirecionamento pode ser escrito da seguinte forma:

```
iptables -t nat -A PREROUTING -p tcp --dport 80 -j DNAT --to-destination
 192.168.2.2:80
```

Dessa vez, foi utilizada a corrente PREROUTING, que manipula os pacotes na medida que entram na tabela. A opção -p especifica o protocolo para a próxima opção, --dport, que determina a porta que será redirecionada. Em seguida, -j DNAT indica que trata-se de uma tradução para outro IP de destino, indicado com a opção --to-destination ou simplesmente --to. Note que a porta de conexão de destino é especificada após o caractere ":", e pode ser diferente da porta original.

Outra possibilidade é definir uma porta no roteador que será utilizada para entrar no endereço privado. Por exemplo, pode-se redirecionar pedidos de conexão na porta 22000 do roteador para o login via *OpenSSH* numa interface, privado da rede interna:

```
iptables -t nat -A PREROUTING -p tcp --dport 22000 -j DNAT --to-destination
 192.168.2.2:22
```

Para apenas redirecionar uma porta do roteador para outra porta no próprio roteador, utiliza-se a ação REDIRECT:

```
iptables -t nat -A PREROUTING -p tcp --dport 80 -j REDIRECT --to-port 8080
```

Neste exemplo, todas as solicitações para a porta 80 serão redirecionadas para a porta 8080 na própria máquina.

## Bloqueando ataques

Além de criar redirecionamentos, é possível utilizar o iptables para bloquear transmissões utilizando o mesmo modelo de regras. Para criar regras de bloqueio, é utilizada a tabela *filter*, que é a tabela padrão do iptables e que por isso não precisa ser indicada com a opção -t.

Uma estratégia simples de firewall é bloquear todas as tentativas de conexão para a máquina com IP público e apenas permitir a entrada de conexões já estabelecidas. A seguir, é mostrado um exemplo de aplicação dessa estratégia.

Apagar todas as regras da tabela filter:

```
iptables -t filter -F
```

Liberar todos os pacotes gerados localmente:

```
iptables -t filter -A INPUT -i lo -j ACCEPT
```

Liberar para entrar pela interface eth0 somente os pacotes pertencentes (*ESTABLISHED*) ou relacionados (*RELATED*) a uma conexão existente:

```
iptables -t filter -A INPUT -m state --state ESTABLISHED,RELATED -j ACCEPT
```

Estabelecer política de descartar todos os pacotes na chain *INPUT* da tabela filters:

```
iptables -t filter -P INPUT DROP
```

As novas regras podem ser verificadas com o comando *iptables -L*. Para liberar o acesso externo à porta 80 (*http*), cria-se outra regra:

```
iptables -A INPUT -p tcp --dport 80 -j ACCEPT
```

Também é recomendável manter a porta 22 (*OpenSSH*) aberta, permitindo um acesso administrativo seguro ao servidor:

```
iptables -A INPUT -p tcp --dport 22 -j ACCEPT
```

Dessa forma, apenas as portas 80 e 22 estarão visíveis para a rede pública, o que garante um bom nível de segurança. Apesar disso, o servidor ainda pode estar vulnerável a um ataque como Denial of Service (DoS). Um ataque desse tipo consiste em fazer um número altíssimo de solicitações a um servidor, de forma que este não seja capaz de responder a todos e torne-se inacessível. Como sistemas mais antigos estão vulneráveis a ele, é importante precaver-se. Para evitar que tal cenário ocorra, devem ser ativados os recursos de verificação de endereço de origem (para evitar IP *spoofing* – IPs forjados) e proteção *TCP SYN Cookie*:

```
# sysctl -w net.ipv4.conf.all.rp_filter = 1
# sysctl -w net.ipv4.tcp_syncookies = 1
```

Essas alterações podem ser incluídas no arquivo /etc/sysctl.conf em outro arquivo de inicialização do sistema.

## Salvamento de regras

As configurações do iptables também devem ser armazenadas para recuperação futura, pois serão perdidas em caso de desligamento da máquina. Existem dois comandos com essa finalidade, o iptables-save e iptables-restore.

O iptables-save tem a finalidade de listar a configuração ativa do iptables. Sem argumentos, ele simplesmente exibe as configurações atuais na saída padrão, que via de regra é a própria tela do terminal. Para salvar as regras, basta direcionar essa saída para dentro de um arquivo:

```
iptables-save > /etc/iptables.conf
```

No exemplo, as configurações foram salvas no arquivo /etc/iptables.conf. Esse arquivo não existe por padrão e as configurações podem ser gravadas em qualquer outro. No entanto, é prudente gravar as configurações num arquivo que esteja acessível no momento da recuperação das configurações, durante a inicialização, por exemplo.

Para restaurar as configurações gravadas no arquivo, é utilizado o comando iptables-restore. De maneira semelhante ao iptables-save, bastará direcionar o arquivo para entrada padrão do comando, o que pode ser feito com o comando cat e um pipe "|" ou simplesmente com o sinal de menor:

```
iptables-restore < /etc/iptables.conf
```

É conveniente que esse comando esteja presente em algum script de inicialização. Algumas distribuições possuem scripts com essa finalidade, porém, caso não exista, basta criar um com essa finalidade ou simplesmente incluir o comando no script de execução inicial padrão, como /etc/rc.local ou /etc/rc.d/rc.local.

## 212.2 Segurança de servidores FTP

### Peso 2

Os serviços de FTP ainda são uns dos mais utilizados para troca de arquivos em redes privadas e públicas. Contudo, quando não configurados corretamente, podem conter certas vulnerabilidades.

Existem vários servidores FTP. Dentre eles, o mais utilizado e considerado o mais seguro é o *vsftpd* (*Very Secure FTP daemon*), desenvolvido com enfoque na segurança.

Seu daemon é o vsftpd e seu arquivo de configuração é o /etc/vsftpd.conf. Uma das principais características do vsFTPd é criar um ambiente *chroot* quando um usuário entra no sistema via FTP, sem necessidade de preparar uma árvore de diretórios específica para isso.

Em primeiro lugar, é necessário criar o diretório base para o FTP, geralmente /home/ftp ou /var/ftp. Este diretório deve pertencer ao usuário root, e não ter permissão de escrita para o usuário *ftp*. Caso contrário, o vsftpd informará que existe uma brecha de segurança e não funcionará corretamente.

As configurações são simples e dificilmente é necessário alterar o padrão. Se o vsftpd não for utilizado através do *inetd* ou *xinetd*, a opção *listen=YES* deve estar presente no arquivo /etc/vsftpd.conf.

Para que o servidor aceite conexões anônimas, as seguintes opções devem ser utilizadas em /etc/vsftpd.conf:

```
anonymous_enable=YES
write_enable=YES
anon_upload_enable=YES
chroot_local_user=YES
```

A opção mais importante é a chroot_local_user=YES, que fará com que o diretório raiz mostrado ao cliente FTP seja o próprio diretório do usuário ou /home/ftp para conexões anônimas. Para que o usuário anônimo seja capaz de copiar arquivos para o servidor, deve ser criado um diretório em /home/ftp – normalmente chamado *incoming* – que permita a escrita para o usuário ftp. Isso é feito com a sequência de comandos:

```
# mkdir /home/ftp/incoming
# chown ftp:ftp /home/ftp/incoming
# ls -ld /home/ftp/incoming
drwxr-xr-x 2 ftp ftp 6 2007-06-12 17:16 /home/ftp/incoming/
```

Para que usuários cadastrados no sistema possam utilizar o FTP com seus nomes de usuário e senha, a opção *local_enable=YES* deve estar presente no arquivo vsftpd.conf. Caso *chroot_local_users=YES* esteja presente, o diretório raiz enviado ao cliente FTP será o diretório do usuário local. Neste caso, os nomes de usuário presentes no arquivo indicado pela opção *chroot_list_file* não terão um ambiente *chroot* para seus diretórios pessoais. Caso a opção *chroot_local_user* não esteja presente ou seja igual a *no*, o arquivo *chroot_list_file* determinará quais usuários utilizarão o FTP com chroot em seus diretórios pessoais.

## 212.3 Shell seguro (SSH)

**Peso 4**

A ferramenta padrão para acesso remoto a máquinas equipadas com um sistema GNU/Linux é o OpenSSH. Ele permite a operação do terminal da máquina remota exatamente como se a operação fosse local. Sua principal diferença em relação a outras ferramentas de acesso remoto é a forte preocupação com a segurança e criptografia dos dados. Apesar de ser um item fundamental na manutenção e operação segura de computadores remotos, o próprio OpenSSH não é totalmente livre de brechas de segurança. É muito importante que servidor e cliente estejam sempre atualizados e que algumas precauções básicas sejam tomadas.

## Ajustes do servidor OpenSSH

Para limitar ao máximo brechas de segurança, algumas opções devem ser observadas no arquivo /etc/ssh/sshd_conf:

```
PermitRootLogin no
```

Ao bloquear o acesso direto ao usuário root, é acrescentada uma segunda camada de segurança, pois somente após um invasor ou mesmo um usuário legítimo conseguir entrar como um usuário comum é que se poderá fazer o login como root.

```
Protocol 2
```

O OpenSSH pode trabalhar com o protocolo do tipo 1, menos seguro, e o protocolo do tipo 2, mais seguro. Por isso, é muito recomendável manter apenas o protocolo 2.

```
IgnoreRhosts yes
```

Ignora uma modalidade de liberação de acesso legada, onde bastava que os endereços presentes nos arquivos ~/.rhosts e ~/.shosts pudessem entrar sem fornecer senha.

```
X11Forwarding yes
```

Essa opção permite que janelas de programas sejam abertas através da conexão SSH. É necessário passar a opção -X para o comando ssh no cliente. Dessa forma, um programa sendo executado no servidor exibirá sua janela no ambiente gráfico do cliente.

## Cliente OpenSSH

O programa cliente do pacote ssh é o comando ssh. As configurações globais para o cliente são feitas no arquivo /etc/ssh/ssh_config. A utilização do ssh é muito simples, bastando fornecer o nome de usuário e o endereço de destino:

```
ssh luciano@192.168.1.1
```

Esse comando abrirá uma sessão do shell com o computador de endereço *192.168.1.1*, através de uma conexão segura. Será usado o usuário *luciano* e todas as configurações de sessão a ele correspondentes. Tanto a senha do usuário quanto os dados transmitidos estarão protegidos por forte criptografia. Mesmo que eventualmente sejam interceptados, é praticamente impossível que sejam decodificados.

## Chaves criptográficas

É a partir da chave criptográfica que o OpenSSH determina a confiabilidade e o método de criptografia usada numa conexão segura.

As chaves criptográficas para o computador são geradas automaticamente pelo servidor SSH. Os arquivos para armazenar a chave privada e a chave pública variam de acordo com o tipo de criptografia utilizado, como mostrado na tabela Chaves do computador.

 **Chaves do computador**

| Formato | Chave privada | Chave pública |
|---|---|---|
| RSA | /etc/ssh/ssh_host_rsa_key | /etc/ssh/ssh_host_rsa_key.pub |
| DSA | /etc/ssh/ssh_host_dsa_key | /etc/ssh/ssh_host_dsa_key.pub |

Na primeira vez que o cliente ssh conecta-se a um computador remoto, o usuário é questionado sobre aceitar a chave pública do computador remoto. Se for aceita, ela será armazenada em `~/.ssh/know_hosts` e garantirá a confiabilidade da conexão entre os dois computadores. O conteúdo desse arquivo pode ser incluído no arquivo `/etc/ssh_know_hosts`, para que a chave passe a valer para todos os usuários. Ainda assim, será necessário que o usuário forneça sua senha ao conectar-se no destino.

Dessa forma, se outro computador assumir o nome ou o IP da máquina remota, o cliente SSH informará o usuário que a identificação do servidor mudou e não estabelecerá a conexão. Nesse caso, só será possível fazer o login via SSH se o usuário apagar a chave pública original do servidor armazenada anteriormente no arquivo ~/.ssh/know_hosts.

## Autenticação por chave

Além das chaves do próprio computador, cada usuário pode possuir sua chave pública e privada, utilizada para garantir sua autenticidade.

Dessa forma, é possível fazer com que o acesso via SSH seja feito automaticamente, sem necessidade de fornecer a senha em todo login. Isso é especialmente útil quando um computador remoto é acessado frequentemente. Antes de conseguir fazer o login sem senha, é necessário que o usuário crie a chave pública e a chave privada.

A chave pública do usuário deverá ser incluída no arquivo `authorized_keys`, criado no computador de destino. Esse arquivo pode conter uma ou mais chaves que foram criadas em máquinas utilizadas como origem de acesso. As chaves são criadas com o comando `ssh-keygen`.

As chaves criptográficas podem utilizar diferentes tipos de formatos, sendo os mais populares o *DSA* e o *RSA*. Para gerar uma chave DSA de 1024 bits, utiliza-se:

```
$ ssh-keygen -t dsa -b 1024
```

Chaves RSA suportam um tamanho em bits maior, como 4096:

```
$ ssh-keygen -t rsa -b 4096
```

Um tamanho maior em bits torna ainda mais difícil a quebra da criptografia.

As chaves podem ser criadas com ou sem senha, as chamadas *passphrases*. Chaves protegidas com senhas são mais seguras, pois toda vez que forem utilizadas será necessário informar a senha respectiva.

O comando ssh-keygen criará as chaves no diretório ~/.ssh/ na máquina de origem para o usuário atual. A tabela Chaves do usuário mostra quais são os arquivos de chave do usuário.

## Chaves do usuário

| Formato | Chave privada | Chave pública |
|---|---|---|
| RSA | ~/.ssh/id_rsa | ~/.ssh/id_rsa.pub |
| DSA | ~/.ssh/id_dsa | ~/.ssh/id_dsa.pub |

O conteúdo da chave pública poderá então ser incluído em ~/.ssh/authorized_keys para o usuário específico no computador de destino. Supondo que o computador de destino tenha IP *192.168.1.1* e uma conta para o usuário *luciano*, a chave pública do formato DSA pode ser copiada com o comando:

```
$ cat ~/.ssh/id_dsa.pub | ssh luciano@192.168.1.1 "cat >> ~/.ssh/authorized_keys"
```

O conteúdo do arquivo *~/.ssh/id_dsa.pub* será direcionado para o comando ssh. O ssh, por sua vez, redirecionará o conteúdo para o comando *cat* na máquina remota, que por sua vez incluirá o conteúdo no arquivo *~/.ssh/authorized_keys* da conta na máquina remota. Enviar a chave por uma conexão segura é fundamental para que não seja interceptada.

Por questão de segurança, é importante que todos os arquivos contendo chaves em /etc/ssh/ e ~/.ssh/ tenham permissão 600 – escrita e leitura só para o dono do arquivo.

Esse processo de cópia da chave pública pode ser simplificado ao utilizar o comando ssh-copy-id. Usando as informações do computador remoto mostradas no exemplo, bastaria executar ssh-copy-id luciano@192.168.1.1. Por padrão, o comando utiliza a chave pública id_rsa.pub. Outro arquivo de chave pública pode ser especificado com a opção -i. Se necessário, o ssh-copy-id também se encarrega de alterar no computador remoto as permissões de acesso do diretório do usuário, do diretório ~/.ssh e no arquivo authorized_keys pessoal.

Se for informada uma *passphrase* durante a criação da chave, será perdida toda a conveniência de realizar o login sem senha, pois será necessário informar a senha da chave toda vez que ela for utilizada. Contudo, é possível evitar a digitação da passphrase a todo momento se for utilizado o comando ssh-agent.

O ssh-agent atua como uma espécie de chaveiro. Ele armazena a autorização e libera o usuário da necessidade de digitar a passphrase novamente durante a mesma sessão. Para utilizá-lo, basta executar o comando ssh-agent:

```
$ ssh-agent
SSH_AUTH_SOCK=/tmp/ssh-GnbmW14709/agent.14709; export SSH_AUTH_SOCK;
SSH_AGENT_PID=14710; export SSH_AGENT_PID;
echo Agent pid 14710;
```

O ssh-agent irá para segundo plano e exibirá as variáveis de ambiente que necessitam ser declaradas. Somente se essas variáveis estiverem acessíveis na sessão é que a autorização automática do ssh-agent poderá ser utilizada. Essas variáveis serão usadas pelos outros programas para fazer a autenticação via ssh-agent.

Com o ssh-agent ativo e as variáveis de ambiente declaradas, é utilizado o comando ssh-add para incluir a chave do usuário no ssh-agent:

```
$ ssh-add
Enter passphrase for /home/luciano/.ssh/id_rsa:
Identity added: /home/luciano/.ssh/id_rsa (/home/luciano/.ssh/id_rsa)
```

A passphrase será solicitada apenas uma vez, quando a chave do usuário for incluída no ssh-agent. Feito isso, não será necessário informar a passphrase nas sessões onde as variáveis exportadas estiverem acessíveis.

## Túneis criptografados

Além de abrir sessões remotas do shell, o SSH pode ser utilizado como veículo para outras conexões. Essa técnica é conhecida como túnel de porta ou simplesmente túnel SSH.

Após criar um túnel criptografado, outro programa poderá comunicar-se com a máquina remota em questão através desse túnel, de maneira que todos os dados estarão protegidos ao longo da conexão. Esse recurso é especialmente útil para programas que não possuem a funcionalidade de criptografia de dados.

É o caso dos clientes e servidores VNC mais simples. Por padrão, o VNC utiliza a porta 5900 e envia os dados sem criptografia. Uma maneira de contornar esse inconveniente é criar um túnel SSH entre a porta 5900 do computador local até a porta 5900 do computador remoto. Dessa forma, bastará apontar o cliente VNC para a porta 5900 do computador local e a conexão será automaticamente direcionada através do túnel seguro para a porta 5900 do computador remoto.

Para criar o túnel seguro, é utilizado o próprio comando ssh com a opção *-L porta local:localhost:porta remota*, na qual *porta local* especifica qual porta na máquina local será a entrada do túnel, *localhost* diz respeito à máquina de destino e *porta remota,* à saída do túnel. Por exemplo, para criar um túnel para *luciano@192.168.1.1*:

```
$ ssh -fNL 5900:localhost:5900 luciano@192.168.1.1
```

A opção -f indica que o comando deve ser executado em segundo plano. A opção -N determina que não deve ser aberta uma sessão do shell na máquina remota. Depois de criado o túnel, bastará apontar o cliente VNC para a máquina local:

```
$ vncviewer localhost:0
```

A indicação :0 determina que o *vncviewer* utilize sua primeira porta padrão, ou seja, a porta 5900. Toda a transmissão enviada e recebida para a máquina remota acontecerá através do túnel criptografado.

## X remoto via SSH

Técnica semelhante aos túneis SSH é abrir a janela de uma aplicação remota por meio de uma conexão SSH, usando a opção -X. Por exemplo, para exibir localmente o programa *VirtualBox* presente na máquina remota:

```
$ ssh -X luciano@192.168.1.1
```

E na máquina remota executar o programa desejado:

```
$ VirtualBox
```

O processo pode ser simplificado em um só comando:

```
$ ssh -X luciano@192.168.1.1 "VirtualBox"
```

O comando passado como argumento final para o ssh será executado na máquina remota – opcionalmente o comando ssh também pode enviar os dados recebidos pela entrada padrão para a entrada padrão do comando remoto. Nesse caso, será exibida na máquina local a tela do programa VirtualBox em execução na máquina remota.

## 212.4 Tarefas de segurança

**Peso 3**

Todo administrador deve estar atento a possíveis ataques e invasões. Para isso, operações de monitoramento devem fazer parte da rotina de administração da rede. Além disso, é importante atualizar-se junto a boletins de segurança mantidos por entidades especializadas.

Entidades tradicionais que emitem boletins de segurança frequentes e relevantes são a lista Bugtraq, atualmente mantida pelo Security Focus, CERT e CIAC. Os endereços onde esses informativos podem ser encontrados são:

- Bugtraq: www.securityfocus.com/archive/1
- CERT: www.cert.org
- CIAC: www.ciac.org

Nestes sites, é possível tomar conhecimento de falhas em programas antes que estas possam causar dano.

### Detecção de intrusos

Existem diversos procedimentos manuais para verificação de tentativas de login malsucedidas, que geralmente significam tentativas de invasão. Além de analisar os arquivos de log dos serviços ativos, que podem listar tentativas seguidas de acesso malsucedidas, o comando lastb exibe as tentativas de login que não lograram êxito.

Além dos procedimentos manuais de identificação de tentativas de acesso suspeito, existem ferramentas com essa finalidade específica que podem inclusive bloquear conexões que apresentem algum comportamento suspeito. Esses programas são conhecidos como IDS (*Intrusion Detection System*).

Existem diferentes programas que usam diferentes abordagens. Daqueles disponíveis para ambientes GNU/Linux, três merecem menção: *Fail2ban*, *Snort* e *OpenVAS*.

O **Fail2ban** analisa arquivos de log como /var/log/pwdfail ou /var/log/apache/error e bloqueia endereços IP com muitas tentativas de acesso malsucedidas. Ele atualiza as regras de firewall para ignorar o endereço IP em questão.

O **Snort** usa estratégias mais elaboradas na detecção de conexões suspeitas. Ele pode analisar protocolos e buscar por padrões específicos de comunicação. Ele pode ser utilizado na detecção de diversos ataques e varreduras, como estouros de pilha, varreduras invisíveis, ataques por CGI, análise por SMB, tentativas de detecção de sistema operacional, entre outras.

O tráfego de dados é filtrado por regras personalizáveis, definidas usando uma linguagem própria. Seu sistema de detecção é modular, tornando possível a utilização de plugins externos.

Os alertas emitidos pelo Snort podem ser transmitidos por diversas maneiras como Syslog por rede, sockets Unix ou mesmo mensagens por WinPopup em clientes Windows. Ações específicas também podem ser tomadas, dependendo das configurações pré-definidas.

Já o **OpenVAS** possui uma estrutura ainda mais elaborada, baseada em arquitetura cliente/servidor. O componente principal é um servidor com um conjunto de testes de vulnerabilidade – conhecidos como NVTs, *Network Vulnerability Test* – para identificar problemas nos sistemas remotos e em aplicativos. Ele é derivado do *Nessus*, um dos IDS mais populares e utilizados do mundo.

## 212.5 Open VPN

**Peso 2**

Diante da possibilidade de interceptação dos dados trafegados em rede, abre-se a brecha para que estes possam ser utilizados para fins maliciosos.

Com o uso da tecnologia de **VPN** (*Virtual Private Network*), um túnel criptografado é criado unindo dois ou mais pontos na rede.

Em cada um desses pontos, uma interface de rede virtual – chamada interface TUN – é criada. Em seguida, um endereço IP é atribuído a cada interface, unindo-as dentro de uma mesma rede.

Todo pacote enviado por essa interface é criptografado, enviado pela interface real e descriptografado apenas na outra ponta. Apenas a máquina que possui os certificados emitidos pelo servidor da VPN poderá ingressar nessa rede, tornando impraticável o acesso ao conteúdo original dos pacotes eventualmente interceptados.

O sistema de VPN mais popular no Linux é o **OpenVPN**. Para criar uma VPN, basta utilizar os scripts oferecidos pelo próprio pacote. É com essas chaves que uma estação cliente poderá ingressar na rede VPN.

As configurações, seja de servidor ou de cliente, são feitas no arquivo /etc/openvpn/openvpn.conf. Para configurar um cliente VPN simples, basta utilizar as entradas:

```
client
dev tun
proto udp
remote 192.168.1.150 1194
```

A primeira linha determina que a estação será o cliente na VPN. A linha `dev tun` indica qual o tipo de interface utilizado. Em seguida é definido o protocolo de comunicação com a outra ponta (`proto udp`) e indicado o endereço ou nome da máquina atuando como servidor da VPN (`remote 192.168.1.150 1194`). Nessa última, além do nome ou do IP do servidor VPN, é colocada a porta de conexão, que por padrão é 1194.

Origem dos dados
Os dados sensíveis são enviados pela interface VPN.
Interface VPN
Origem
Na interface VPN, os dados são criptografados e enviados pela rede convencional.
Interface Convencional
Origem
Os dados são enviados pela interface convencional até a máquina de destino.
Interface Convencional
Destino
Durante todo o percurso, os dados ficam protegidos por criptografia.
Interface VPN
Destino
Somente as máquinas autorizadas podem ingressar na VPN e descriptografar os dados.
Destino dos dados
A máquina de destino recebe os dados descriptografados e a resposta obedece ao mesmo procedimento de proteção.

# Exercícios

## Questões Tópico 212

1. Qual é a principal finalidade do NAT em um gateway de rede privada?
   a. Permitir a comunicação entre os computadores na rede interna.
   b. Bloquear o acesso externo aos computadores da rede interna.
   c. Permitir que os computadores da rede interna acessem endereços externos.
   d. Permitir a identificação dos endereços da rede interna.

2. Em qual tabela do iptables são definidas as regras de NAT?
   a. filter
   b. nat
   c. mangle
   d. forward

3. De que forma todos os pacotes chegando a máquina local podem ser bloqueados?
   a. iptables -P INPUT -j DROP
   b. iptables -P INPUT DROP
   c. iptables -I INPUT DROP
   d. iptables -F INPUT

4. O comando `iptables -t nat -A PREROUTING -p tcp --dport 80 -j ______ --to-destination 192.168.2.2:80` redireciona as conexões para a porta 80 da máquina local para a porta 80 da máquina 192.168.2.2.

5. O comando ________________ é utilizado para ativar as regras salvas com o comando iptables-save.

6. Na configuração do vsftpd, qual opção libera a gravação de arquivos em sessões anônimas?
   a. anon_write_enable=YES
   b. anon_rw_enable=YES
   c. anon_login_enable=YES
   d. anon_upload_enable=YES

7. A opção ______________________ no arquivo /etc/ssh/sshd_conf bloqueia o login direto via ssh para o usuário root.

8. Qual é a finalidade do comando ssh-agent?
    a. Armazenar a autorização de acesso à chave do usuário.
    b. Reestabelecer uma conexão ssh perdida.
    c. Gerar a chave criptográfica pública.
    d. Gerar a chave criptográfica privada.

9. Qual é o principal arquivo de configuração de OpenVPN?

10. Quais das referências a seguir informam sobre falhas em sistemas e alertas de segurança? Marque todas as corretas.
    a. Cert
    b. IANA
    c. Bugtraq
    d. TCP Wrapper

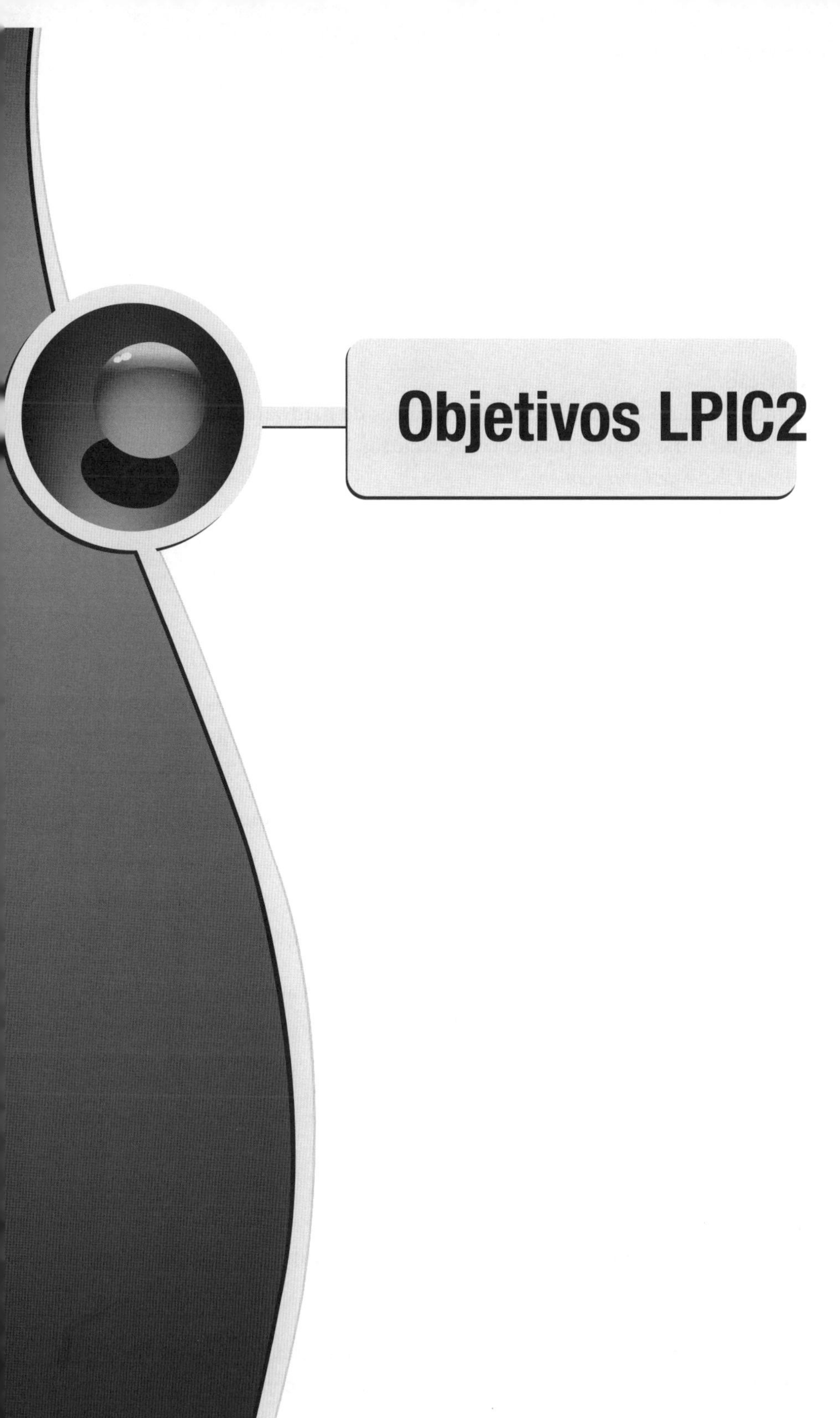

# Objetivos LPIC2

# Objetivos detalhados para a prova 201

Primeira prova para a certificação LPI nível 2.

## Tópico 200: Planejamento de capacidade

### *200.1 Avaliar e Resolver Problemas no Uso de Recursos*

**Peso 6**

**Descrição**

O candidato deve ser capaz de avaliar recursos de hardware e largura de banda da rede, identificar e resolver problemas de recursos.

*Áreas Chave de Conhecimento:*

- Medir uso da CPU.
- Medir uso da memória.
- Medir entrada/saída de disco.
- Medir entrada/saída de rede.
- Medir vasão no firewall e rotas.
- Mapear uso de banda do cliente.
- Identificar / relacionar sintomas do sistema com prováveis problemas.
- Estimar a vasão de dados e identificar gargalos em um sistema, incluindo na rede.

*A seguir, uma lista parcial de arquivos, termos e comandos utilizados:*

- iostat
- iotop
- vmstat
- netstat
- ss
- iptraf
- pstree, ps
- w
- lsof
- top
- htop
- uptime
- sar
- swap
- Processos bloqueados na Entrada/Saída
- blocks in
- blocks out

### *200.2 Prever Necessidades Futuras de Recursos*

**Peso 2**

**Descrição**

O candidato deve ser capaz de monitorar o uso de recursos para prever necessidades futuras.

*Áreas Chave de Conhecimento:*

- Utilizar ferramentas para monitorar o uso da infraestrutura de TI.
- Prever o ponto de quebra de capacidade de uma configuração.

- Vigiar a taxa de crescimento no uso da capacidade.
- Criar gráfico da tendência no uso da capacidade.
- Conhecimento sobre soluções de monitoramento como Icinga2, Nagios, MRTG e Cacti

*A seguir, uma lista parcial de arquivos, termos e comandos utilizados:*

- Diagnóstico
- Previsão de crescimento
- Exaustão de recursos

## Tópico 201: O Kernel Linux

### *201.1 Componentes do Kernel*

**Peso 2**

O candidato deve ser capaz de operar componentes do kernel necessários a um hardware específico, drivers de hardware, recursos e necessidades do sistema. Este objetivo contempla a implementação de diferentes tipos de imagens de kernel, identificação de kernels e patches estáveis, de testes e a operação dos módulos do kernel.

*Conhecimentos-chave*

- Documentação do Kernel 2.6.x, 3.x e 4.x

*Lista parcial dos arquivos, termos e ferramentas utilizados*

- /usr/src/linux
- /usr/src/linux/Documentation
- zImage
- bzImage
- Compressão xz

### *201.2 Compilando um kernel Linux*

**Peso 3**

O candidato deve ser capaz de configurar apropriadamente um kernel de modo a incluir ou excluir um recurso específico, conforme necessário. Este objetivo inclui compilar e recompilar o kernel Linux quando necessário, atualizando e marcando as mudanças no kernel novo, além de criar uma imagem initrd e instalar novos kernels.

*Conhecimentos-chave*

- /usr/src/linux
- Makefiles do Kernel
- Alvos do make para o kernel 2.6.x, 3.x e 4.x.
- Personalizar a configuração do kernel atual.
- Compilar um novo kernel e módulos apropriados.

- Instalar um novo kernel e qualquer módulo.
- Assegurar que o gestor de boot possa localizar o novo kernel e arquivos associados.
- Arquivos de configuração de módulos.
- Módulos DKMS.
- Noção do dracut.

*Lista parcial dos arquivos, termos e ferramentas utilizados*

- mkinitrd
- mkinitramfs
- make
- Alvos do make (config, xconfig, menuconfig, oldconfig, mrproper, zImage, bzImage, modules, modules_install)
- gzip
- bzip2
- Ferramentas de módulos
- /usr/src/linux/.config
- /lib/modules/kernel-version/
- depmod
- dkms

## *201.3 Controlar o kernel em tempo real e solução de problemas*

**Peso 4**

O candidato deve ser capaz de controlar e investigar um kernel 2.6.x, 3.x, 4.x e seus módulos disponíveis. Também deve ser capaz de identificar e corrigir problemas comuns de boot, e durante a execução, entender a detecção e manejo de dispositivos usando udev. Este objetivo inclui a solução de problemas em regras udev.

*Conhecimentos-chave*

- Usar comandos para obter informações sobre o kernel em execução e seus módulos.
- Carregar e descarregar módulos manualmente.
- Identificar quando um módulo pode ser descarregado.
- Identificar quais opções um módulo aceita.
- Configurar o sistema para carregar um módulo por um nome diferente de seu nome de arquivo.
- Sistema de arquivos /proc.
- Conteúdo de /, /boot e /lib/modules.
- Ferramentas para analisar informações sobre as regras de hardware udev.

*Lista parcial dos arquivos, termos e ferramentas utilizados*

- /lib/modules/versão-do-kernel/modules.dep
- Arquivos de configuração de módulos em /etc
- /proc/sys/kernel/
- /sbin/depmod
- /sbin/rmmod
- /sbin/modinfo
- /bin/dmesg
- /sbin/lspci
- /usr/bin/lsdev
- /sbin/lsmod
- /sbin/modprobe
- /sbin/insmod
- /bin/uname
- /usr/bin/lsusb
- /etc/sysctl.conf, /etc/sysctl.d/
- /sbin/sysctl
- udevmonitor
- udevadm monitor
- /etc/udev

## Tópico 202: Início do sistema

*202.1 Personalizar o início do sistema SysV-init*

**Peso 3**

O candidato deve ser capaz de analisar e alterar o comportamento dos serviços do sistema em qualquer nível de execução. É exigido sólido conhecimento sobre a estrutura do init e do processo de boot. Este objetivo inclui a interação com os níveis de execução.

*Conhecimentos-chave*

- Systemd
- Sistema init SysV
- Linux Standard Base Specification (LSB)

*Lista parcial dos arquivos, termos e ferramentas utilizados*

- /usr/lib/systemd/
- /etc/systemd/
- /run/systemd/
- systemctl
- systemd-delta
- /etc/inittab
- /etc/init.d/
- /etc/rc.d/
- chkconfig
- update-rc.d
- init e telinit

## *202.2 Recuperação do sistema*

**Peso 4**

O candidato deve ser capaz de operar adequadamente um sistema Linux durante tanto o processo de boot quanto o modo de recuperação. Este objetivo inclui a utilização do init e as opções do kernel relacionadas a ele. O candidato também deve ser capaz de determinar a causa de erros no carregamento e uso de carregadores de boot. GRUB versão 2 e GRUB legacy são os carregadores em questão. Abrange os sistema BIOS e UEFI.

*Conhecimentos-chave*

- BIOS e UEFI
- Boot NVMe
- GRUB versão 2 e legacy
- Shell do grub
- Início do carregador de boot e delegação para o kernel
- Carregamento do kernel
- Início e configuração do hardware
- Início e configuração de serviços/daemons
- Conhecer as diferentes localizações de instalação do carregador de boot em um disco rígido e num dispositivo removível
- Substituir as opções padrão do carregador de boot utilizando o seu shell
- Modos de manutenção do systemd

*Lista parcial dos arquivos, termos e ferramentas utilizados*

- mount
- fsck
- inittab, telinit e init com SysV init
- Conteúdos de /boot/, /boot/grub/ e /boot/efi/
- GRUB
- grub-install
- efibootmgr
- Shell UEFI
- initrd, initramfs
- Master Boot Record
- systemctl

## *202.3 Carregadores de boot alternativos*

**Peso 2**

O candidato deve possuir noções de outros carregadores de boot e suas principais características.

*Conhecimentos-chave*

- SYSLINUX, ISOLINUX, PXELINUX
- Noção de PXE
- Systemd-boot, U-Boot

*Lista parcial dos arquivos, termos e ferramentas utilizados*

- syslinux
- extlinux
- isolinux.bin
- isolinux.cfg
- isohdpfx.bin
- efiboot.img
- pxelinux.0
- pxelinux.cfg/*
- uefi/shim.efi
- uefi/grubx64.efi

## Tópico 203: Sistemas de arquivos e Dispositivos

### *203.1 Trabalhando com o sistema de arquivos Linux*

**Peso 4**

O candidato deve ser capaz de navegar e configurar, um por um, o sistema de arquivos Linux padrão. Este objetivo inclui saber como configurar e montar diversos tipos de sistemas de arquivos.

*Conhecimentos-chave*

- Conceito de configuração do fstab;
- Ferramentas de manipulação de partições e arquivos SWAP;
- Utilização de UUIDs.
- Unidades de montagem do systemd

*Lista parcial dos arquivos, termos e ferramentas utilizados*

- /etc/fstab
- /etc/mtab
- /proc/mounts
- mount e umount
- blkid
- sync
- swapon
- swapoff

### *203.2 Manutenção de sistemas de arquivos Linux*

**Peso 3**

O candidato deve ser capaz de fazer a manutenção adequada de um sistema de arquivos Linux usando as ferramentas de sistema. Este objetivo inclui a manipulação de sistemas de arquivos padrão.

*Conhecimentos-chave*

- Ferramentas de manipulação de ext2, ext3 e ext4
- Operações do Btrfs, incluindo subvolumes e snapshots

- Ferramentas de manipulação de xfs
- Noção de ZFS

*Lista parcial dos arquivos, termos e ferramentas utilizados*

- mkfs (mkfs.*)
- mkswap
- fsck (fsck.*)
- tune2fs, dumpe2fs, debugfs
- btrfs, btrfs-convert
- xfs_info, xfs_chec, xfs_repair, xfsdump e xfsrestore
- smartd, smartctl

### *203.3 Criando e configurando opções de sistemas de arquivos*

**Peso 2**

O candidato deve ser capaz de configurar a montagem automática de sistemas de arquivos utilizando o AutoFS. Este objetivo inclui a configuração de montagem automática para sistemas de arquivos em dispositivos locais e na rede. Também inclui a criação de sistemas de arquivos para dispositivos como CD-ROMs.

*Conhecimentos-chave*

- Arquivos de configuração do autofs;
- Unidades de auto-montagem;
- Ferramentas UDF e ISO9660;
- Conhecimento sobre sistemas de arquivo de CD-ROM (UDF, ISO9660, HFS);
- Conhecimento sobre extensões de sistemas de arquivos de CD-ROM (Joliet, Rock Ridge, El Torito);
- Conhecimento básico sobre sistemas de arquivos criptografados.

*Lista parcial dos arquivos, termos e ferramentas utilizados*

- /etc/auto.master
- /etc/auto.[dir]
- mkisofs
- cryptsetup

## Tópico 204: Administração avançada de dispositivos de armazenamento

### *204.1 Configuração de RAID*

**Peso 3**

O candidato deve ser capaz de configurar e implementar um RAID por software. Este objetivo contempla a configuração de RAID 0, 1 e 5.

*Conhecimentos-chave*

- Ferramentas e arquivos de configuração de RAID por software.

*Lista parcial dos arquivos, termos e ferramentas utilizados*

- mdadm.conf
- mdadm
- /proc/mdstat
- Partição tipo 0xFD

## *204.2 Ajustar o acesso a dispositivos de armazenamento*

**Peso 2**

O candidato deve ser capaz de configurar opções do kernel para diversos dispositivos. Este objetivo inclui saber como utilizar ferramentas de software para verificar e alterar configurações de discos rígidos, inclusive discos iSCSI.

*Conhecimentos-chave*

- Ferramentas para configurar DMA para dispositivos IDE, incluindo ATAPI e SATA;
- Ferramentas para configurar dispositivos SSD e NVMe;
- Ferramentas para analisar e manipular recursos do sistema (como interrupções);
- Conhecimento sobre o sdparm e suas finalidades;
- Ferramentas para iSCSI;
- Noçõesde SAN (AoE, FCoE).

*Lista parcial dos arquivos, termos e ferramentas utilizados*

- hdparm, sdparm
- nvme
- tune2fs
- fstrim
- sysctl
- /dev/hd*, /dev/sd* e /dev/nvme*
- iscsiadm, scsi_id, iscsid e iscsid.conf
- Números WWID, WWN e LUN

### *204.3 Gerenciamento de volumes lógicos (LVM)*

**Peso 3**

O candidato deve ser capaz de criar e apagar volumes lógicos, grupos de volumes e volumes físicos. Este objetivo inclui saber como realizar snapshots e redimensionar volumes lógicos.

*Conhecimentos-chave*

- Ferramentas do pacote LVM;
- Redimensionar, renomear, criar e apagar volumes lógicos, grupos de volumes e volumes físicos;
- Criação e manutenção de snapshots;
- Ativação de grupos de volumes.

*Lista parcial dos arquivos, termos e ferramentas utilizados*

- /sbin/pv*
- /sbin/lv*
- /sbin/vg*
- mount
- /dev/mapper/
- lvm.conf

## Tópico 205: Configuração de rede

### *205.1 Configuração básica de rede*

**Peso 3**

O candidato deve ser capaz de configurar um dispositivo de rede para conexão local, com ou sem fio, ou para uma WAN (Wide Area Network). Este objetivo inclui a comunicação entre diversas sub-redes dentro de uma rede, incluindo redes IPv4 e IPv6.

*Conhecimentos-chave*

- Ferramentas para configuração e manipulação de interfaces de rede ethernet
- Configuração básica de redes sem fio

*Lista parcial dos arquivos, termos e ferramentas utilizados*

- ip
- ifconfig
- route
- arp
- iw
- iwconfig
- iwlist

## *205.2 Configuração avançada de rede e resolução de problemas*

**Peso 4**

O candidato deve ser capaz de configurar um dispositivo de rede para aceitar diversos tipos de sistemas de autenticação. Este objetivo inclui a configuração de um dispositivo de rede em trânsito, configurar um cliente VPN e solucionar problemas de comunicação.

*Conhecimentos-chave*

- Ferramentas para manipular tabelas de rotas.
- Ferramentas para manipular e configurar interfaces de rede ethernet.
- Ferramentas para analisar o estado dos dispositivos de rede.
- Ferramentas para monitorar e analisar o tráfego TCP/IP.

*Lista parcial dos arquivos, termos e ferramentas utilizados*

- ip
- ifconfig
- route
- arp
- ss
- netstat
- lsof
- ping, ping6
- nc
- tcpdump
- nmap

## *205.3 Solução de problemas de rede*

**Peso 4**

O candidato deve ser capaz de identificar e corrigir problemas comuns de configuração de redes e conhecer a localização de arquivos e comandos básicos de configuração.

*Conhecimentos-chave*

- Localização e conteúdo dos arquivos de restrição de acesso.
- Ferramentas para configurar e manipular interfaces de rede ethernet.
- Ferramentas para manipular tabelas de rotas.
- Ferramentas para exibir o estado da rede.
- Ferramentas para obter informações sobre a configuração da rede.
- Maneiras de obter informações a respeito dos dispositivos reconhecidos e utilizados.
- Arquivos de inicialização do sistema e seus conteúdos (inicialização Systemd e SysV).
- Noção sobre o NetworkManager e seu impacto na configuração da rede.

*Lista parcial dos arquivos, termos e ferramentas utilizados*

- ip
- ifconfig
- route
- ss
- netstat
- /etc/network/, /etc/sysconfig/network-scripts/
- ping, ping6
- traceroute, traceroute6
- mtr
- hostname
- Arquivos de log como /var/log/syslog, /var/log/messages e journal do systemd
- dmesg
- /etc/resolv.conf
- /etc/hosts
- /etc/hostname, /etc/HOSTNAME
- /etc/hosts.allow, /etc/hosts.deny

## Tópico 206: Manutenção do Sistema

### *206.1 Compilar e instalar programas a partir do código-fonte*

**Peso 2**

O candidato deve ser capaz de compilar e instalar programas a partir do código-fonte, o que significa saber como descompactar um arquivo de código-fonte.

*Conhecimentos-chave*

- Descompactar arquivos de código usando as ferramentas comuns de compressão;
- Entender o básico de como utilizar o make para compilar programas;
- Usar parâmetros em um script configure;
- Saber a localização padrão dos códigos fonte.

*Lista parcial dos arquivos, termos e ferramentas utilizados*

- /usr/src/
- gunzip
- gzip
- bzip2
- xz
- tar
- configure
- make
- uname
- install
- patch

### *206.2 Operações de Backup*

**Peso 3**

O candidato deve ser capaz de usar as ferramentas do sistema para criar cópias de segurança dos dados importantes.

*Conhecimentos-chave*

- Conhecimento sobre quais diretórios devem ser incluídos num backup.
- Conhecer as soluções de backup em rede como Amanda, Bacula, Bareos e BackupPC.
- Conhecer os prós e contras de fitas, CDR, discos ou outros meios de backup.
- Realizar backups manuais e parciais.
- Verificar a integridade de arquivos de backup.
- Restaurar backups parcialmente e totalmente.

*Lista parcial dos arquivos, termos e ferramentas utilizados*

- /bin/sh
- dd
- tar
- /dev/st* e /dev/nst*
- mt
- rsync

### *206.3 Informar usuários sobre questões relativas ao sistema*

**Peso 1**

O candidato deve ser capaz de informar os usuários sobre os acontecimentos que atualmente afetam o sistema.

*Conhecimentos-chave*

- Automatizar a comunicação com os usuários usando as mensagens de logon;
- Informar os usuários no sistema sobra manutenções no sistema.

*Lista parcial dos arquivos, termos e ferramentas utilizados*

- /etc/issue
- /etc/issue.net
- /etc/motd
- wall
- shutdown
- systemctl

## Objetivos detalhados para a prova 202

Segunda prova para a certificação LPI nível 2.

## Tópico 207: Servidor de Nomes de Domínio

### *207.1 Configuração básica de um servidor DNS*

**Peso 3**

O candidato deve ser capaz de configurar o BIND para funcionar como um servidor DNS de cache somente. Este objetivo contempla saber como administrar um servidor em execução e configurar o registro de log.

*Conhecimentos-chave*

- Arquivos de configuração, termos e ferramentas do BIND 9.x.
- Definição de localização dos arquivos de zona do BIND nos arquivos de configuração do BIND.
- Recarregar configurações e arquivos de zona alterados.
- Noção sobre dnsmasq, djbdns e PowerDNS como servidores de nomes alternativos.

*Lista parcial dos arquivos, termos e ferramentas utilizados*

- /etc/named.conf
- /var/named/*
- rndc
- named-checkconf
- kill
- host
- dig

## 207.2 Criar e manter zonas de DNS

**Peso 3**

O candidato deve ser capaz de criar um arquivo de zona para redirecionamento, zona reversa ou servidor raiz. Este objetivo inclui definir apropriadamente valores de registros, incluindo hosts em zonas e adicionando as zonas ao DNS. Também deve ser capaz de delegar uma zona a outro servidor DNS.

*Conhecimentos-chave*

- Arquivos de configuração, termos e ferramentas do BIND 9;
- Ferramentas para solicitar informações de um servidor DNS;
- Formato, conteúdo e localização dos arquivos de zona do BIND;
- Métodos para incluir um novo host à zona, incluindo zonas reversas;

*Lista parcial dos arquivos, termos e ferramentas utilizados*

- /var/named/*
- Sintaxe de arquivos de zona
- Formato dos registros
- named-checkzone
- named-compilezone
- masterfile-format
- dig
- nslookup
- host

## 207.3 Segurança de servidor DNS

**Peso 2**

O candidato deve ser capaz de configurar um servidor DNS para operar sob um usuário diferente do root e dentro de um ambiente chroot. Este objetivo inclui realizar a troca segura de dados entre servidores DNS.

*Conhecimentos-chave*

- Arquivos de configuração do BIND 9
- Configuração do BIND para operar num ambiente chroot
- Dividir a configuração do BIND usando redirecionamentos
- Configurar e utilizar assinaturas de transação (TSIG)
- Assinar zonas com DNSSEC
- Noção do registro DANE

*Lista parcial dos arquivos, termos e ferramentas utilizados*

- /etc/named.conf
- /etc/passwd
- DNSSEC
- dnssec-keygen
- dnssec-signzone

## Tópico 208: Serviços Web

### *208.1 Configuração Básica do Apache*

**Peso 3**

O candidato deve ser capaz de instalar e configurar um servidor web. Este objetivo inclui monitorar a carga e performance do servidor, restringindo o acesso, suporte aos módulos de linguagens de script e configuração de restrição de acesso por cliente. Inclui saber como configurar o servidor para restringir o uso de recursos.

*Conhecimentos-chave*

- Arquivos de configuração, termos e ferramentas do Apache 2.x.
- Conteúdo e configuração dos arquivos de log do Apache.
- Arquivos e métodos de restrição de acesso.
- Configuração do PHP e mod_perl.
- Arquivos e ferramentas para autenticação por usuário.
- Configuração de requisições máximas, mínimo e máximo e de servidores e clientes.
- Implementação de host virtual no Apache 2.x (com ou sem um endereço IP dedicado).
- Utilização de instruções de redirecionamento nos arquivos de configuração para modificar o acesso a arquivos.

*Lista parcial dos arquivos, termos e ferramentas utilizados*

- Logs de erro e logs de acesso
- .htaccess
- httpd.conf
- mod_auth
- htpasswd
- AuthUserFile, AuthGroupFile
- apache2ctl
- httpd, apache2

## *208.2 Configuração do Apache para HTTPS*

**Peso 3**

O candidato deve ser capaz de configurar um servidor web para usar HTTPS.

*Conhecimentos-chave*

- Arquivos de configuração e ferramentas do SSL.
- Capacidade de gerar uma chave privada de servidor e um CSR para um CA comercial.
- Capacidade de gerar um Certificado auto-assinado de um CA privado.
- Capacidade de instalar a chave e o Certificado.
- Configuração de Hosts Virtuais com SNI.
- Noção das questões sobre Hosts Virtuais e o uso de SSL.
- Questões de segurança no uso de SSL.

*Lista parcial dos arquivos, termos e ferramentas utilizados*

- Arquivos de configuração do Apache2
- /etc/ssl/*, /etc/pki/*
- openssl, CA.pl
- SSLEngine, SSLCertificateKeyFile, SSLCertificateFile
- SSLCACertificateFile, SSLCACertificatePath
- SSLProtocol, SSLCipherSuite, ServerTokens, ServerSignature, TraceEnable

## *208.3 Implementação do Squid como um servidor proxy*

**Peso 2**

O candidato deve ser capaz de instalar e configurar um servidor de proxy, incluindo políticas de acesso, autenticação e consumo de recursos.

*Conhecimentos-chave*

- Arquivos de configuração, termos e ferramentas do Squid 3.x;
- Métodos de restrição de acesso;
- Métodos de autenticação de usuários;
- Formato e conteúdo de ACL nos arquivos de configuração do Squid.

*Lista parcial dos arquivos, termos e ferramentas utilizados*

- squid.conf
- acl
- http_access

### *208.4 Implementação do Nginx como um servidor web e proxy reverso*

**Peso 2**

O candidato deve ser capaz de instalar e configurar um servidor de proxy Nginx, incluindo configuração básica do Nginx como um servidor HTTP.

*Conhecimentos-chave*

- Nginx
- Proxy reverso
- Servidor Web básico

*Lista parcial dos arquivos, termos e ferramentas utilizados*

- /etc/nginx/
- nginx

## Tópico 209: Compartilhamento de arquivos

### *209.1 Configuração de servidor SAMBA*

**Peso 5**

O candidato deve ser capaz de configurar um servidor Samba para diversos clientes. Este objetivo inclui configurá-lo para login dos clientes, configurar o grupo de trabalho do servidor e definição das impressoras e diretórios compartilhados. Também é necessário configurar um cliente Linux para usar um servidor Samba e testar e solucionar problemas de instalação.

*Conhecimentos-chave*

- Documentação do Samba 4;
- Arquivos de configuração do Samba 4;
- Ferramentas do Samba 4;
- Montar compartilhamentos Samba no Linux;
- Daemons do Samba;
- Mapear nomes de usuário do Windows para nomes de usuário do Linux;
- Segurança em nível de usuário e em nível de compartilhamento.

*Lista parcial dos arquivos, termos e ferramentas utilizados*

- smbd, nmbd, winbindd
- smbcontrol, smbstatus, testparm, smbpasswd, nmblookup
- smbclient
- sambatool
- net
- /etc/smb/*
- /var/log/samba/

### *209.2 Configuração de servidor NFS*

**Peso 3**

O candidato deve ser capaz exportar um sistema de arquivos usando o NFS. Este objetivo inclui restringir o acesso, montar um sistema de arquivos NFS no cliente e segurança NFS.

*Conhecimentos-chave*

- Arquivos de configuração NFS versão 3;
- Ferramentas do NFS;
- Restrição de acesso para hosts ou sub-redes específicos;
- Opções de montagem no servidor e no cliente;
- tcpwrappers;
- Noção de NFSv4.

*Lista parcial dos arquivos, termos e ferramentas utilizados*

- /etc/exports
- exportfs
- showmount
- nfsstat
- /proc/mounts
- /etc/fstab
- rpcinfo
- mountd
- portmapper

## Tópico 210: Administração dos clientes de rede

### *210.1 Configuração DHCP*

**Peso 2**

O candidato deve ser capaz de configurar um servidor DHCP. Este objetivo inclui configurar opções padrão e por cliente, incluindo hosts estáticos e hosts BOOTP. Também inclui configurar um agente de redirecionamento DHCP e manutenção de um servidor DHCP.

*Conhecimentos-chave*

- Arquivos de configuração, termos e ferramentas DHCP;
- Configuração de sub-rede e faixas atribuídas dinamicamente;
- Noção de roteadores IPv6.

Lista parcial dos arquivos, termos e ferramentas utilizados

- dhcpd.conf
- dhcpd.leases
- /var/log/daemon.log e /var/log/messages
- arp
- dhcpd
- radvd
- radvd.conf

## *210.2 Autenticação por PAM*

**Peso 3**

O candidato deve ser capaz de configurar o PAM para trabalhar autenticação com os diferentes métodos disponíveis.

*Conhecimentos-chave*

- Arquivos de configuração, termos e ferramentas do PAM;
- Senhas passwd e shadow.
- Autenticação por sssd com LDAP

*Lista parcial dos arquivos, termos e ferramentas utilizados*

- /etc/pam.d
- pam.conf
- nsswitch.conf
- pam_unix, pam_cracklib, pam_limits, pam_listfile
- sssd.conf

## *210.3 Uso de cliente LDAP*

**Peso 2**

O candidato deve ser capaz de realizar consultas e atualizações em um servidor LDAP. Inclui também importar e incluir itens, assim como incluir e administrar usuários.

*Conhecimentos-chave*

- Ferramentas do LDAP para administração de dados e consultas;
- Alterar senhas de usuários;
- Consultar o diretório LDAP.

*Lista parcial dos arquivos, termos e ferramentas utilizados*

- ldapsearch
- ldappasswd
- ldapadd
- ldapdelete

## *210.4 Configurar um servidor OpenLDAP*

**Peso 4**

O candidato deve ser capaz de configurar um servidor OpenLDAP básico, o que inclui conhecer o formato LDIF e controles de acesso essenciais. Também é exigido entender o papel do SSSD na autenticação e gestão de identidade.

*Conhecimentos-chave*

- OpenLDAP
- Controle de acesso

- Distinguished Names
- Operações Changetype
- Schemas e Whitepages
- Diretórios
- IDs de Object, Atributos e Classes

*Lista parcial dos arquivos, termos e ferramentas utilizados*

- slapd
- slapd.conf
- LDIF
- slapadd
- slapcat
- slapindex
- /var/lib/ldap/*
- loglevel

## Tópico 211: Serviços de email

### *211.1 Utilização de servidores de email*

**Peso 4**

O candidato deve ser capaz de administrar um servidor de email, incluindo a configuração de aliases de email, cotas e domínios de email virtuais, que inclui saber configurar redirecionamento interno de emails.

*Conhecimentos-chave*

- Arquivos de configuração do Postfix;
- Configuração básica de TLS para Postfix;
- Conhecimento básico do protocolo SMTP;
- Noções de sendmail e Exim.

*Lista parcial dos arquivos, termos e ferramentas utilizados*

- Arquivos de configuração e comandos do Postfix;
- /etc/postfix/*;
- /var/spool/postfix;
- Comandos da camada de emulação do sendmail;
- /etc/aliases;
- Arquivos de log relacionados a email em /var/log/.

### *211.2 Administração da entrega de email*

**Peso 2**

O candidato deve ser capaz de implementar programas de gerenciamento de email cliente, classificar e monitorar a entrada de email.

*Conhecimentos-chave*

- Entende a finalidade do Sieve, sua sintaxe e operadores

- Utilizar o Sieve para filtrar e classificar de acordo com remetente, destinatário, cabeçalho e tamanho
- Noção de procmail

*Lista parcial dos arquivos, termos e ferramentas utilizados*
- Operadores condicionais e comparativos
- keep, fileinto, redirect, reject, discard, stop
- Extensão vacation do Dovecot

### *211.3 Administração do acesso ao email*

**Peso 2**

O candidato deve ser capaz de instalar e configurar serviços POP e IMAP

*Conhecimentos-chave*
- Configuração e administração do Dovecot para IMAP e POP3.
- Configuração básica de TLS para o Dovecot.
- Noção do Courier.

*Lista parcial dos arquivos, termos e ferramentas utilizados*
- /etc/dovecot/
- dovecot.conf
- doveconf
- doveadm

## Tópico 212: Segurança do Sistema

### *212.1 Configuração de roteador*

**Peso 3**

O candidato deve ser capaz de configurar um sistema para realizar tradução de endereço de rede (NAT, Mascaramento de IP) e determinar sua importância na proteção da rede. Este objetivo inclui configurar redirecionamento de portas, regras de filtros e prevenção de ataques.

*Conhecimentos-chave*
- Arquivos de configuração e ferramentas do iptables;
- Ferramentas e comandos para administrar tabelas de rota;
- Faixas de endereços privados;
- Redirecionamento de portas e de endereços IP;
- Exibir e criar filtros e regras que aceitem ou bloqueiem datagramas baseados na origem, destino, protocolo, porta ou endereço;
- Salvar e recuperar configurações de filtragem.

*Lista parcial dos arquivos, termos e ferramentas utilizados*

- /proc/sys/net/ipv4
- /proc/sys/net/ipv6
- /etc/services
- iptables
- ip6tables

## 212.2 Segurança de servidores FTP

**Peso 2**

O candidato deve ser capaz de configurar um servidor FTP para download e upload anônimo. Este objetivo inclui as precauções necessárias quando upload anônimo é permitido e com as configurações de acesso de usuários.

*Conhecimentos-chave*

- Arquivos de configuração e ferramentas do Pure-FTPd e vsftpd;
- Conhecimento do ProFTPd;
- Entendimento de conexões FTP passivas e ativas.

*Lista parcial dos arquivos, termos e ferramentas utilizados*

- vsftpd.conf
- Opções de linha de comando importantes do Pure-FTPd

## 212.3 Shell seguro (SSH)

**Peso 4**

O candidato deve ser capaz de configurar e tornar seguro um daemon SSH. Este objetivo inclui administrar chaves e configurar o SSH para os usuários. Além disso, deve ser capaz de redirecionar um outro protocolo através do SSH e controlar o login SSH.

*Conhecimentos-chave*

- Arquivos de configuração e ferramentas do OpenSSH;
- Restrições de login para o superusuário e para usuários normais;
- Controlar e usar chaves de cliente e servidor para realizar login com e sem senha;
- Uso de várias conexões de diversos hosts para garantir a manutenção da conexão em caso de perda de conexão com um host remoto.

*Lista parcial dos arquivos, termos e ferramentas utilizados*

- ssh
- sshd
- /etc/ssh/sshd_config
- /etc/ssh/*

- Arquivos de chaves públicas e privadas
- PermitRootLogin, PubKeyAuthentication, AllowUsers, PasswordAuthentication, Protocol

## *212.4 Tarefas de segurança*

**Peso 3**

O candidato deve ser capaz de buscar alertas de segurança de diversas fontes, instalar, configurar e operar sistemas de detecção de intrusos, aplicar patches de segurança e corrigir erros.

*Conhecimentos-chave*

- Ferramentas para varrer e testar portas em um servidor;
- Endereços e organizações que divulgam alertas de segurança, como Bugtraq, CERT, CIAC ou outras fontes;
- Ferramentas de implementação de sistemas de detecção de intrusos (IDS);
- Noções de OpenVAS e Snort.

*Lista parcial dos arquivos, termos e ferramentas utilizados*

- telnet
- nmap
- fail2ban
- nc
- iptables

## *212.5 OpenVPN*

**Peso 2**

O candidato deve ser capaz de configurar uma VPN (Rede Virtual Privada) a criar conexões seguras ponto-a-ponto ou site-a-site.

*Conhecimentos-chave*

- OpenVPN

*Lista parcial dos arquivos, termos e ferramentas utilizados*

- /etc/openvpn/
- openvpn

# Respostas

| Tópico 200 | Tópico 203 | Tópico 206 |
|---|---|---|
| 1. d | 1.b | 1.c, d |
| 2. a | 2.c, d | 2./usr/src |
| 3. b | 3.d | 3.d |
| 4. b | 4.blkid | 4.make |
| 5. w | 5.d | 5.d |
| 6. c | 6.sync | 6.b |
| 7. d | 7.a | 7.a, b |
| 8. rrdtool | 8.c | 8.mt |
| 9. c | 9.automount | 9.dd |
| 10. a | 10./etc/udev/rules.d | 10.b, d |

| Tópico 201 | Tópico 204 | Tópico 207 |
|---|---|---|
| 1.a | 1.b | 1.b |
| 2.c | 2.c | 2.d |
| 3.b | 3.hdparm | 3.c |
| 4.c | 4.a | 4.rndc |
| 5.patch | 5./proc/sys/fs/file-max | 5.c |
| 6.c, d | 6.sysctl | 6.ptr |
| 7.modules.dep | 7.c | 7.c |
| 8.a, b, c, d | 8.vgcreate | 8.a, c |
| 9.d | 9.lvcreate | 9.d |
| 10.c | 10.d | 10.dnssec-keygen |

| Tópico 202 | Tópico 205 | Tópico 208 |
|---|---|---|
| 1.c | 1.b | 1.c |
| 2./etc/inittab | 2.b, d | 2.a |
| 3.d | 3.arp | 3.apache2ctl |
| 4.b, c | 4.iwconfig | 4.b |
| 5.a | 5.c | 5.d |
| 6.chkconfig --level 234 | 6.a, b, c | 6.c |
| ntpd on | 7.a, b, c | 7.openssl |
| 7.d | 8/etc/resolv.conf | 8.d |
| 8.root | 9.c, d | 9.a |
| 9.a, b | 10.iwlist | 10.c |
| 10.init=/bin/bash | | |

## Tópico 209

1.d
2.b, d
3.testparm
4.d
5.b
6.smbclient
7.a, b
8./etc/exports
9.exportfs
10.a

## Tópico 210

1.domain-name-servers
2.d
3.dhcrelay
4./var/log/daemon.log
5.c, d
6.a
7.pam_limits.so
8.a
9.d
10.ldappasswd

## Tópico 211

1.a, d
2.main.cf
3.relay_domains
4.a
5.c
6.c
7./etc/procmailrc
8.b, c
9.d
10.c

## Tópico 212

1.c
2.b
3.b
4.dnat
5.iptables-restore
6.d
7.permitrootlogin no
8.a
9.openvpn.conf
10.a, c